江苏省知识产权法（江南大学）研究中心

互联网经济时代企业数据的利用与知识产权保护

叶　敏　主编

中国人民公安大学出版社
·北　京·

策，会致使人的主体地位被削弱，人的尊严和价值也会降低。最后出现了“一方面权利被扩大，另一方面权利被削弱的赋权与失权悖论现象”。[①] 是故，探讨企业数据的法律属性，界定数据权属及权利边界，是后续企业数据保护研究的重要前提。

二、既有规则应对不足，司法解纷机制亟待更新

司法实践中主要多采取行为保护（不正当竞争）或者法益保护（商业秘密）而非数据财产（权利）保护的进路。司法制度对于企业数据保护的程度与范围，同样影响着企业对数据资源投入的力度。当前我国的法律制度对企业数据还未形成明确有效的保障体系，企业数据与个人数据、公共数据的权益复杂交织。21 世纪是大数据时代，许多国家的关键基础设施已交由私营企业掌握。同时，企业信息安全也时刻牵动着社会各界，数据安全是大数据新时代的主题。数据的急剧增长导致了数据安全风险的提高，但是无论是国内法律还是国际规则尚缺乏应对经验和智慧。因此，在新时代进行科学有效的数据安全治理，确保互联网经济的持续健康发展是我国国民经济和社会发展的重要任务。《数据安全法（草案）》第 9 条明确了国家在建立健全数据安全协同治理体系过程中，有关部门、行业组织、企业和个人等应共同参与数据安全保护工作。《个人信息保护法》也正在研究起草中，企业数据的保护不仅关系到企业的生存与发展，还关系到经济发展以及社会经济秩序的稳定。从法理的角度看，数据的人格性利益与公共利益又优先于数据的财产性利益，这便会导致企业数据的保护受到各方面的限制。信息时代的变革总是跑在立法的前面，那么司法系统应如何发挥其积极能动性，在案例中总结经验，为立法工作贡献司法智慧，具有重大意义。企业数据与企业的人力、资金及技术的投入相关，已构成企业发展中重要的资产，它不仅关系到企业的发展前景，同时作为重要的战略资源更是影响着区域经济实

---

① 马长山：《数字时代的人权保护境遇及其应对》，载《求是学刊》2020 年第 4 期。

力的提升，探寻、健全企业数据的司法保护路径亦成为新时代的课题。

三、平台引领自有局限，“软硬协同”秩序创新

在网络化、数字化、智能化发展变革的推动下，人类进入了“要么加入平台，要么被平台所消灭”的平台经济时代，平台的地位可见一斑。企业数据的合规问题，需要将平台规则与司法审查进行融合发展。尽管电商交易规则、纠纷解决规则和治理规则等“软法”能够为国家立法和司法机关处理纠纷提供规制测试、案例样本和经验积累，发挥着引领性和基础性作用，但同时也需要其接受合规性评价和司法审查的检验。平台合规一般指平台的经营管理活动，包括平台“软法”体系、治理构架机制、纠纷解决机制等与法律、规则和准则相一致；而司法审查则指针对平台规则、平台处罚和平台裁决之诉而发生的司法裁判。平台合规与司法审查就是国家介入平台治理的重要形式和途径，平台“软法”合规与国家“硬法”审查的有机结合是当下研究的重点，也是“数字法治”建设的方向。我们需要“设计出平衡的内部治理系统和外部监管制度，以确保平台公平运营”，[①] 这是促进“软硬协同”治理的重要基石，也是推动包容共享型法治秩序的内在要求。

有关数据属性、企业数据司法保护、合规及数据产业发展的相关问题的研究是近年来学界研究的重点方向，也是第五届蠡湖论坛的主要议题。在这里，我看到了来自五湖四海的与会者结合自身的研究领域与工作特点对数据相关法律问题进行了认真、热烈和深入的讨论，发表了很多有见地，有价值的观点。论文集所收录的相关文献分别从不同的角度就上述问题进行了详尽、具体和深层次的分析，并在此基础上提出了有关互联网经济时代企业数据的利用与保护的许多既具备理论研究价值，又具备可操作性的意见和建议。如今世界已经进入互联网时代与大数据

① ［美］杰奥夫雷·G. 帕克等：《平台革命——改变世界的商业模式》，志鹏译，机械工业出版社 2018 年版。

时代，不管你“见或不见”“承认或不承认”，它的存在都令人不可忽视，因此，法学研究者的态度就应该是积极应对数字时代的需求与挑战。

自2015年始，知识产权法蠡湖论坛已历五载春秋。秉承着“兼容并蓄、博采众长、与时俱进”的理念，江苏省知识产权法（江南大学）研究中心、江南大学法学院的各届领导与全体成员共同倾尽心力，希望借此学术交流平台，为我国知识产权法学的学术交流与研究贡献一份绵薄之力。“兼容并蓄”是指本论坛在介绍各位学者成果的基础上力争反映各种观点的法学思想和学术资讯；“博采众长”则是指国内学者对于互联网经济时代前沿研究的表达与传播；“与时俱进”则是指尽管学者们对于学术发展有着自己的方向与角度，但是不同的角度和前进的指向是一致的，都在努力为知识产权法学出现的问题提供解决思路以及对于中国知识产权法的发展作出自己的独特贡献，而这也正是举办蠡湖论坛的初衷。总而言之，在本论坛中，我看到了青年学者、实务人士对我国数据法律问题研究的巨大热情和我国数字产业良性发展的殷切期望，“法律人”所提出的新思路、新见解是“数字法治”理论研究中不可或缺的重要一环。

我国数据法学的研究处于“后发”阶段。在这样一个阶段，一方面，我们需要吸收和借鉴外国的先进制度；另一方面，立足中国生活现实是我们的“问题意识”根基。希望能够借助蠡湖论坛这一方天地，为知识产权法传播理性、前沿、权威的声音，以可能之力推进中国知识产权法学术研究的发展与进步。

马长山
2021年5月12日

主题一 企业数据的法律属性与相关理论问题研究

主题二 企业数据司法保护的途径与判例研究

主题三
数据产业发展的制度保障与企业数据合规

主题一

企业数据的法律属性与相关理论问题研究

“中国—中东欧”数字经济合作机遇研究

——基于立法实践的分析

◎肖　冰　饶　远　刘海波　肖尤丹*

内容提要：以发展数字经济为契机，以建设“数字丝绸之路”为纽带，深化“中国—中东欧”国家合作，对于提升“一带一路”合作倡议的国际影响具有重要战略意义。面对中东欧诸国差异化、多元化的合作需求，系统分析代表性国家在数字经济领域的立法实践，有助于提出具有针对性的合作策略，形成精准化的合作方案。研究表明“中国—中东欧”数字经济合作，应在精准化合作的原则下，合理规避数据保护问题方面的法律风险，在数字货币监管以及运用数字技术应对社会老龄化问题等方面加深合作。

关键词：“中国—中东欧”国家合作　数字经济合作　数字经济

引　言

过去15年数字经济的增速是全球GDP增速的2.5倍。[①] 根据定义的不同，数字经济的规模占世界GDP的4.5%至15.5%。[②] 借助数字经济全球化发展的历史机遇，拓展与加深“中国—中东欧”国家的合作领域和范围，对于维护多边贸易体制、推动中欧全面战略伙伴关系发展、共建数字丝绸之路以及提升“一带一路”倡议国际影响均具有重要的战略意义。一方面，中东欧地区作为连接亚欧

* 肖冰、饶远、刘海波、肖尤丹，中国科学院科技战略咨询研究院研究员。

① 参见《驶入智能联接新赛道——全球联接指数2018量化数字经济进程报告》，载https://www.huawei.com/minisite/gci/assets/files/gci_2018_whitepaper_cn.pdf?v=20191217v2。

② 此处应是狭义范畴的数字经济。参见联合国2019年《数字经济报告》。

大陆的门户，地缘优势明显，2004 年以来先后有 12 个中东欧国家加入欧盟。同时，中东欧地区作为中国进入欧盟市场的重要入口，也是我国推进“一带一路”倡议的重点区域，“16+1 合作”正在成为开放包容、互利共赢的跨区域合作平台。另一方面，数字经济改变了传统经济增长方式和贸易模式，催生出新需求、新业态和新领域，成为全球创新、转型和增长的重要驱动力。① 对于中东欧国家而言，数字经济也为培育新的产业增长点，推动社会经济转型提供了发展机遇。因此，数字经济既是打造“中国—中东欧”跨区域合作的重要突破口，也是在“一带一路”框架内争取更多实质合作成果的重要途径。

总体而言，在数字经济和经济数字化领域，中美之间竞争大于合作，美欧之间“竞合”矛盾也很尖锐，中国与欧洲特别是“一带一路”沿线国家则呈现出合作大于竞争的趋势。因此，在上述背景下研究中东欧国家数字经济领域的立法实践，分析中东欧地区代表性国家在数字经济领域法律制度建设的主要动机、具体举措和发展趋势，能够为科学研判“中国—中东欧”国家数字经济合作策略，共建数字丝绸之路，推动“一带一路”合作提供决策参考和依据。

一、欧洲地区数字经济领域立法最新进展

中东欧国家数字经济发展现状和立法实践，深受欧盟各项数字经济发展战略的影响。特别是 2010 年之后的欧洲数字议程（Digital Agenda）和 2015 年的数字单一市场战略（Digital Single Market）规划，进一步推动了数字经济在欧盟地区的纵深发展。同时，以德国、法国为代表的发达国家在数字经济战略规划、制度建设领域积极开展布局，在整个欧洲地区形成了引领示范效应。近年来，在欧盟主导下欧洲地区数字经济领域制度建设的重要举措集中于以下四个方面：第一，在信息数据管理特别是个人隐私数据保护方面，《通用数据保护条例》（GDPR）于 2018 年 5 月正式出台，对企业收集和利用个人数据方面制定了严格的规则。2018 年 11 月 14 日《非个人数据自由流动条例》正式颁布，并于 2019 年 5 月 28 日正式实施。该条例对于非个人数据在欧盟境内自由流动，数据本地化、数据获取及管理的跨境合作等问题作了明确规定。第二，在数字经济领域的知识产权保护方面，自 2016 年 9 月 14 日欧洲委员会发布《数字单一市场版权指令》（Directive on Copyright in the Digital Single Market）草案以来，历经多次磋商、谈判以及

① 史佳颖：《APEC 数字经济合作的最新进展及展望》，载《国际经济合作》2020 年第 1 期。

调整修改之后，其于 2019 年 4 月 15 日在争议中获得通过，欧盟成员国有义务在两年内将相关指令的内容转化为国内法。第三，在数字经济的税收问题，也被称为数字服务税（Digital Service Tax，DST）方面，OECD 早在 2015 年就已经将数字经济发展中的税收问题作为“税基侵蚀和利润转移”（Base Erosion and Profit Shifting，BEPS）的头号议题。2018 年 3 月 21 日，有关欧盟地区数字领域商业活动的税收问题被正式提上日程。[①] 第四，在数字化交易平台的监管领域，根据 2019 年 8 月的公开资料显示，事关在线平台与商业使用者间关系的指令，即《关于促进在线中介服务用户的公平和透明度条例》（Regulaiton on promoting fairness and transparency for business users of online intermediation services）于 2020 年 7 月开始生效。

2020 年 2 月 19 日，欧洲委员会发布了推进单一数字市场建设的“一揽子计划”，包括《塑造欧洲数字未来》（Shaping Europe's digital future）、《欧洲数据战略》（European Data Strategy）和《人工智能白皮书：欧洲追求卓越和信任的方法》（White Paper on Artificial Intelligence）三份战略性文件，进一步指明信息数据安全、人工智能等领域将成为欧盟地区数字经济发展的重点领域。[②] 总体来看，在欧盟引领下欧洲地区的数字经济法律制度体系日趋完善。有关数字经济领域的信息数据安全、知识产权保护是欧洲地区数字经济领域立法活动的重点领域。有关数字经济的“数字税”问题、数字平台的监管问题，将是欧洲地区数字经济领域制度建设的主要方向。

二、中东欧地区国家数字经济领域立法现状

建立健全数字经济领域的各项法律规则，是欧盟实施单一数字市场战略的重要举措之一。得益于欧盟及其主要国家长期以来在推动欧洲地区数字经济发展领域的一系列发展规划和政策措施，截至 2020 年年初，共有 12 个中东欧国家制定了有关数字经济的国家发展战略和规划。在立法方面，克罗地亚、波兰、爱沙尼亚、保加利亚和罗马尼亚五国表现较为积极，在一定程度上代表了中东欧国家数字经济领域立法的现状和趋势。

---

① Fair Taxation of the Digital Economy. https://ec. europa. eu/taxation_customs/business/company-tax/fair-taxation-digital-economy_en.

② 《欧委会发布推进单一数字市场建设路线图》，载 http：//coi. mofcom. gov. cn/article/y/gjdt/202002/20200202939398. shtml。

（一）克罗地亚

克罗地亚积极在数字经济领域的立法方面开展探索。在及时落实欧盟相关指令的同时，针对数字经济发展的重点和前沿领域进行了前瞻性的立法布局。有关国家数字基础设施建设、数字货币监管的法律相继制定，而电子政务、电子商务和信息安全等领域也成为立法活动关注的重点。此外，在司法方面克罗地亚已经启动了将数字经济运用于司法领域的规划，旨在建立基于复杂算法和人工智能的数字化司法办案解决方案，以期提高诉讼的效率。

该国近期主要立法实践如下：1）2018 年 1 月 11 日，克罗地亚议会通过了根据《克罗地亚共和国政府法》第 24 条第 1 款和第 3 款制定的《关于建立国家信息基础设施委员会的决定》（Decree on the establishment of the Council for National Information Infrastructure），旨在为监督和协调国家信息基础设施的发展，特此设立国家信息基础设施理事会（以下简称理事会），该理事会由克罗地亚共和国总理担任主席。2）2018 年 6 月 7 日，根据《克罗地亚共和国政府法》第 31 条第 2 款规定制定的《关于启动电子商务项目的决议》（Decree on launching the e-Business project）在议会获得通过，旨在为企业和个人提供集中访问公共服务信息的渠道，保障商业信息以及企业和公共部门数字通信的安全性。3）2018 年 7 月 6 日，《关键服务提供商和数字服务提供商的网络安全法》（Act on cyber security of operators of essential services and digital service providers on key service providers and providers of digital services，也称《基本服务和数字服务运营商网络安全法》）在议会获得通过，旨在将欧盟网络和信息系统安全指令（NIS Directive）转为克罗地亚本国法律。4）2018 年 7 月 10 日，根据《克罗地亚共和国宪法》第 89 条规定制定的《电子货币法》（The Law on eCash，也称《数字货币法》）经议会表决通过，旨在对电子货币和电子货币发行机构在克罗地亚的设立条件、运作模式和停止营业进行规定，同时明确境外电子货币发行机构在克罗地亚国内运营的相关问题。5）2018 年 8 月 8 日，根据《电子货币法》第 34 条第 12 款和第 41 条第 3 款以及《克罗地亚国家银行法》第 9 条、第 43 条第 2 款规定而制定的《关于电子货币机构资本监管的决定》（Decree on the regulatory capital of institutions that operates with electronic money）开始实施。通过将欧盟相关指令转化为克罗地亚国内法的方式，以落实欧洲议会和理事会于 2009 年 9 月 16 日发布的关于建立、操作和审慎监管电子货币机构业务的指令，以及 2015 年 11 月 25 日颁布的关于内部市场支付服务的指令。6）2018 年 10 月 12 日，《公共采购电子发票法》（Law on electronic invoicing in public procurement，也称《政府采购电子发票法》）在议会获得通过。《政府采购电子发票法》的生效，明确了公共采购程序完成后为签订的合同执行而签发的电子发票必须符合欧洲标准。7）2019年2月8日，克罗地亚议会通过了《公共部门机构移动设备网站和软件解决方案的访问法》（Law on accessibility of web pages and mobile software solutions of public sector bodies，也称《公共部门机构无障碍网页和移动软件解决方案法案》），旨在确保公共部门机构中移动设备的网站和软件解决方案对用户（特别是老年人、残障人）的可访问性的措施实施。

（二）波兰

波兰作为中东欧地区人口数量最多的国家，经济发展趋势良好。近年来，在数字经济领域也开展了一系列立法活动，信息基础设施、数据安全和医疗服务成为该国立法关注的重点领域。《国家网络系统安全法》《个人数据保护法》以及《公共采购中的电子发票法》等重要的基础性法律法规相继实施。同期，对《身份证法》《医疗保健信息系统法》相继进行了修改和调整，以规范个人身份数据、医疗信息数据等领域的相关问题。

该国近期主要立法实践如下：1）2018年5月10日，《个人数据保护法》（Act on the personal data protection）正式颁布，于2018年5月25日起实施。2）2018年7月5日，《国家网络系统安全法》（Act on the national cyber security system）正式颁布，于2018年8月28日起实施。3）2018年7月5日，修订了《电子识别与信用服务法》（Act on trust services and electronic identification），于2018年9月11日起生效。4）2018年7月20日，修订了《医疗保健信息系统法》（Act on the health information system），于2018年8月23日起生效。5）2018年11月9日，《公共采购中的电子发票法》（Act on electronic invoicing in public procurement concessions for construction works or services and public-private partnership）正式颁布，于2019年4月18日起生效，旨在执行2014年4月16日欧洲议会和理事会关于公共发票电子发票的指令（2014/55/EU）。6）2018年12月6日，修订了《身份证法》（Act on identity cards），于2019年3月4日起正式生效。

（三）爱沙尼亚

爱沙尼亚被誉为“真正全面数字化的国家”和“欧洲硅谷”，也是全球数字信息技术发展最发达的国家之一。该国在网络安全、电子政务和医疗信息方面开展了立法的探索。该国近年来主要立法实践如下：1）2018年5月14日，《网络安全法》（Cybersecurity Act）正式公布，旨在加强关键领域和重要社会公共服务领域数字系统的安全性。同时，该法也是落实欧洲议会和理事会关于确保在整个联盟范围内网络和信息系统的安全性始终保持较高水平的措施指令（EU2016/1148）之一。2）2018 年 11 月 15 日，爱沙尼亚卫生和劳工部根据该国《卫生服务组织法》第 50（4）条制定的《医疗服务信息的跨境交换规定》（Regulation regarding cross-border exchange of information for health services）正式公布，旨在根据规定有关欧盟电子处方和通过跨境数据交换平台传输病历数据的相关问题。3）2018 年 12 月，该国对《公共信息法》（Public Information Act）进行了修改，对于公共机构的网站和移动应用在可访问性方面进行了明确规定。

（四）保加利亚

数字经济已成为保加利亚经济持续增长的一个引擎，也是“中国—保加利亚”合作的新亮点。[①] 保加利亚在网络安全和电子政务领域开展了立法实践。通过修改《政府采购法》的方式，建立了数字化的政府采购平台。该国近期主要立法实践如下：1）2018 年 5 月 14 日，保加利亚政府修改了《公共采购法》（Public Procurement Act，也称《政府采购法》），明确了有关政府采购活动的特定事项（投标等流程）必须通过国家电子平台（National Electronic Platform）进行。2）2018 年 11 月 13 日，保加利亚政府公布了修改后的《网络安全法》（Cybersecurity Act），规范了有关网络安全的组织、管理和控制的活动，成立了网络安全委员会以支持政府活动，该委员会的主席由总理任命的副总理担任。

（五）罗马尼亚

根据欧盟委员会发布的《2018 数字经济和社会指数（DESI）报告》显示，罗马尼亚排在欧盟 28 国的最后一位。[②] 但该国也围绕着数字签名、电子政务两个重点领域积极开展了立法活动。该国近年来主要立法实践如下：1）2017 年 12 月 13 日，为了落实欧盟 eIDAS 条例的相关规定，罗马尼亚政府通过了《电子（身份）识别及信任服务条例》（Law on eID and trust services for electronic transactions）。该法律明确了有关电子签名、信息服务可靠性等方面的相关问题。2）2018 年 12 月 13 日，罗马尼亚政府公布了一项名为《公共机构网站和移动应

① 《数字经济已成保加利亚增长新引擎》，载 http://paper.ce.cn/jjrb/html/2019-07/26/content_396603.htm。

② 《罗马尼亚的数字经济与社会指数排名欧盟末位》，载 http://tradeinservices.mofcom.gov.cn/article/yanjiu/hangyezk/201805/61770.html。

用访问性》（Web sites and mobile applications of public sector bodies）的应急条例草案，该规定对于公共机构网站和移动应用的可访问性提出了明确要求，为用户提供了更多的便利，特别是老年人和残疾人。

三、“中国—中东欧”数字经济的合作机遇

（一）合作原则

注重中东欧国家社会经济发展差异的“精准化”合作，可以作为“中国—中东欧”数字经济合作的原则。中东欧作为一个地缘政治层面的概念，其地缘优势明显，是中国在欧盟市场的重要接入口。但一方面，中东欧各国存在较大的差异性，多国内部各区域发展程度亦不尽相同。[①] 另一方面，虽然中国数字经济规模位居世界前列，但在数字贸易国际治理中存在话语权较弱等问题，并且面临着美欧发达国家的强力挑战。[②] 考虑到中东欧地区 16 个国家在社会、经济和政治等方面的差异性，在国际合作方面，需要认真对待和尊重各国的多样性、差异性和敏感性。[③] 结合中东欧诸国数字经济发展的立法现状，也可以从制度文本和政策实践两个方面明确该国数字经济发展的主要方向和关键领域存在的明显差异。因此，中国与中东欧国家的合作不可将其作为一个整体，应在“一带一路”框架下开展“精准合作”。[④]

（二）主要风险

数据安全是“中国—中东欧”数字经济合作的主要风险，这一风险将体现于经济、贸易、法律以及双边或多边协议等诸多方面。根据前文分析，有关数据信息的隐私保护方面，是欧盟现阶段各项数字经济领域立法的关键领域。各项指令的相继出台，形成了严密的个人信息数据保护法律规则体系。相关法令内容之全面、规则之严密、惩罚措施之严厉，甚至被视为“国际经济新壁垒”。正如有学者指出，GDPR 的变化会使我国“涉欧”数字企业合规成本增加，导致在欧盟

---

① 徐刚：《中国与中东欧国家地方合作：历程、现状与政策建议》，载《欧亚经济》2019 年第 3 期。

② 李钢、张琦：《对我国发展数字贸易的思考》，载《国际经济合作》2020 年第 1 期。

③ 臧术美：《“一带一路”背景下中国与中东欧地方合作一种多层级合作机制探析》，载《社会科学》2020 年第 1 期。

④ 华红娟、张海燕：《“一带一路”框架下中国与中东欧国家“精准合作”研究》，载《国际经济合作》2018 年第 2 期。

市场推进受阻。[①] 研究所见中东欧国家相关立法的现状，也反映出欧盟地区在数据信息隐私保护方面有日趋严格的趋势。

一方面，中东欧地区作为“一带一路”倡议进一步推进的必经之地，国家间的数字经济合作必然涉及数据安全的议题；另一方面，中东欧国家在立法上与欧盟日趋一致，严控数据安全将成为常态。据此，有关数据保护相关的用户信息收集、数据本地化存储以及跨境传输等问题，将很有可能成为未来几年“中国—中东欧”数字经济合作的“红线”或主要风险点。因此，在“中国—中东欧”数字经济合作过程中，可以避免选择与数据安全直接相关的议题，淡化数据保护问题对于合作进程的影响。

（三）合作领域

结合中东欧代表性国家的立法实践，可以对“中国—中东欧”数字经济合作的具体领域进行研判。第一，“数字货币”，可以成为“中国—中东欧”数字经济合作的前沿议题。特别是在数字货币监管、规制的交流与合作方面具有良好基础。以克罗地亚为代表的中东欧国家已经开始了数字货币的立法实践。同时，中国也重视数字货币领域的相关议题。中国人民银行在 2019 年下半年工作电视会议上表示将加快推进法定数字货币的研发步伐。据此，因其具有虚拟性和跨境特征，带来诸多新的跨境问题，数字货币监管的国际合作是应有之策。[②]

第二，发展数字经济应对社会老龄化问题，可以作为“中国—中东欧”数字经济合作的重点议题。人口老龄化，是中国和中东欧国家共同面对的社会问题。统计数据显示：2019 年中国 65 岁及以上人口占比达 12.6%。劳动力减少、老龄化导致的低生产率、公共财政压力上升等因素将制约中东欧国家 1%的 GDP 年增长。[③] 此外，在欧盟 2020 战略执行过程中，欧盟委员会也强调通过推广和应用信息技术缓解老龄化社会引发的问题。[④] 因此，综合社会经济、产业技术等方面的因素，“中国—中东欧”数字经济合作在应对社会老龄化问题方面具有广阔

---

① 弓永钦：《欧盟数据隐私新规则对我国“涉欧”数字企业的影响及应对》，载《国际经济合作》2019 年第 2 期。

② 李智、黄琳芳：《数字货币监管的国际合作》，载《电子科技大学学报（社科版）》2020 年第 1 期。

③ 国际货币基金组织：《人口问题限制中东欧地区国家的经济增长》，载 http://www.mofcom.gov.cn/article/i/jyjl/m/201907/20190702882680.shtml。

④ 陈骞：《欧盟以信息化应对老龄化》，载《上海信息化》2015 年第 4 期。

的合作空间。例如，可以通过技术、产业或是政策等方面的合作措施，针对老年人群的健康、防护、社交和生活等方面的需要，提供信息化的解决方案。同时，提升老年人通过数字技术获得公共服务、专业服务的便捷性，甚至可以将中国日渐兴起的“智慧型养老服务”进行推广，合作共建跨地区的数字化、智能化养老服务体系。

企业数据的法律属性及保护路径研究

◎沈琪晔*

内容提要：随着互联网技术的高速发展，企业数据的商业价值也日益凸显，因而要对其进行合理保护。但是企业数据的法律属性不明晰，在我国目前的法律框架下，法律对它的保护力度有限，根据数据类型的不同，保护方式也有所区别。对于非公开的构成商业秘密的企业数据，提供商业秘密保护；对于半公开的数据库数据，提供类似欧盟的数据库特殊权利保护；对于公开的网络平台数据，采取反不正当竞争法保护，避免恶性“搭便车”行为。在司法实践中，须符合法律未作出具体规定、受有实际损害和违反商业道德等构成要件，才能适用《反不正当竞争法》的原则性条款进行保护。对于企业投入劳动所获得的数据权益范围及第三方使用数据的范围及合法的使用方式，也须进行明确。

关键词：企业数据　合法权益　反不正当竞争

一、企业数据的概念界定及相关纠纷

企业数据，泛指所有与企业经营相关的信息、资料，包括公司概况、产品信息、经营数据、研究成果、大数据分析报告等，其中不乏涉及商业机密的内容。根据信息是否公开，企业数据可以分为企业公开数据、半公开数据与非公开数据。企业公开数据，最典型的是公司概况，通常在企业查询平台、企业官网上均进行了公示；另一种常见的企业公开数据，如微博上的用户信息及用户评论，这类信息对所有互联网用户公开，使其进入了一个公共的领域。企业半公开数据，即企业拥有的数据有一部分是公开的，如数据库中的数据仅对部分人群开放。对于这类数据，通常需要通过一定的媒介或者付出相应的代价才能得到。企业非公

* 沈琪晔，江阴市人民法院知识产权庭法官。

开数据，商业秘密就是典型。企业的研究成果、经营数据及客户名单等，满足非公开、具有商业价值、采取保密措施的条件下均可以构成商业秘密。此类数据具有秘密性，同时可能构成企业非公开数据。除商业秘密外，企业通过采集大数据并经过清洗、整理形成了企业自己的数据库或者数据报告，也属于企业数据。①

随着互联网的迅猛发展，数据已经渗透到个人日常生活及企业经营的方方面面。我们习惯在微博和微信上发表、记录生活的点滴，在大众点评网上点评品尝过的美食和搜罗美食，在携程网上购买机票和预订酒店，在注册一个新平台时自然而然地输入自己的手机号注册绑定等。这些行为都留下了一些数据，有些与我们的个人信息、隐私权相关，经过用户授权成为企业数据的一部分。这些数据共同构成了互联网海量数据的一部分，促进了新兴产业的萌芽、发展。

互联网用户的网络行为给企业数据提供了海量资源，而日常使用互联网过程中留下的浏览足迹，也为互联网企业精准推送奠定了基础。企业通过大数据结合算法，为用户提供符合自身喜好和口味的音乐、资讯等服务，增强用户与软件之间的黏合度，将二者捆绑得更紧密，从而也赋予数据更多的商业价值。

企业数据的重要性与商业价值日益凸显，相应地也产生了一些纠纷。例如，首例数据不正当竞争案："脉脉非法抓取使用新浪微博用户信息案"。脉脉软件是一款通过分析用户的新浪微博和通讯录数据，帮助用户发现新朋友的人脉社交应用。双方曾签订《开发者协议》并通过微博平台 Open API 进行合作。新浪微博的经营人微梦公司表示，根据《开发者协议》，脉脉软件的经营人淘友技术公司和淘友科技公司仅为普通用户，可以获得新浪微博用户的 ID 头像、好友关系、标签、性别，无法获得新浪微博用户的职业和教育信息，但淘友技术公司、淘友科技公司违反了《开发者协议》，使大量未注册为脉脉用户的新浪微博用户的相关信息也展示在脉脉软件中。且双方合作终止后，淘友技术公司、淘友科技公司仍使用大量非脉脉用户的微博用户信息。微梦公司认为淘友技术公司、淘友科技公司的行为构成不正当竞争，故而诉至法院。②

另一起典型案件是"大众点评诉百度不正当竞争案"，也是由数据抓取引发的纠纷。百度地图曾推出过垂直搜索功能，即在百度地图里输入某一家餐馆的名字，就会显示出该餐厅的地址信息，同时还会显示出食客对该餐厅的点评信息，

---

① 楼奇、朱腾飞、吴晓洪：《企业数据合规——从认识数据开始》，载微信公众号"天元律师"，2020 年 4 月 15 日，https://mp. weixin. qq. com/s/jxgY-r5ylrpS-WAppqeVyQ。

② 北京知识产权法院（2016）京 73 民终 588 号民事判决书。

这些点评信息有一部分来自大众点评网，百度在使用这些信息时有标注“来自大众点评”的说明并提供链接，用户可点击该链接跳转到相应的大众点评页面。同时，百度自己也有相应的点评系统，用户可以直接在百度地图里对餐厅进行点评。大众点评认为百度地图的上述行为构成“搭便车”行为，减少了用户对自己网站的访问，是一种不正当竞争行为，因而诉至法院。①

这两个典型案例，前者涉及有关个人信息的企业数据，后者涉及非个人信息的公开企业数据。此外，近年来还有淘宝生意参谋诉美景案、② 酷米客诉车来了案③与二维火诉美团案④等案件频发，如果处理不当，不仅相关主体的合法权益得不到充分保障，互联网的发展和创新也会受到阻碍。因此，研究探讨企业数据的法律属性和保护路径有其现实性和必要性。

二、企业数据的法律属性探讨

《民法总则（草案一审稿）》曾将数据信息纳入知识产权客体范畴，但自二审稿至最后出台的民法总则均将其从知识产权客体中移除，而单列为一项民事权利。最终，立法者将数据信息与网络虚拟财产单列，进行概括性保护，规定在《民法总则》即现在《民法典·总则编》第127条：法律对数据、网络虚拟财产的保护有规定的，依照其规定。⑤

在我国其他法律中，也有与“数据”相关的规定。《刑法》第286条第2款规定：违反国家规定，对计算机信息系统中存储、处理或者传输的数据和应用程序进行删除、修改、增加的操作，后果严重的，依照前款的规定处罚。《〈中华人民共和国治安管理处罚法〉释义及实用指南》阐释说：“计算机信息系统中存储、处理、传输的数据，是指在计算机系统中实际处理的一切文字、符号、声

---

① 上海知识产权法院（2016）沪73民终242号民事判决书。

② 杭州铁路运输法院（2017）浙8601民初4034号民事判决书；杭州市中级人民法院（2018）浙01民终7321号民事判决书。

③ 深圳市中级人民法院（2017）粤03民初822号民事判决书。

④ 杭州市中级人民法院（2018）浙01民初3166号民事判决书。

⑤ 《民法总则（草案一审稿）》第108条第2款规定：“知识产权是指权利人依法就下列客体所享有的权利：……（八）数据信息。”《民法总则（草案二审稿）》第124条规定：“法律对数据、网络虚拟财产的保护有规定的，依照其规定。”三审稿未改变条款内容，而将该条款设置为第128条。《民法总则（2017）》将该条款调整为第127条，后《民法典》继续沿用。

音、图像等内容有意义的组合。”①《网络安全法》对“网络数据”作出的定义为“通过网络收集、存储、传输、处理和产生的各种电子数据”。②

可见，我国法律尚未给“数据”下一个明确定义，“企业数据”的概念和边界不清。是故，探讨企业数据的法律属性，对于后续研究如何保护企业数据是必要的。

（一）企业数据与民法

企业数据本身并不具备有形物的特征，难以通过物权法进行调整和规范。企业数据在人身权的范围内不能得到完全的保护。只有那些属于个人隐私的信息，才能在人身权的范畴内得以纳入保护和调整。也正是因为传统的隐私权保护范围有限，我国法律通过立法创设了“个人信息”的概念，对此进行规范和保护。

《民法典·人格权编》将个人信息与隐私权进行了并列保护，明确规定自然人的个人信息受法律保护，同时明确定义：“个人信息是以电子或者其他方式记录的能够单独或者与其他信息结合识别特定自然人的各种信息，包括自然人的姓名、出生日期、身份证件号码、生物识别信息、住址、电话号码、电子邮箱、健康信息、行踪信息等。”这就将以往限于“能够识别公民个人身份和涉及公民个人隐私的电子信息”的个人信息范围作了延伸，通过下定义结合列举的方式，扩大了个人信息的保护范围。《民法典》也规定：个人信息的处理包括个人信息的收集、存储、使用、加工、传输、提供、公开等。处理个人信息的，应当征得该自然人或者其监护人同意。个人信息数据经过用户授权后，企业方可合法收集使用，一般是通过合同或者协议的方式获得被收集方的同意。此类数据兼有个人信息与企业数据的双重属性，个人信息的权利主体是个人。发生数据盗用时，个人可以通过人格权主张权利，但企业想要通过人格权维护企业数据的权益存在障碍。

数据还可以作为债权的客体纳入民事法律调整范围。大量数据在协议的约束下进行商业的传输、处理、加工和分析。而数据进行汇集处理后产生的大数据集合，或者数据加工后产生的结果信息，也通过协议的方式进行自由交易和流动。然而，仅在债权范畴对数据进行规制和调整显然不能支撑数据产业未来的发展。例如，债权的调整仅仅具有主体相对性，而缺乏对世权的绝对保护。由于没有确

---

① 全国人大常委会法制工作委员会刑法室：《〈中华人民共和国治安管理处罚法〉释义及实用指南》，中国民主法制出版社 2012 年版，第 92 页。

② 《中华人民共和国网络安全法》第 76 条第 4 项。

认数据的财产属性以及相应的所有权制度，如果发生数据财产被复制、窃取、截获等情形，将难以诉诸现行法律的保护。而数据在被进行加工和处理后所产生的数据商品，由于没有确认数据在法律上的财产属性，其评估、交易、作价等方面都将缺少法律依据及相应的会计规则。争论已久的虚拟货币、虚拟财产问题，其实本质上也都可以归因于现行法律体系对于“数据”这一客观存在的缺位。①

有人将数据比作新时代的“石油”，各互联网主流公司也相继在大数据开发方面投入大量的劳动。按照传统的民法理论，企业投入劳动并形成的大数据成果应当受到法律保护。数据本身不同于民法一般权利客体，无法将其纳入原有的权利体系给予其体系化的保护，仅将其概括保护以尊重大数据背后的劳动与投入。将数据纳入民法体系并对其进行概括性保护，有助于减少数据侵权的风险，提高数据成果的权利意识，赋予数据平台一定的民法权利而激励行业的前进与发展，② 为将来数据权利的有关立法完善预留了空间和余地。

（二）企业数据与知识产权法

知识产权法能够保护的企业数据类型有限，并不能全面覆盖、完全保护。构成商业秘密的企业数据以及构成著作权体系下汇编作品的“数据库”，都是知识产权的一种形式。而大部分的企业数据都源于平台用户的网络行为，平台对这些公开或者半公开的数据收集并加以分析从而享有商业利益，并不符合商业秘密“非公开、采取保密措施”的要求，也就不能以商业秘密来保护企业的数据权益；数据库作品一般仅能享受到汇编作品所享有的对于信息的“选择”和“编排”方面的权利，而难以延及数据本身。③

数据本身并不具备独创性或创造性，除构成商业秘密的企业数据以及构成著作权体系下汇编作品的“数据库”外，其他企业数据不能直接适用知识产权法进行保护。

---

① 瞿森：《数据为王：大数据时代数据的法律属性及保护》，载微信公众号“金杜研究院”，https://mp.weixin.qq.com/s/ROEnuztuBAPohYy94ZjodA，最后访问时间：2016 年 4 月 26 日。

② 王艳婷：《大数据时代数据信息的竞争法规制问题》，载微信公众号“知识产权那点事”，https://mp.weixin.qq.com/s/D5fFjDvk593HjuhImlKiDA，最后访问时间：2018 年 7 月 9 日。

③ 瞿森：《数据为王：大数据时代数据的法律属性及保护》，载微信公众号“金杜研究院”，https://mp.weixin.qq.com/s/ROEnuztuBAPohYy94ZjodA，最后访问时间：2016 年 4 月 26 日。

（三）企业数据与反不正当竞争法

目前，我国法院在处理公开及半公开的企业数据相关法律问题时，主要将其纳入反不正当竞争法规制范畴。“竞争法延展了企业数据的保护范围。竞争法除了把商业秘密所无法保护的公开或半公开的企业数据纳入可能的保护范围，还把一些商业价值尚不确定，甚至数据权属并不明确的企业数据也纳入可能的保护范围。”①

比如，在“脉脉非法抓取使用新浪微博用户信息案”中，脉脉抓取使用的数据涉及新浪微博用户不公开的个人信息，法院认为第三方合法使用数据平台的数据范围和使用方式受双方合作协议约定及数据性质的双重限制，确认了未经授权的数据收集和使用行为受反不正当竞争法规制。盗用他人数据的行为虽不受版权法保护，但其制作竞争性数据库或用于其他商业目的可能构成不正当竞争，可适用《反不正当竞争法》第 2 条的原则性条款进行规制。该条规定，经营者在生产经营活动中，应当遵循自愿、平等、公平、诚信的原则，遵守法律和商业道德。本法所称的不正当竞争行为，是指经营者在生产经营活动中，违反本法规定，扰乱市场竞争秩序，损害其他经营者或者消费者的合法权益的行为。本法所称的经营者，是指从事商品生产、经营或者提供服务（以下所称商品包括服务）的自然人、法人和非法人组织。这一原则性条款强调的是合法权益的概念，这种权益在更多时候体现为一种利益，该利益尚未达到权利的程度，其边界比较模糊，范围不易确定，故不能成为一种充分的法律权利，而是一种法律上的利益。即使数据平台对于其数据信息不享有法定权利，但仍可基于其他理由对数据信息享有法律上的利益。②

同样，在“大众点评诉百度不正当竞争案”中，法院也援引了《反不正当竞争法》第 2 条的原则性条款，认为：“大众点评网的商户简介和用户点评，是汉涛公司收集、整理和运用商业方法吸引用户注册而来。汉涛公司为此付出了人力、财力、物力和时间等经营成本，由此产生的利益应受法律保护。对于大众点评网的商户简介和用户点评，爱帮科技公司未付出劳动、未支出成本、未作出贡献，却直接利用技术手段在爱帮网上展示，并以此获取商业利益，属于反不正当

① 丁晓东：《论企业数据权益的法律保护——基于数据法律性质的分析》，载《法律科学》2020 年第 2 期。

② 李国泉：《反不正当竞争法一般条款对数据信息的保护》，载《电子知识产权》2014 年第 4 期。

竞争法理论中典型的'不劳而获'和'搭便车'的行为。"① 在该案中，法院认为汉涛公司运营的"大众点评"平台虽未直接提供数据，但其提供的平台在数据整理和收集过程中付出较大努力。汉涛公司通过商业运作吸引用户在大众点评网上注册、点击、评论，并有效地收集和整理信息，进而获得更大的商业利润，该合法权益应受法律保护。因此，对于企业投入劳动所获得的数据权益范围及第三方使用数据的范围及合法的使用方式，须进行明确。

由此可以看出，竞争法将企业数据作为一种合法权益进行保护。从法理上看，竞争法的这一规定更接近于标准或原则性规定，缺乏能够指引裁判的规则刚性。该规定虽然对各种类型的企业数据能够提供一定程度上的法律保护，但因原则性条款缺乏明确的法律解释与适用标准，也可能会造成各方的困惑。"因此，企业在合规与数据实践方面常常会面临更高的成本。有的企业为了保证其数据合规，可能会禁止或取消原本从事的数据业务，或者因为担心法律对其数据保护不足，而不愿意开放其本来愿意开放的数据。"②

诚然，法院适用《反不正当竞争法》原则性条款判决的几个典型案例，扩大了企业数据受保护的范围，也收获了较好的市场反响。但是，原则性条款适用条件的不明确性和严苛性，导致竞争法的保护力度依旧是不够的。

三、企业数据的法律保护路径

通过上文的分析可见，在目前的法律框架下，没有一种法律制度可以完全覆盖所有类型的企业数据。我国法律对企业数据的保护力度有限，立法层面仅对个人信息类的数据作出了相对明确的规定。然而，随着互联网的发展，数据的商业价值日益凸显，已经成为企业一项重要的资产，对于企业数据及合法权益应当予以保护。

保护企业数据权益应当以促进数据共享为目标，企业数据的合理保护应当有利于促进数据共享。对企业数据的保护也应根据数据类型的不同而有所区别。对于非公开的构成商业秘密的企业数据，提供商业秘密保护；对于半公开的数据库数据，提供类似欧盟的数据库特殊权利保护；对于公开的网络平台数据，采取竞

---

① 上海知识产权法院（2016）沪73民终242号民事判决书。

② 丁晓东：《论企业数据权益的法律保护——基于数据法律性质的分析》，载《法律科学》2020年第2期。

争法保护，避免恶性“搭便车”行为。①

从司法实践来看，《反不正当竞争法》也是目前互联网平台维护自身劳动投入所产出的企业数据的重要途径。大多数涉及企业数据的纠纷，法院往往采用《反不正当竞争法》的原则性条款来予以调整和规制。《反不正当竞争法》对数据提供的是一种法律利益的保护，而非明确具体的法律权利的保护。平台只需证明其对于数据投入的充分劳动，以及侵权方存在未付出投入及未经同意即擅自利用其数据、“搭便车”、违反商业道德与行业惯例的客观事实即可。这极大地简化了平台寻求法益保护的路径，有利于平台权益的保护及整个行业领域创造性的激发与激励。

在现有的法律框架下，要运用好《反不正当竞争法》的原则性条款保护企业数据的利益，同时尽量规避对互联网发展产生不利影响，这就需要明确原则性条款的适用条件。

在司法实践中，关于能否适用《反不正当竞争法》一般条款及具体如何适用，存在一定争议。最高人民法院在（2009）民申字第 1065 号“山东省食品进出口公司等与青岛圣克达诚贸易有限公司等不正当竞争纠纷再审案”中提出，适用《反不正当竞争法》第 2 条认定构成不正当竞争应当同时具备以下条件：一是法律对该种竞争行为未作出特别规定；二是其他经营者的合法权益确因该竞争行为而受到了实际损害；三是该种竞争行为因确属违反诚实信用原则和公认的商业道德而具有不正当性。而在“脉脉非法抓取使用新浪微博用户信息案”的二审中，基于互联网行业的技术形态和市场竞争模式与传统行业存在显著差别，为保障新技术和市场竞争模式的发展空间，北京知识产权法院认为：在互联网行业中适用《反不正当竞争法》第 2 条，更应秉持谦抑的司法态度。在满足上述三个条件外，还需满足以下三个条件才可适用：一是该竞争行为所采用的技术手段确实损害了消费者的利益，如限制消费者的自主选择权、未保障消费者的知情权、损害消费者的隐私权等；二是该竞争行为破坏了互联网环境中的公开、公平、公正的市场竞争秩序，从而引发恶性竞争或者具备这样的可能性；三是对于互联网中利用新技术手段或新商业模式的竞争行为，应首先推定具有正当性，不正当性需要证据加以证明。②

---

① 丁晓东：《论企业数据权益的法律保护——基于数据法律性质的分析》，载《法律科学》2020 年第 2 期。

② 北京知识产权法院（2016）京 73 民终 588 号民事判决书。

同时，北京知识产权法院还指出，认定竞争行为是否违背诚信或者商业道德，往往需要综合考虑经营者、消费者和社会公众的利益，需要在各种利益之间进行平衡。不正当性不仅仅只是针对竞争者，不当地侵犯消费者利益或者侵害了公众利益的行为都有可能被认定为行为不正当。在互联网中，对用户个人信息的采集和利用必须以取得用户的同意为前提，这也是互联网企业在利用用户信息时应当遵守的一般商业道德。这些标准为司法实务机关判断第三方平台是否构成企业数据的不正当竞争行为提供了重要参考，在很大程度上明确了适用《反不正当竞争法》原则性条款的构成要件。

互联网行业尚处于发展阶段，行业规则、公认的商业道德仍在摸索。在适用《反不正当竞争法》第 2 条时，首先需要考虑数据收集者是否就特定数据享有合法权益，具体包括数据收集是否合法、数据集合能否为收集者带来竞争性利益；其次要考虑干扰行为是否破坏了数据，具体表现形式为数据盗用与数据准确性的破坏；最后则要考虑损害后果，在互联网竞争中损害后果可以表现为注意力的争夺。数据收集需要经过数据主体的“明确同意”，即数据主体应当以作为方式表达同意，任何推定方式、不作为方式的同意都不能认为构成“明确同意”。同时，数据收集者可按照“最少信息标准”界定其网络服务所需之必要信息边界。①

在大数据和云计算的时代，包括个人信息在内的各类企业数据，只有充分地流动、共享、交易，才能实现集聚和规模效应，最大限度地发挥价值。在适用《反不正当竞争法》对互联网中的企业数据进行规制时，应充分明确当前背景下第三方平台可使用数据的具体范围以及使用方式的限定，且只有在满足上述构成要件的情况下方可适用《反不正当竞争法》，避免法律的扩大化适用造成私人利益和公共利益的失衡。②

---

① 张莉军、楼婕：《论数据权利保护困境与反法保护路径突破——兼谈数据收集规则的完善》，载微信公众号“金诚同达”，https://mp.weixin.qq.com/s/gK4yu5q5YeRlv54v3o_D_w，最后访问时间：2020 年 4 月 24 日。

② 王艳婷：《大数据时代数据信息的竞争法规制问题》，载微信公众号“知识产权那点事”，https://mp.weixin.qq.com/s/D5fFjDvk593HjuhImlKiDA，最后访问时间：2018 年 7 月 9 日。

浅析企业数据定义及保护途径

◎王钿钿[*]

内容提要：企业数据是大数据时代下的新型产物，在当前的市场环境中，越来越多的企业通过数据活动的方式开展经营活动，并不断扩大其市场影响力。但由此产生的是与企业数据有关的争议不断出现，而目前我国法律对于企业数据的保护并没有出台完备的规定，其中有一部分相对还是空白的。本文对企业数据的概念以及法律性质进行了简单的分析，并结合相关的司法案例对目前司法对企业数据保护的法律适用予以说明，对于其中存在的问题阐述简要的观点。

关键词：企业数据　司法保护　不正当竞争

引　言

全球数据仓库技术专家 Stephen Brobst 在 2018 Teradata 全球用户大会上发表演讲时曾提道："在硅谷，要么你已经是一家数据公司，或者将来会成为一家数据公司，或者已经被彻底淘汰。因为大数据正在变革各个行业认识自己的方式。"①

信息是人类生存和发展的重要要素之一，在当下社会中，数据正成为信息最主要的载体。对于企业而言，数据在生产、经营、竞争中都发挥着至关重要的作用。随着大数据技术的探索与发展，越来越多的企业意识到大数据的重要性，它在各行各业都发挥着重要的作用，成为企业洞悉市场趋势、抢占市场先机、发掘商业价值的重要手段。

---

* 王钿钿，汇业律师事务所律师。

① 海牛大数据：为什么大数据对企业越来越重要？

一、企业数据的概念与性质

1. 企业数据的概念

保护企业数据，首先需要理解何为企业数据。企业数据这一表述是一个宽泛的概念，数据不同于一般的有体物能够进行准确的描述。笔者为此查阅了相关规定、案例。在《数据安全法（草案）》中对于数据作出了定义：数据指任何以电子或者非电子形式对信息进行的记录。数据活动，是指数据的收集、存储、加工、使用、提供、交易、公开等行为。笔者结合自身的理解，认为企业数据大致可以分为以下两大类：

第一类，笔者从单个的企业所持有的数据进行理解。这类数据泛指与企业经营相关的信息、资料，包括公司概况、产品信息等①。笔者认为，这其中也可以分为两部分看待，最基础的企业数据与个人信息类似，就像一个企业的名片一样，记录企业的基本信息，通常可以通过市场监管等政府部门统一记录、发布；另一部分是企业经营过程中产生的与经营密切相关的数据，以生产型企业为例，在研发过程中产生并记录的实验数据、技术信息等，这一类数据关系到企业的经济命脉，通常会通过知识产权法、商业秘密等方式进行严格保护。

第二类，跳脱单个企业，从整个市场环境来看，这类企业数据是由商业公司付出了人力、物力、财力等大量经营成本，收集、整理，并最终展示出来的信息。这部分数据不同于第一类，它的产生不是一个简单的从无到有的创设过程，而是在已有的原始数据的基础上，经过一个“数据活动”的过程，最终产生具有增值价值的数据。中间企业从事这种活动是为其他有需求的商业公司提供数据服务，被登载的企业可以扩大企业自身的知名度、推广产品及品牌、增加潜在商业活动。而接收数据的个体可以加强自身商业洞悉能力。

第一类企业数据相对比较基础，因为这一类数据通常本身就是由企业所创设的，可以称为原始数据，企业对自己创设的客体当然享有权利。目前我国法律也通过知识产权法、商业秘密等方式对这类数据中有经济价值的那部分进行了保护。而第二类企业数据是在大数据时代下，应市场竞争发展需求而产生的新类型，有别于第一类的是，持有这些数据的企业并不是这些原始数据最原本的创设者，而是通过相关技术方式对关联数据进行收集、整理、归纳而得到。笔者认

---

① 百度百科：企业数据，载 https://baike.baidu.com/item/%E4%BC%81%E4%B8%9A%E6%95%B0%E6%8D%AE/5514237?fr=aladdin。

为，对这一类企业数据如何进行法律上的定性、如何进行保护，才是当前最需要关注的问题，本文也围绕这一类企业数据进行探讨。

2. 企业数据如何定性

不同的权利种类会有不同的法律保护方式，明确了我们所要保护的企业数据的概念之后，还需要对其法律性质进行界定，才能判断适用何种法律进行保护。对此，目前学界内主要有物权说、债权说、知识产权说、新型财产权说等不同的观点。

持物权说的学者认为，由于企业数据已经具有了经济价值，且可以被排他支配，应当将企业数据等以数据为基础的这类网络虚拟财产作为物权法中一类特殊的物。持债权说的学者认为，数据网络个人用户与网络服务企业之间签订合同，对企业收集利用自己数据的行为进行了同意、授权，企业基于合同的债权债务关系履行相应的义务，因此数据的权益也就建立于合同的债权债务关系之上。持知识产权说的学者提出，将数据作为知识产权保护的客体，主要依据在于数据有别于物权法的物，不具有实体性，且数据也能够满足创造性、新颖性、实用性等特征，符合知识产权保护课题的要求。①

以上观点均是从现有的法律结构入手，来寻求保护企业数据合适的方式，但也有学者提出，应当采用立法的形式，为企业确立数据新型财产权以保护企业数据。正如笔者上文所述，企业数据的产生需要一个收集、整理、分析的过程，因此在企业数据中实际上包含了原始数据以及最终产生的增值数据两部分，原始数据的提供需要依赖于数据网络个人用户，增值数据则需要企业投入经营成本获取，所谓的数据新型财产权就是指企业对于增值数据所享有的权利。②

笔者倾向于认同新型财产权的说法，企业数据的产生实际上顺应了时代发展，是大数据时代下市场竞争需求的产物，从概念上来讲即区别于一般的物，无法完全适用现有的法律体系。实际上，债权说、知识产权说，在司法实践和案例中都有所体现，但最终的效果其实并不理想。

但是，相比于物权法、债权法等已经相对成熟的法律体系，一种新型权利的建立依赖于一套完整的法律规则体系与其配套，才能在司法上进行适用。因此，这一权利的建立完善还需一个漫长的过程。

---

① 苏科岑：《竞争法视角下的企业数据保护研究》，中国政法大学2019年硕士学位论文。

② 龙卫球：《再论企业数据保护的财产化路径》，载《东方法学》2018年第3期。

二、现有法律规定对企业数据保护的应用

近年来，随着数据的重要性不断凸显，数据竞争产生的争议量也日渐增长。笔者检索了涉及企业数据的相关案例，在此以上海汉涛信息咨询有限公司（以下简称汉涛公司）与爱帮聚信（北京）科技有限公司（以下简称爱帮公司）关于数据竞争系列案件为例进行分析，这一案件也是我国出现的第一例涉及数据竞争的案件。

1. 案情简介

原告汉涛公司是“大众点评网”的经营者，被告爱帮公司是“爱帮网”的经营者。爱帮网与大众点评网在受众人群、盈利模式、经营范围、客户群体等方面基本重合，属于同业竞争者。汉涛公司发现爱帮网在经营中大量复制甚至直接摘取大众点评网上的商户简介及用户点评内容，并且虚假宣传“爱帮网已成为中国最大的本地生活搜索服务提供商，也是最大、最全的生活信息网上平台”，已经对汉涛公司的正常经营活动产生了影响。于是汉涛公司针对爱帮公司的行为提起了一系列的诉讼。

汉涛公司首先以“侵犯著作权”为由向北京市海淀区人民法院提起诉讼，主张汉涛公司对大众点评网用户发布在网站上的商户简介以及用户点评享有著作权，爱帮公司擅自使用其相关信息，侵犯了其著作权。法院一审判决认定爱帮网侵犯大众点评网著作权成立。而二审法院经过审理后认为，汉涛公司与发表点评作品的用户共同享有该作品的著作权，汉涛公司不得独自提起诉讼，起诉主体上存在瑕疵。基于这个判断，二审通过裁定方式，从程序上驳回了原告汉涛公司的起诉。①

第一次诉讼之后，汉涛公司修改了大众点评网站与用户签订的在线协议，增加了用户在网站上发布的相关作品的财产权利归属于汉涛公司，且汉涛公司有权单独提起诉讼的规定。此后，汉涛公司再次以侵犯著作权为由，向法院提起诉讼，诉讼主张就是用户签订的在线协议，将著作权中的财产权部分授权给汉涛公司。本次诉讼，法院支持了汉涛公司对于用户点评作品享有著作权的主张。判令爱帮公司侵权成立，赔偿汉涛公司经济损失 25000 元。但法院也在判决书中指出，用户发表在大众点评网站上的评论，并非所有的评论都能构成著作权法意义

① 于国富：《大众点评网诉爱帮网侵犯著作权案判决剖析》，载 http://blog.sina.com.cn/yuguofu。

上的作品，判断全部内容是否符合作品的特征要求，需要结合证据逐一甄别。汉涛公司虽然对其网站上的全部内容主张权利，但未就全部内容的著作权权利基础提交充足证据。因此法院实际仅以汉涛公司提交的对比表为限确定审查范围，对其他内容在本案中不予处理。①

时隔两年，汉涛公司第三次向法院提起诉讼，以不正当竞争为由，主张爱帮公司擅自使用其网站收集的用户点评等内容，构成了不正当竞争，要求对方赔礼道歉、消除影响，并赔偿经济损失 900 万元以及相应的维权费用。爱帮公司辩称，汉涛公司就网站内容不享有排他性的独占使用权，爱帮公司是搜索引擎提供商，没有复制网站内容，而是使用搜索结果中的摘要，并且提起反诉，主张汉涛公司宣称“大众点评网是中国最大的‘撑死消费者’指南网站，国内最大的生活指南网站”，属于虚假宣传。② 最终一审、二审法院均认定爱帮公司构成不正当竞争。

2. 法律分析

笔者认为，汉涛公司的三次起诉，也正是体现了在数据争议出现初期，权利受侵犯的一方在维权方向上的探索过程。并且，汉涛公司的三次诉讼，实际上是从两个方面、两个思路进行了维权。正如上文所述，企业数据的产生需要经过收集整合的过程，汉涛公司前两次诉讼实际上是从“客体”入手，也就是直接诉求保护这一流程的成果即增值性企业数据；而最后一次诉讼，则是从“行为”入手，即从对方的行为违反诚信、公平等正当竞争要求，破坏了良好的市场竞争秩序出发，当然最终也能够实现对于自己取得的增值企业数据的保护。

首先，笔者对前两次著作权侵权诉讼进行了研究。笔者认为，汉涛公司前两次以著作权侵权案由提起的诉讼，也恰恰可以对应上文笔者提及的债权说以及知识产权说两项保护理论。

在企业数据产生初期，对于这一权属尚没有一个明晰的概念，从企业角度来看，对于自己付出成本获取整合的数据，企业往往会认为所有权利都能归属于自身，最直接的方式就是表明权利人的身份，主张对方侵犯权利。有鉴于数据的无形性，汉涛公司最开始适用的是著作权法。在知识产权侵权案件中，法院最先要明确的就是权利归属问题，汉涛公司既然主张侵犯著作权，首先应当持有著作权。但著作权法规定明确，作品的著作权归属于作者，汉涛公司仅是点评作品的

① 北京市海淀区人民法院（2010）海民初字第 4253 号判决书。

② 涉互联网经典案例：“大众点评网”诉“爱帮网”不正当竞争纠纷案。

收集者，并不是创作者，即使能够通过在线协议约定与创作者共享著作权，也无法单独提起诉讼。为解决这一问题，汉涛公司在第二次诉讼中完善了证据，诉讼主体问题虽然得以解决，是否构成著作权是法院接下来要考虑的问题。海淀法院在判决书中实际上指出了构成著作权法意义上作品的要求，即因表达能力、角度、方式不同，在表现形式上体现作者的个性、情感、体验的评论，具有独创性，才能构成作品，在本案中才能依据著作权法进行保护，因此，并不是所有的点评都能够受到保护，并且一个网站的点评数量数以万计，一一核对也根本不现实，法院只能退而以汉涛公司列举的少部分为裁判对象。也正因如此，本案法院最终判决的赔偿金额其实相对很低。

这两个案件体现了企业数据这一新型的权利类型，在适用现有法律体系保护过程中产生的冲突与不适应问题。企业数据虽然在部分特征上符合知识产权等现有法律体系保护客体的特征，但毕竟有其特殊性，这些特征无法直接套用现有法律进行保护，即使可以适用，最终取得的效果也难以达到预期。

3. 典型意义

在这一系列案件中，最具有影响力的是第三次诉讼。本次诉讼涉及通过技术手段使用他人网站大量信息的行为是否构成不正当竞争以及虚假宣传的认定等法律问题。法官在判决中细致厘定了不正当竞争与技术创新之间的界限，判决中有关竞争利益与垂直搜索引擎技术运用的合法边界等的论证具有理论上的创新意义。①

笔者认为，相比于前两次诉讼，本次诉讼汉涛公司回避了企业数据无法定性的问题，转而从爱帮公司的行为入手，从不正当竞争的角度来主张爱帮公司行为的违法性。但由于互联网数据问题的纠纷此前并未出现过，我国反不正当竞争法对不正当竞争行为的规制采取的是列举式的规定，但本案爱帮公司的行为显然并没有被纳入反不正当竞争法的规定之中，因此，法院启用了《反不正当竞争法》第 2 条这一一般性条款，发挥了兜底性的作用，来应对新型的数据侵权问题。这一案件的裁判为网络中多发的不正当竞争行为确立了裁判的规则，为类似案件的处理起到了重要的借鉴作用。

汉涛公司案件之后，有关数据竞争的争议不断出现。大部分司法判例中都采用了反不正当竞争法对数据侵权行为进行规制。法院也逐渐在司法裁判中明确了企业数据在竞争过程中的财产性权益，并在数据侵权案例中尝试明确数据利用与

① 涉互联网经典案例：“大众点评网”诉“爱帮网”不正当竞争纠纷案。

数据保护的边界。①

三、企业数据保护途径的困境

1. 细化法律规定、完善法律制度设置

从司法实践来看，由于缺乏对企业数据的权属认定，法院更多倾向于通过反不正当竞争法来处理此类纠纷，也就是从侵权者的行为入手，从法律角度来说，反不正当竞争法保护的是良好的市场竞争秩序。在此类案件中，也是通过保护市场竞争秩序，对企业持有的数据进行了保护。

笔者认为，既然目前反不正当竞争法作为保护企业数据的主要适用法律，在没有其他特定法律颁布之前，反不正当竞争法必然要起到充分的保护作用。在2017年修订之前，法院多启用第2条一般条款，在2017年修订之后，新增了第12条互联网条款。

反不正当竞争法在法条规定上，只列举了三种互联网不正当竞争手段，这种列举式的规定往往会带有局限性，而信息技术的发展日新月异，列举式的规定明显无法满足时代发展的需求。随着信息技术的不断发展，新类型的侵权案件只会不断更新，在这样的情况下，法院只能适用第12条第4款的兜底性条款，或者如汉涛案件适用《反不正当竞争法》第2条的规定。

笔者认为，兜底性条款固然可以对新类型案件起到有效的制约作用，但法律规定不是只应用在案件当中，要起到对于公众行为的规范作用，就应当尽量走到前沿，以法律规定的方式明确什么样的行为不可为，从源头上遏制侵权行为的发生。互联网侵权案件的类型多样，可以对类似侵权案件进行归纳梳理，将同类型的行为提炼特征，细化现有的法律规定，以将更多类型的侵犯企业数据权益的行为纳入法律的规定中。

除了对行为的限制以外，当前法律确实对于侵权损失赔偿问题的规定，企业在数据不正当竞争中给同行业经营者产生的影响及损失，会由于网络传播的特性被进一步扩大，因此损失金额通常很大，但具体金额也难以准确计算。如果将赔偿金的举证全部推给当事人，对于当事人而言也会产生诉讼压力。笔者认为，可以参照知识产权法法定赔偿的规定，由法律设置一个赔偿金额的限制，法院根据案件的具体情况、结合侵权行为、影响后果等，确定赔偿金额。同时也能通过预

---

① 曹建峰、田小军：《六大国内外典型案例解读：AI时代，如何保护企业数据权益?》，载《大数据时代》2019年第5期。

设赔偿金额的方式，给予侵权者一定的制约。

2. 构建行政执法专门部门、完善行政执法体系

企业数据竞争的增长，不能仅靠司法进行保护。诉讼由于程序设置，通常会有周期较长、诉讼成本高等问题，一些新颖的或者复杂的案件，对于当事人而言，也将是一场持久战。而目前由于法律在这方面规定的不确定性较大，当事人也无法在诉讼之前准确预判最终能否通过诉讼达到预期，就如汉涛公司案件，也是历时几年之久，多个诉讼，才在最终达到较为满意的结局。

笔者认为，从权利人的角度来说，若是侵权者的行为已经造成了重大的影响，给权利人造成了巨大的经济损失，其可以通过诉讼的方式维护自身权益。但对于一些侵权行为情节不严重，或者以停止侵权为主要目的而非赔偿损失的，通过行政途径，会是更好的选择。

在《数据安全法（草案）》中，实际上已经提到了这一问题，提出了建立健全数据安全协同治理体系的设想，由有关部门、行业组织、企业、个人等共同参与数据安全保护工作，并且草案中也规定了对于违反相关规定影响数据安全的行为，可以处以行政罚款处罚。根据上述规定，考虑到企业数据相比于一般的侵权，由于涉及网络问题，如何确定监管的行政部门，并且线上的行为可能导致侵权行为地、结果地不在同一区域，如何确定由哪里的行政部门管辖等，这些都是权利人选择行政救济途径需要考虑的问题，而在实际生活中，由于存在这样的多个选项，常常会产生不同部门间相互推诿或者同时管理的现象。笔者认为，国家应在行政部门设立专门机构，监管网络安全，受理网络侵权案件，并且由于新兴行业对于专业能力也有更高的要求，也要注重专业人员的培养、选拔。

综上所述，笔者认为，目前对于企业数据保护的困境，可以理解为对于这一新类型案件规定的不确定性。对于“物”、对于“权利”的保护，都需要有明确的法律规定，在大数据时代下，企业数据信息的变化相对于一般的法律保护课题变化更快、更多，相对地，也就放大了成文法规定的滞后性带来的弊端。当然，无法完全适用现有法律，新法律的创设需要一个过程。及时完善法律法规，发挥其有效作用，成为维护互联网市场竞争秩序的关键一步。

四、结语

企业数据保护是当前大数据时代下出现的重要而迫切的法律课题。当数据成为人们生活中无处不在的存在，越来越多的企业也开始从事与数据相关的经营活动，甚至占据了市场的一定份额，为了维护市场竞争的良好秩序，也激励企业不

断研发数据技术、推出数据产品，从而推动数据经济的发展，国家有必要也正在不断重视对相关法律制度的建设。

我国目前在专门法律制度建立初期，更多的是适用反不正当竞争法对相关行为进行制约，从而保护企业数据的权益。通过法院的裁判案例，我国从司法层面已经逐渐认可了企业数据的财产性权益，正在草案阶段的《个人信息保护法》《数据安全法》，也展示着对企业数据的司法保护正在不断推进的过程中。虽然对于一项新兴的事务，要构建一个完整的法律保护体系需要漫长的时间以及经验的积累，但这是一条必须经过的道路，并且结果也值得期待。

企业数据权利的属性分析及法律规制研究

◎张少泽*

内容提要：互联网时代的到来与发展，使数据成为企业和个人的重要资产，对数据应当提供法律保护，厘清企业数据的法律属性，以及关于企业数据的一般分析，对规制企业数据权利至关重要。对于数据权利的保护不应该以绝对性的财产权或者人格权方式，因为数据并不具有排他性和无法流通性，在进行规制的同时，应一方面注重对个人数据的保护，另一方面寻求个人数据与企业数据的平衡点，将两者的保护协调好，保护隐私与分享流通共同前进，实现个人数据隐私期待与企业数据权益的共赢。

关键词：企业数据　法律属性　法律规制　协调保护

一、企业数据权利的一般分析

（一）企业数据的特征及分类

1. 企业数据的特征

在大数据的背景之下，数字技术已经渗透到社会生活的各个领域之中。企业数据的内涵广泛，广义上的企业数据指的是企业使用和加工过的数据信息，如财务、运营数据等。企业数据有以下几个特征：

其一，瞬时性。数据信息产生的时间是非常快速而又短暂的，在行为开始时即开始产生数据痕迹，同时，随着行为的不断推进，数据信息也在不断地生成、更新。

其二，反复适用性。某一个主体在使用过某些企业数据以后，并不妨碍其他

---

* 张少泽，江南大学法学院硕士研究生。

的主体再次使用，亦不妨碍使用过的主体日后再多次使用，不存在排他使用的情况，并且由于数据是无形的，相较于有体物，数据被使用以后不会有效能损耗的问题。

其三，多重归属性。同一个用户在使用不同的网络平台时，都会留下自己的信息，这些信息虽然来自同一主体，内容一致，但是其却同时归属于不同的网络平台，具有多重归属性。

其四，专有性。企业数据是由企业整理加工生成的，在此过程中企业付出了劳动力和智力，因而企业享有数据的交易和收益权利是合理正当的；虽然企业数据具有瞬时性，但并不能认为企业数据是不具有稀缺性的，企业数据本身具有一定交易流通价值，企业可以通过数据信息获取相应的利益；企业数据不论是在产生还是在使用的过程中，都不会出现物质消耗。① 虽然数据需要依附于一定的载体才能存在，但是在使用过程中并不会损耗载体，这一点区别于有体物的使用。

2. 企业数据的分类

对企业数据进行分类，是对其进行有效保护的前提，依据不同的标准，企业数据有不同的分类。

以数据的产生、实际控制为标准，其可以被划分为个人数据、企业数据、公共数据以及政府数据。企业数据包括与企业生产经营有关的数据，也包括企业通过数据平台依法收集、挖掘、处理、利用和交易的数据。② 企业数据按照权益属性可以划分为一般企业数据和特殊企业数据。特殊企业数据主要指的是具有高额经济价值、独创性的数据产品、商业秘密等可以纳入现行知识产权客体之中的数据。数据产品主要是用于交易或者是进一步利用个人数据而衍生出的数据。商业秘密是指非公开的用户信息以及企业自身非公开的账务、经营信息。

（二）企业数据的法律属性辨析

大数据时代的到来与发展，极大地丰富了人们的社会生活，并在潜移默化中改变着人们的生活方式。而在这一浪潮之中，最过于瞩目的无疑是企业数据。企业数据作为一种新兴的事物，在社会生活中获得了广泛的应用，但新事物的出现总会使得相应的法律规制措手不及。故而，在关于企业数据的法律属性问题讨论

① 参见李晓宇：《权利与利益区分下数据权益的类型化保护》，载《知识产权》2019 年第 3 期。

② 参见洪韵华：《大数据时代云财务在企业管理中的有效应用研究》，载《中国注册会计师》2019 年第 6 期。

上，学者们各执一词，大致分为三种观点：一是物权理论；二是知识产权理论；三是新型财产权理论。笔者认为，一方面，学者们对于企业数据的出现是肯定的，持乐观态度的，这是因为企业数据有其自身独特的优势及价值；另一方面，学者们积极地探索、分析这一新生事物，这对于日后的法律该如何规制企业数据权利有着重要的作用，进而对于人们未来的生活和切身的利益都有着重大的影响。以下笔者就对这三种理论逐一进行分析。

1. 物权理论

沈德咏认为，数据需要依附一定的载体存在，因此可以认为其具有排他效力。同时，针对数据的交易可以得出其存在一定经济价值的结论，因此可以将数据视为一种特殊的物。[①] 陆小华认为，物理意义上的物成为法律意义上的财产必须满足确定性、独立性、价值性、稀缺性和可控制性的标准，企业数据如果满足以上五个特性，就可以作为物存在。[②] 高富平先从经济学视角分析，论证了物不用区分有形或者无形，信息可以作为使用权的工具。接着又分析财产不仅限于有形物，信息可以作为财产。最后，进一步论证了信息权利人对信息最重要的权利在于占有权和支配权。[③]

由此可以看出，持物权理论观点的学者们将企业数据视作一种特殊的物，表明了对企业数据特有价值的尊重。但笔者认为，企业数据相较于民法意义上的物有着本质的区别，不能简单地将其归纳为“物”。同时，若将企业数据作为物而使得企业拥有相应的所有权，可能会导致企业数据的封闭，不利于其分享流通，分析如下：

企业数据具有无形性。数据在生活中不是独立、现实存在的，不能被人们感知，本质上是一种符号，需要依附一定的载体才能存在。我国的物权法遵循的原则是“法律上所称的物为有体物”，故物权的客体是有体物，不应当包括无形的企业数据。

企业数据具有可复制性。与同为无形性财产的电等不同，数据可以很方便地进行复制使用，并且在复制之后拥有和复制前完全一样的使用价值，这导致企业

① 参见沈德咏：《〈中华人民共和国民法总则〉条文理解与适用》，人民法院出版社 2017 年版，第 866-867 页。

② 参见陆小华：《信息财产权：民法视角中的新财富保护模式》，法律出版社 2009 年版，第 279 页。

③ 参见高富平：《信息财产：数字内容产业的法律基础》，法律出版社 2009 年版，第 172-173 页。

数据的原始拥有者对企业数据的掌控并不是完全排他的，占有该企业数据的主体也远远不止一个，在变动方面与民法意义上的有体物有着本质的区别。

物权理论的一个特点是关注企业的利益，因为企业数据本身就是由企业产生的。但是企业数据是在大数据时代的浪潮之下产生的，其使用应当符合市场发展趋势，不应当画地为牢，阻碍数据的流通与分享，如果过分维护企业的权益，容易形成垄断，不利于数字经济的发展。

2. 知识产权理论

有学者赞成企业数据应当由知识产权法来进行规制。2016 年公布的《民法总则（草案）》也曾将“数据信息”规定为知识产权的客体，杨立新就认为数据专有权一般属于知识产权性质。[①] 林华认为，企业数据与现有法律体系中的数据库或者汇编作品最为接近，因此应采取邻接权保护方式。[②] 笔者分析如下：

知识产权的客体在法律上是明文规定的，虽然规定了兜底条款，但我们不能当然地将企业数据归入其中。不过，可以肯定的是，企业数据不是商标、地理标志、集成电路布图设计以及植物新品种。企业数据本身具有秘密性，但专利制度是具有公开性的，而企业数据一旦公开，其价值毫无疑问会受到贬损，对于企业必会造成一定的影响。然而，并不是所有的企业数据都具有秘密性，如一些信用评价体系，这些信用评价体系有利于增强用户对平台的信赖感和好感，若将企业数据视作商业秘密保护，无疑不利于企业数据的运用实践。关于邻接权保护的观点，它对企业数据的权利范围规定不明确，同时，邻接权是保护传播者的权利，有传播的目的，而如果将企业归为传播者略有牵强，并且企业收集整理数据也很难说是为了传播，因此邻接权保护模式存在局限性。

那么，企业数据是否可以成为一种新型的知识产权客体呢？企业数据是企业在生产经营中依靠技术加工分析生成的，在此过程中需要投入人力和财力，我们且认为这可以当作一种智力劳动成果。但是随着企业算法技术的成熟，该算法技术会应用到其他各种各样的数据生产中，这样反复运用生成的数据再认定为智力成果就有些牵强了。知识产权的保护要求公开性，一方面过分保护智力成果不利于技术的传播与分享；另一方面过分公开智力成果，又会影响主体的利益。这种冲突也会发生在企业数据的保护上，故而在将企业数据纳入知识产权保护时，应

---

① 参见杨立新：《民法总则规定网络虚拟财产的含义及重要价值》，载《东方法学》2017 年第 3 期。

② 参见林华：《大数据的法律保护》，载《电子知识产权》2014 年第 8 期。

当慎之又慎，否则可能会造成知识产权体系结构的混乱。

3. 新型财产权理论

学者们对于数据财产权的归属，存在不同的看法，有学者认为，数据财产权应当属于数据业者，即“依法开展数据收集、存储、加工、传输活动的商事组织及特定条件下的自然人”。[①] 也有学者认为，以个人为中心构建数据财产权，具体包括数据的采集权、可携权、使用权、收益权，数据控制者须通过自愿交易的方式获得资源配置。[②] 还有学者认为，当用户作为被记录方，数据所有权归其所有，数据抓取平台参与的合同行为的数据所有权由合同各参与方共享。[③]

首先，虽然学者们赞成了在数据上成立新型财产权理论，但是对于权利究竟如何归属并没有达成一致。企业在数据的加工过程中投入很大的人力、物力以及财力，若认为企业享有财产权似乎有些道理。但是企业数据中有些数据来自个人数据，而个人相对于企业来说，很明显是属于弱势的一方，如果让企业单独享有财产权，肆意地单独占有、使用这些数据，那么无疑会对个人的利益产生潜在的危险因素。如果让个人成为企业数据财产权的主体，那么又会使企业在生产经营中需要使用数据时，很多步骤都要获得个人主体的授权许可，不利于企业的自主发展。如果让两者共享数据的财产权，那么又要考虑两者之间的利益分配，以及如何共同使用等问题。

其次，数据信息是多样化的，不同的数据所蕴含的价值相差是巨大的，如一个经营惨淡的小公司所产生的数据信息和一个世界500强企业所产生的数据信息，在价值上完全不能相提并论。故而，对于多样化的企业数据，若想设立一个统一的规范标准，任重而道远。

最后，新型财产权理论与物权理论在本质上基本没有差别，都强调企业对数据占有、使用、收益的权利。在当前的商事实践活动中，企业数据的利用还在不断地发展前进，各种利用行为层出不穷，很难确定不同主体之间的权利义务划分。而权利是需要维持私法秩序的，不能完全由个人的自由意志决定，因此在设定上应当严谨慎重，切不可仅仅是为了回应社会问题而强行将新兴的事物纳入现

---

① 参见许可：《数据保护的三重进路——评新浪微博诉脉脉不正当竞争案》，载《上海大学学报（社会科学版）》2017年第6期。

② 参见肖冬梅、文禹衡：《数据权谱系论纲》，载《湘潭大学学报（哲学社会科学版）》2015年第6期。

③ 陈筱贞：《大数据权属的类型化分析——大数据产业的逻辑起点》，载《法制与经济》2016年第3期。

有的法律体系之中。

二、企业数据的现有法律保护及其不足

(一) 企业数据保护现有的法律框架

1. 企业数据的商业秘密保护

在我国，以商业秘密的方式对企业数据进行保护是很常见的。《反不正当竞争法》《劳动法》等法律均对商业秘密进行保护，甚至在《刑法》中也规定了侵犯商业秘密犯罪。由此可见，我国对商业秘密的保护力度之大，因而商业秘密也能够更好地保护企业数据。当然，要想获得这些法律的保护，企业数据就必须符合一定的条件。例如，《反不正当竞争法》将商业秘密界定为“不为公众所知悉、具有商业价值并经权利人采取相应保密措施的技术信息和经营信息”，企业数据若想作为商业秘密获得上述法律的保护，就必须要满足非公开性、具有商业价值、采取保密措施等要求。①

2. 企业数据的竞争法保护

相较于商业秘密保护，竞争法保护拓宽了企业数据的保护范围。商业秘密无法保护公开或者是半公开的企业数据，但是竞争法可以保护，如当下很多案例涉及数据爬虫，也即某一个互联网平台通过数据爬虫抓取到另一个网络平台的数据。在这些案例中，法院最终宣判的依据都是《反不正当竞争法》。例如，大众点评诉百度案，百度公司的产品抓取大众点评积累的消费者点评数据，法院对此认为百度公司在未经许可的情况下，抓取大众点评上用户的数据信息，对大众点评造成了一定的影响，构成不正当竞争。②

同时，竞争法还把一些商业价值不确定以及数据权属不明确的企业数据也纳入保护范围。例如，在新浪诉脉脉案中，新浪微博认为脉脉公司非法抓取使用其用户数据，而在这些数据中很多都可以被划入个人数据的范畴，法院对此仍认定脉脉公司的行为违反了商业道德，是不正当竞争行为。③

3. 企业数据的刑法保护

《刑法》第 285 条第 2 款规定：违反国家规定，侵入前款规定以外的计算机

---

① 《反不正当竞争法》(2019 年修正) 第 9 条规定，本法所称的商业秘密，是指不为公众所知悉、具有商业价值并经权利人采取相应保密措施的技术信息、经营信息等商业信息。

② 参见上海知识产权法院 (2016) 沪 73 民终 242 号民事判决书。

③ 参见北京知识产权法院 (2016) 京 73 民终 588 号民事判决书。

信息系统或者采用其他技术手段，获取该计算机信息系统中存储、处理或者传输的数据，或者对该计算机信息系统实施非法控制，情节严重的，处三年以下有期徒刑或者拘役，并处或者单处罚金；情节特别严重的，处三年以上七年以下有期徒刑，并处罚金。在中国裁判文书网刑事案件中以“非法获取计算机信息系统数据罪”为关键词进行搜索，截止到2020年9月，共有1302篇裁判文书，这表明该罪确立以来，在司法实践中应用很多。其中很多案例涉及个人信息，如身份证信息、网络虚拟财产、知识产权等，这些都涉及对企业数据的刑法保护。

（二）现有法律对企业数据保护的不足

以上列举的三种对企业数据的保护方式，虽然起到了一定的作用，但是也存在一些不足之处，分析如下：

首先，就商业秘密保护模式来说，此模式保护的范围有限，不能对企业数据进行完整的、全面的保护。商业秘密保护模式只能对未公开的，且企业采取了合理措施保证其秘密性的企业数据加以保护，而对于企业所收集的半公开数据或公开数据，商业秘密保护模式并不能进行有效保护。

其次，就竞争法保护模式来说，《反不正当竞争法》第2条规定：经营者在生产经营活动中，应当遵循自愿、平等、公平、诚信的原则，遵守法律和商业道德。本法所称的不正当竞争行为，是指经营者在生产经营活动中，违反本法规定，扰乱市场竞争秩序，损害其他经营者或者消费者的合法权益的行为。① 在对在中国裁判文书网中收集的文书整理总结后可知，大部分法院判决都是以这一条为依据的。从法理上分析来看，这一条更接近于原则性的规定，缺乏能够指引裁判的具体实施规则，这就导致该保护模式对于企业数据保护面临着规则不确定的问题。原则性的规定虽然适用范围广，但是没有统一的标准，很容易引起某些因素认定的混乱，如“商业道德”“扰乱市场秩序”需要达到什么程度等之类的问题都折射出法律条款需要进一步细化，才能够有利于司法实践的操作。

最后，就刑法保护模式来说，刑法具有谦抑性，从法理上来看，对于某种权利的救济，应当先从私法角度进行，只有穷尽私法救济途径，方可适用刑法手段救济。如果直接最先以刑法手段进行救济，虽然会起到极大的震慑作用，但是明显违背了刑法的谦抑特性，不符合法理。从部分裁判文书来看，有些非法获取数据的行为尽管只具有不正当竞争的性质，但是依旧适用刑法进行规制，笔者认为

① 本法所称的经营者，是指从事商品经营或者营利性服务（以下所称商品包括服务）的法人、其他经济组织和个人。

并不妥当。

三、企业数据权利保护的其他困境

（一）数据是否可以纳入民事法律关系的客体之中

关于数据能否成为民事法律关系的客体，有肯定说和否定说两种观点。持肯定说的学者观点可以总结如下：数据可以脱离自然人主体而独立存在因而具有独立性；数据可以依据法律的规定而实现独占性；数据可以因其内容而具有财产性价值；是否为有体物并非民事法律关系的客体要件，因而数据是新型民事法律关系中的客体。① 持否定说的学者观点可以总结如下：数据因无法被民事主体所独占和控制而不具有民事客体的确定性；数据因无法脱离特定的载体单独存在而缺乏民事客体所要求的独立性；数据因缺乏专属性和垄断性特征因而不构成民法上的无形财产；数据因依赖于特定的代码或载体存在而不具有独立的经济价值，因而数据不能成为民事法律关系的客体。②

肯定说的理由主要是建立在数据的客体属性之上的，但是民事客体的性质不仅仅需要考虑事实判断，更需要考虑法律判断。《民法典》在第 111 条以及第 127 条对个人信息和数据保护分别作出了规定，并且在人格权编对隐私权和个人信息保护再次区分，这表明《民法典》的立法者已经意识到个人信息和数据保护是不同的两个方面，由此笔者认为至少《民法典》的立法者是承认了数据的民事客体地位。否定说的理由主要是建立在数据的自然属性之上的，强调数据的无形性、不能被控制和独占、不能独立存在具有依附性从而抹灭其独立的经济价值。

（二）企业数据权利的内容模糊不清

关于企业数据权利的内容，学界存在不同的观点。张黎认为，数据权包括数据人格权和数据财产权两个方面，数据人格权包括知情同意权、查阅权、更正权、删除权、可携权以及封存权；数据财产权包括控制权、使用权、收益权以及处分权。③ 王卫等学者认为，由于人格权是从属于自然人主体的不可转移的权

---

① 参见李爱君：《数据权利属性与法律特征》，载《东方法学》2018 年第 6 期。

② 参见梅夏英：《数据的法律属性及其民法定位》，载《中国社会科学》2016 年第 9 期。

③ 参见张黎：《大数据视角下数据权的体系建构研究》，载《图书馆》2020 年第 4 期。

利，因而数据权属所讨论的问题主要是指数据财产权的归属。[①] 袁昊认为，大数据时代赋予个人以数据财产存在事实上的控制力不足、收益的低价值性和成本的高昂等问题，因此不应当赋予个人以数据财产权。[②]

数据财产权的行使必然会对自然人的人格利益产生影响，数据人格权和数据财产权是很难分开的。个人数据权主要是人格权内容，即特定的自然人主体对其个人数据进行控制和决定的权利。但是随着大数据技术的发展，企业依靠先进技术分析整理生产出的数据信息具备相当大的经济价值，而个人数据相对于企业的大数据越来越渺小，故而数据权从客观上来说应当是企业对其投入劳动和资本生产出的数据信息的权利。我国《民法典》第 111 条规定了自然人的个人信息应受法律保护，但是并没有明确个人信息的法律属性究竟是什么。随后在第 127 条单独规定了数据和虚拟财产受到法律保护，由此可以推出，数据权的独立建构是具有一定的空间的。

（三）企业数据权利的范围难以精确

个人数据权利的范围，对企业数据权利有着重要的影响。个人所享有的数据权利，直接影响着企业的数据权利范围。如消费者在购物平台上所留下的个人数据信息，若消费者将其删除，那么该企业也无法使用这些数据。同时，个人数据是企业数据信息中最重要的部分，企业对个人数据享有多大范围的权利，将会直接影响企业数据的交易。

企业数据权利内容是什么，现有的立法并不能给出完整的答复。对于数据权利的保护，不同的国家有不同的模式。美国采取的是隐私权保护模式，这种模式并不直接认定个人对数据享有什么权利，而是在企业使用数据侵犯到个人权益（隐私）时，方可提供保护。欧盟采取的是赋权保护模式，这种模式明确赋予了个人在数据上享有的权利，以此来限制企业对个人数据信息的使用。由此不难看出，这两种模式都没有直接规定企业对数据享有什么样的权利，而是通过反向限制的方式规定企业应当如何使用数据信息。

---

① 参见王卫、张孟君、王晶：《数据交易与数据保护的均衡问题研究》，载《图书馆》2020 年第 2 期。

② 参见袁昊：《数据的财产权建构与归属路径》，载《晋阳学刊》2020 年第 1 期。

这两种模式在企业是否享有数据权利，以及享有多少的数据权利方面，界定一直模糊不清，缺乏统一的标准，涵盖范围过于宽泛和模糊，造成了美国模式下保护个人数据压力较小，而欧盟模式下保护个人数据压力巨大的现象。原因就是两种模式都没有明确规定个人数据权利范围，进而导致企业的数据权利模糊不清。龙卫球对此表示，既有的法律体系本身并非为企业数据问题而设，而是各自有着自己特定的立法语境和制度功能，用来解决企业数据权利问题难免会有某种距离感。① 在我国众多的数据权利争议案中，因为实体法律规范的缺失，导致法官只能依据《反不正当竞争法》来保护相关企业的数据权利。这种保护方式无疑是治标不治本的，不能提供一个统一的裁判标准，也模糊了争议的焦点。同时，个人数据权利的不明确，也导致了企业数据权利的尴尬境地。一般来说，个人数据是指能够直接或者间接识别特定自然人的信息，如身份证号码、手机号码等，若是以“可识别”作为个人数据的标准，会造成个人数据范围不明确，进而导致企业数据权利范围不明确。

四、我国应当如何规制企业数据权利

一方面，法律在保护企业数据权利时，不应当采取绝对性的财产权保护。另一方面，法律应当适度创新制度设计，更合理地维持数据保护和数据分享共进。

（一）企业不同类型数据保护的制度设计

1. 企业非公开数据

企业非公开的数据，如果符合商业秘密的前提，毫无疑问应当受到商业秘密的法律保护，否则会导致企业数据被一些主体盗用以及不正当使用。商业秘密的法律保护方式是一种综合性的保护方式，包含了竞争法、合同法以及侵权法等的规定。它可以选择提供针对竞争对手违背商业道德不正当使用数据的竞争法保护，也可以选择提供有合同关系的签约双方的合同法保护，还可以选择提供针对不特定人的侵权法保护。

2. 企业半公开数据

企业半公开的数据，有两种保护方式。第一是运用合同法等传统法律保护企业数据权利。第二是借鉴欧盟的保护方式，即数据库保护，赋予其一定范围内的排他性权利，防止他人利用网络爬虫等方式非法获取企业整体数据或者是企业数

---

① 参见龙卫球：《再论企业数据权利保护的财产权化路径》，载《东方法学》2018 年第 3 期。

据中的关键部分，对竞争方有着重要的防范作用。

3. 企业公开数据

企业公开的数据，就目前来说，虽然没有规定细致的实施标准，存在一定的缺陷，但是笔者认为《反不正当竞争法》仍然是最好的保护选择。企业公开的数据被爬取以后，是否会对该企业造成侵害，是否构成不正当竞争，需要依靠商业领域的行业惯例或者共识来进行评判。虽然《反不正当竞争法》存在规则不明确的弊端，行业惯例也并非全部合理，但是我国社会主义市场经济行业惯例与共识毕竟是长时间积累下来的，是经得住考验的，利用这些惯例与共识进一步确定统一的规则标准，无疑是界定企业数据保护边界的最优方法。这是因为在企业数据权利的争议中，依靠传统的私法调整很难取得效果。企业选择公开的数据在一开始就属于公共领域，因此认定为公共数据，是可以供各方查阅使用的；但是这类数据同时具有数据库的某些特征，因而又应当受到保护。就侵权法来说，并不能对网络爬虫进行定性，也无法对企业之间的数据权利争议提供明确的准则。

相反的是，如果适用《反不正当竞争法》和行业惯例，在具体案件中具体分析判断，可能会取得不错的效果。如当“被爬取一方”属于弱势企业或者创业企业时，应当加大对该企业的保护力度，如此有利于保护企业家的积极性，促进市场经济的良性竞争；当“爬取一方”是公益类的企业或者是民生服务类企业时，那么应当适度允许此类“爬虫行为”，减少对其限制，当然，这并不代表不对该行为进行规制，而是将其限制在合法的框架之下，再给予其更多的数据权利，这样有利于促进公益事业的发展。《反不正当竞争法》虽然不能提供明确性的实施细则，但是这不仅仅只是缺点，也是优势所在，[①] 在解释合法合理的前提下，该原则性规定可以容纳尽可能多的争议案件，相比于其他的传统私法，《反不正当竞争法》可以更有效、更全面地解决数据权利争议案件。

（二）激励企业数据共享的制度设计

很多企业选择不公开自己的数据，就是因为害怕数据一旦公开就会被其他企业或者个人不正当使用，即使之后可以请求法律救济，但是其投入的成本和精力很大，法院最终的判决结果也不一定会对其有利。同时，少数互联网巨头垄断着行业内绝大部分数据信息，导致数据的共享和重复利用越来越难。因此，法律应当为主动公开数据信息的企业提供保护，激励其公开和分享数据，促进市场经济

---

① 参见丁晓东：《论企业数据权益的法律保护——基于数据法律性质的分析》，载《法律科学（西北政法大学学报）》2020 年第 2 期。

的发展。

具体到制度设计来说，法律应当为主动公开数据信息的企业专门设计特殊的保护方式，允许企业自主申请对此类数据的法律保护。一方面，可以规定此类数据信息具有排他性，任何个人或者组织未经该企业允许不得擅自爬取其数据，该企业也可以自主选择某些其他主体使用其数据，以及禁止某些主体使用。另一方面，此类数据信息的排他性不应当是绝对的，企业必须在合法合理的使用前提下对其享有排他权利，同时，法律不应当禁止某些主体对该数据信息的合理使用，如为了科学研究以及获取一些事实类的数据信息等，应当允许其他主体实施该行为。

（三）企业数据和个人数据的协调保护

有些企业数据包含着个人数据，此时保护个人数据优先于保护企业数据，社会公众、企业以及法院在数据权利争议案件中，都应参照这个标准。例如，腾讯诉华为案，腾讯的主张就是华为的荣耀手机会侵犯到个人数据权利，又如在上文提到的新浪诉脉脉案中，新浪微博主张对方企业的“爬虫行为”侵犯了个人数据权利。①

具体到制度设计来说，保护企业数据权利，首先要保护个人数据权利，如此才可以有效维护用户的利益，增加用户对于企业的信赖，提升对企业的好感度，反过来促进企业在收集个人数据时行为合法正当，形成一个良性循环。个人数据的保护原理与企业数据的保护原理是一致的，目的在于促进数据的合理流通，而不是画地为牢把个人数据封闭起来。因此保护个人数据权利不能单纯以财产权或者人格权的思维来保护，虽然其具有财产权和人格权的特征，但是其更重要的特征是公共属性以及流通属性。法律在进行保护的时候，不仅需要满足公众对个人数据权利的期盼，也要为个人数据的合理使用创造独立的空间。由此可以有利于个人数据和企业数据的协同保护，平衡两者之间关系，促进共同发展。

---

① 参见北京知识产权法院（2016）京 73 民终 588 号民事判决书。

五、结语

当今时代，数据信息对于企业以及个人的重要性毋庸置疑，能否做好对数据权利的保护，以及能否做好促进数据合理流通分享，对于我国市场经济的发展，尤其是互联网经济的发展，至关重要。法律在对数据权利进行规制的过程中，应当有的放矢，针对不同的情况区别对待，具体分析，不可一概而论，应当严谨遵循合法与合理原则，适度创新，以期更好地保护最多人的正当利益。

论数据的法律保护

◎肖春云*

内容提要：现代社会大数据产业迅猛发展，更凸显出对数据予以法律保护的重要性。我国目前现行的民事立法对如何保护数据的规定尚不明朗。学术上关于数据的民法保护存在分歧，现有主要主张皆存在一定局限性。从数据的法律性质出发，应区分数据不同类型，采取以建构新型民事权利——数据权为主，以反不正当竞争法保护为辅的保护模式。

关键词：数据　法律性质　法律保护模式

一、问题的提出

2015年8月31日，国务院发布了《促进大数据发展行动纲要》，指出“信息技术与经济社会的交汇融合引发了数据迅猛增长，数据已成为国家基础性战略资源”。① 在该行动纲要的指引下，我国大数据产业在近年来有迅猛发展。与此同时，一个与大数据产业发展密切相关的问题也被提了出来，即如何对数据进行法律保护。只有这一问题得到妥善解决，大数据产业的发展才会获得稳固基础。②

从私法角度来看，对数据进行保护首要问题是要确定数据的法律性质，这一问题的解决将直接关系到数据的法律保护模式，即是在现有私法框架下，将数据纳入现行民事权利体系中来保护，还是创设一种新型的民事权利来对数据加以保护。从我国《民法典》制定的历程来看，立法者对此还未形成统一明确的结论，

* 肖春云，江南大学法学院硕士研究生。

① http://www.gov.cn/zhengce/content/2015-09/05/content_10137.htm.

② 王融：《大数据时代：数据保护与流动规则》，人民邮电出版社2017年版，第12-13页。

仍需我们去探索讨论。《民法总则（草案）》征求意见稿第108条规定：“知识产权是指权利人依法就下列客体所享有的权利：……（八）数据信息”。[①] 从此草案条文来看，它将数据的法律性质明确界定为知识产权的客体，从而适用知识产权法进行保护，由此就产生了一种新型的知识产权——数据权。但从后面通过的《民法总则》我们也可以看出，上述规定被删除了，而仅在《民法总则》第127条规定了一个引致条款：法律对数据、网络虚拟财产的保护有规定的，依照其规定。即可知我国立法者对数据和数据权的性质采取了暂时回避的做法，将其留待将来的立法再做决定。其背后考量应该是立法者认为在目前对这个问题作出决定尚为时过早，时机还不成熟。而2020年新颁布的《民法典》则继续沿用了这一做法。与上述立法状况相关联，在我国民法学界，学者们就数据和数据权的法律性质进行了讨论，提出了不同的观点。这种情况既有利于学术的繁荣，也为今后的立法提供了选择。本文拟总结现行学术观点，在对数据法律性质界定的基础上，提出数据法律保护的模式选择，以为立法提供借鉴。

二、数据法律性质的学说分歧

在有关数据的法律性质的界定上，目前学术界认识不一致，归纳起来大致有物权说、知识产权说、商业秘密说以及信息财产权说等几种代表性学说。

（一）物权说

支持物权说的一部分学者们认为，物权是指权利人依法对特定的物享有直接支配以及排他的权利，包括所有权和他物权（用益物权和担保物权），而数据虽然是无形的，但也是需要储存在一定的物质载体里的，仍然具有排他性和可支配性，而数据又可因为交换而带来经济价值。另一部分学者认为，企业数据其实就是为物权中的无体物，是一种特殊的物，主张将数据纳入物权的范畴。在物权中最重要的权利莫过于所有权，而在数据的采集、处理、分析、整合、交易的过程中都能在所有权的占有、使用、收益、处分中找到相对应的权利，这是认为企业数据属于物权的一个很重要的原因。[②]

（二）知识产权说

我国《著作权法》第14条规定：汇编若干作品、作品的片段或者不构成作

---

① http://www.npc.gov.cn/zgrdw/npc/flcazqyj/2016-07/05/content_1993342.htm.

② 王崇敏、李建华：《中国物权法》，高等教育出版社2008年版，第23-24页。

品的数据或者其他材料，对其内容的选择或者编排体现独创性的作品，为汇编作品，其著作权由汇编人享有，但行使著作权时，可以不得侵犯原作品的著作权。因此有学者认为，企业数据属于知识产权里的汇编作品，可以作为汇编作品进行保护，我们的企业数据是经由加工者将海量的数据进行筛选、分析以及整理后形成具有独创性的数据报告或者数据库，从这方面来看，企业数据的形成过程与汇编作品貌似具有相似之处。[①] 另一种说法则认为，企业数据属于知识产权中的著作邻接权。邻接权是指作品传播者对在传播过程中产生的劳动成果依法享有的专有权利。在实践中，一些网络运营者在对数据进行收集后，进行匿名化处理，再对数据进行筛选、汇总、分析等一系列操作后，形成有价值的数据库或者数据报告，网络运营者将这个数据库或数据报告以有偿或无偿的方式分享给公众。这个过程实际上就与邻接权中加工传播的过程相类似，同录像制品的制作者对其所制作的录像制品享有的权利一样，网络运营者对其制作的数据库也享有相类似的权利。[②]

（三）商业秘密说

在如今的大数据时代，企业的许多商业秘密大多是以数据的形式储存着的。部分学者认为企业数据恰恰也具有商业秘密的法律属性。在我国《反不正当竞争法》中，商业秘密是指，不为公众所知悉，具有商业价值并经权利人采取相应保密措施的技术信息和经营信息；从以上概念来看，商业秘密具有秘密性、价值性、保密性和实用性等特点，那么判断企业数据是否属于商业秘密则需要判断它是否具备上述几个特征。就商业秘密而言，其实用性不仅体现在现阶段可用于生产经营活动，而且在未来也可用于生产经营活动。另外，数据现在无时无刻不在被人们进行收集、整理、筛选以及分析，人们之所以在这个过程中投入大量精力，也是想从中获得有价值的信息，来指导企业的生产经营活动，这一点说明了数据存在实用性和价值性。目前企业数据大致可以分成公开、半公开和非公开三种形式，企业数据的保密性体现在大部分的企业已经意识到数据所可能带来的价值，会采用保密措施对其进行保护，那么这些被采取了保密措施的企业数据就符合商业秘密的特征。而对于那些没有被采取保密措施的数据，不符合商业秘密特

---

① 美国版权法案中数据汇编作品规定就与 TRIPS 规定保护的客体和范围基本一致。参见 Assessment Technologies of WI LLCv. Wiredata, Inc. , 350 F. 3d 640 (7th Cir. 2003)。

② 冯晓青：《知识产权法》，中国政法大学出版社 2008 年版。

征的数据，自然是不属于商业秘密的。[1]

（四）信息财产权说

部分学者认为，企业数据既不可归于物权也不属于知识产权，企业数据因其具有民事客体的明确性和独立性以及财产性，应当可以视为财产权客体。[2] 由于数据与信息之间存在较为紧密的关系，因而部分学者将数据作为一种新型的财产权利，从而命名为信息财产权。从物理学理层面来看，信息和数据的概念肯定是等同的，但数据作为信息的一种存储形式，信息作为数据的内容，两者是不可分割的。信息财产是指固定于一定载体之上，能够满足人们生产和生活需要的信息。从这个层面上来说，数据是可以成为信息财产的。另外，我们也可以从信息财产的特征来判断数据是否可以成为信息财产，信息财产具有确定性、独立性、价值性、稀缺性和可控制性五大法律特征，数据具备确定性、独立性、价值性的特征不用多说，现在只需分析数据是否具备稀缺性和可控制性。数据是以代码的形式存在于载体上，权利主体可以对其通过改变代码形式进行控制、管理和使用，因此数据具有可控制性。而稀缺性特征则体现在分析过程烦琐以及权利主体特定上。数据在投资、服务、贸易以及国际合作中具有明显优势，能减少交易成本，分散交易风险，带来预期收益的最大化。当其被当作市场稀缺资源进行交易时，便会呈现出财产权专属性、不可随意移转性等样态。数据的供应并非是无限的，在信息市场上，数据信息资源总是有限的。因此，企业数据具备信息财产的特征，可以作为信息财产，并具备信息财产权，新型的信息财产权区别于民法中的传统财产权，满足了现代科学发展的需要。

三、现有学说评析

上述几种学说都不同程度地存在一定的局限性，具体分析如下。

（一）物权的属性决定了将数据纳入物权的范畴并不适宜

一方面，数据毋庸置疑不是有形物，虽然它被储存在一定的有形介质里，但是不影响它的本质属性。它并不是物权概念中的无形财产。物权中的无形财产是指不具备一定的实体形状但占有一定的空间或者是说能够为人们所支配的物，如电、热、光等在物理上表现为无形状态的物，它在一定程度上是能够为人们所支

① 姚佳：《企业数据的利用准则》，载《清华法学》2019 年第 3 期。

② 王玉林、高富平：《大数据的财产属性研究》，载《图书与情报》2016 年第 1 期。

配的。还比如知识产权，它是基于独创性智力成果所取得的权利，因而常常被称为无形物或无形财产。以及其他权利和利益，如对股票、票据、债券等的权利，都可以被称为无形财产，其实质内容是虽然说数据也是看不见、摸不着的，但是还是跟无形物存在本质的区别。数据的本质是 0 或 1 的二进制代码组合，属于信息的工具，它本身没有利用价值，而是为信息服务的；就使用性能上来说，企业数据可以无限制地复制，可以重复利用，不会发生任何损耗；而上述所说的无形物，则具有一定的稀缺性，它会随着使用而消耗，因此，数据与上述所说的无形财产还是存在诸多区别的，我们不能仅仅看它外在的表现形式，而将其定义为物权法意义上的无形财产。简而言之，数据并不是物，不适宜纳入物权的范畴进行保护。

另一方面，从物权的内在属性看，物权是支配权，具有对世性和绝对的排他性。它的对世性是指权利主体特定而义务主体不特定。对于数据来说，如果说数据的物权是专属于用户个人的，用户个人可以选择占有使用处分等，那么数据的价值性将无从谈起，网络使用者没有权利也没有办法利用到任何数据，那么连同整个网络也将无法有效运行；但如果说将数据的所有权赋予网络平台或企业，那么当用户的个人数据被篡改或恶意使用的话，用户没有办法要求收集数据的平台或者企业停止侵害。由此可见，物权的自由处分与数据保护之间存在一定的冲突。物权还具有绝对的排他性，所谓排他性是就是指一物一权，即不能在同一标的上设定不相容的第二个权利。但是从实践中来看，数据是可以同时提供给多个网络平台或者企业的，因为数据经过复制分享后，不会减损它的价值。可见数据也并不具有排他性。从此角度分析，数据也不适宜物权保护的方式。

（二）知识产权模式具有不周延性

企业数据能否完全纳入知识产权的范围值得商榷。大数据的分析方法是可复制的，当第一批数据通过某一算法得到成功后，他人通过购买成熟的算法，其他收集而来的数据均能够使用同样算法得出的衍生数据难以说构成了独特的“智力成果”。大数据产品的诞生可以是企业通过自有算法得出的结果，也可以是自有数据通过他人算法产出的产品。其多元性来源于算法的不同和数据源的不同，因此该产品并不属于智力成果，而算法才应当是知识产权保护的对象。如果说数据不属于智力成果的话，就很难用知识产权模式进行保护。下文从知识产权的保护客体进行分析。

前文所述将海量企业数据完全作为汇编作品保护其实并不适当，因为汇编作品首先就必须满足独创性原则。在现实生活中数据的独创性是缺乏明确判断标准的，因为实际上很难区分是人还是机器对数据进行独创性的挑选和编排。比如数据建模，整个过程都是通过使用各种函数进行分析处理，是非常客观和机械的。而汇编作品与此不同的是，如果说一个作品仅仅通过操作方法进行外在的改变而缺乏主观个性的编排，那么这个作品是不能作为汇编作品受到保护的。所以说，那种经过简单的处理编排所形成的数据库等被纳入汇编作品是并不合理的，也不能得到类似知识产权的保护。当然这并不排除有些具备独创性的数据产品被纳入汇编作品范围内。此外还要考虑的是，在价值位阶上，独创性的数据汇编作品仍然要让位于合理使用。这导致即使是具有独创性的数据也难以完全地适用知识产权模式进行保护。至于邻接权，如果说数据属于著作邻接权，那么如果是数据加工传播者获得权利，数据加工者在加工或者传播数据时还需要取得数据权利主体的同意，这类数据加工分析的行为是否属于著作权客体呢？我们所知道的邻接权种类有表演、录音、设计等方式传播作品，但数据产品加工的方式很明显并不在法律罗列的这些范围之内。

（三）商业秘密模式保护的局限性

在大数据背景下，商业秘密价值信息并不局限于企业内部的信息，还包括收集的企业之外的信息，包括公民个人隐私信息，因此对于此类信息经过整理分析后是否属于商业秘密还存在争议。商业秘密说主要是针对那些经过处理并且被企业采取保密措施保护的大数据，而对其他数据则不能一概而论，需要对其特性进行分析来界定其属性。

企业数据并非一定受到商业秘密的保护。要获得商业秘密的保护，一方面，得满足不同法律对商业秘密要件的规定。比如，在知识产权法和反不正当竞争法中，企业数据必须满足非公开、具有商业价值、采取保密措施的要求才能受到商业秘密条款的保护。在刑法中成立对商业秘密的侵害必须满足“给商业秘密的权利人造成重大损失”或“造成特别严重后果”。可见法律中如要将企业数据认定为商业秘密采取保护措施，所具备的条件较高，不否认对于企业数据中少量符合商业秘密的可以进行此类保护，但是绝大多数企业数据，如企业公开、半公开数据不具备商业秘密的要求，不适宜用商业秘密的模式对企业数据进行完整保护。

另一方面，如果将部分企业数据界定为商业秘密，一些企业可能会利用自身优势进行数据垄断，这样并不利于整个社会的发展。对于企业数据垄断问题，我认为可借鉴知识产权、著作权制度中的合理使用制度，对企业数据的权利设定一些必要限度的限制条款，在数据利用与数据保护之间形成利益平衡。另外，企业数据的流动性、利用性和共享性等特征与商业秘密保密性存在冲突。我们知道，企业数据的价值在于数据的收集、处理与利用，数据利用已然成为社会进步的重要推力，数据共享已经是大数据时代的基本价值理念。而某些企业数据的流动性、利用性、共享性和公开性与采用商业秘密保护数据的方式存在冲突，大大限制了数据商业秘密保护的适用。

（四）信息财产权说混淆信息与数据的区别

仔细查看传统法律制度，其实主要是以信息保护为主，极少数法律条文中会出现数据的概念，信息与数据的概念并没有作严格区分，立法层面信息保护与数据保护也存在交织混同的状况，并不能很好地保护具体特定的数据对象。如《全国人民代表大会常务委员会关于加强网络信息保护的决定》中就并未能区分出信息与数据，而是很笼统地将用户信息、数据统归为“电子信息”。1994 年我国出台的《计算机信息系统安全保护条例》《互联网信息服务管理办法》《互联网药品信息服务管理办法》《电子签名法》等一系列法律规范，均缺乏对数据保护的规定，这使得长期以来数据保护其实一直游离于法律的边界之外，需要立法者加以明确。由于受到传统法律关于信息安全保护观念的影响，长期以来人们考虑的信息安全就仅仅只是计算机系统及其运行安全，而忽视了数据安全和数据财产权益的法律保护。2017 年修订的《民法总则》在第五章“民事权利”中新增对数据、网络虚拟财产的保护，从而首次在立法层面专门将数据财产权益纳入法律规范体系。而《民法总则》第 111 条与第 127 条虽然对“个人信息”与“数据、网络虚拟财产”作出规定，但这两个条款仅仅是原则性的规定，未实质性对二者作出区分、界定及明确其适用范围。因此，将企业数据归为信息财产权一类也有混同数据和信息之嫌。

综上所述，用单一的法律模式去定义和保护企业数据显然是不可取的，并且在上述法律模式中很少对企业数据进行分类，进而笼统地去适用某一类的保护模式是缺乏可行性的。应当在对企业数据进行更深层次的了解后，去探索每一类型的企业数据所适宜的法律保护模式才是切实可行的。

四、数据民法保护的模式建构

（一）数据民法保护的模式

一方面，如上所述，法律不宜对企业数据采取绝对性与排他性的财产权保护以及单一的法律模式。另一方面，法律应当适度创新企业数据权益的制度设计，以更为合理的制度体系维持数据保护与数据共享的共赢。根据不同类型的企业数据，法律应当设计不同种类的制度。

鉴于以上分析，笔者认为应当构建一种新型的民事权益保护企业数据，即企业数据权，侧重于将企业数据作为一项权利进行保护，对于可以纳入此权利范围内的数据进行专属明确的保护，并结合反不正当竞争法的一般条款对数据进行更为全面的保护，其中，反不正当竞争法在更多时候起的是一种兜底作用，原因是在一般情况下反不正当竞争法所保护的利益具有不确定性，通常还达不到权利的程度，是否保护常常取决于司法实践中个案的判断，因此在有法律明确对企业数据的保护下，还是要谨慎适用反不正当竞争法。

（二）数据权保护和反不正当竞争法保护的数据划分

1. 企业非公开数据与半公开数据

企业的非公开和半公开数据一般情况下是相对保密的，具有一定的商业价值，不完全为公众所掌握，只对少部分人开放或不开放，在一定程度上比较接近于企业的财产权，对此可以归于数据权的保护范围内，对这类数据企业可以进行排他性的主张，单独由该企业进行利用，但这并非限制了企业数据的流通，企业有时候为了更高的经济收益，也有处分企业数据权的权利。对于其他企业窃取、盗取或泄露企业数据的行为，自然是损害了数据权，可适用《侵权责任法》的相关法条，如第 1 条、第 2 条、第 6 条等进行保护。

2. 企业公开数据

企业公开数据虽然可以在互联网平台以及报纸等各种媒体上查询到，但是对于企业自身来说它也对此数据付出了很多心血。比如，互联网上的数据。互联网平台利用自身的资源进行初始框架的投资和搭建，但是在大多数情况下，平台并不能将公开数据作为数据权去主张排他性的权利，这是由于对公开数据的排他使用会阻碍市场的蓬勃发展，数据停止共享和流通会降低它本身所存在的经济价值。现在属于大数据时代，任何人都不可能独立于数据的使用与分析。在一定程度上，企业的利益也要让位于合理使用，后续会详细展开。但是这也不意味着企业公开数据得不到法律的保护。对于其他企业的恶意抓取数据行为，可以利用《反不正当竞争法》的第 2 条即一般条款进行规制和处理，延展了企业数据的保护范围。它把数据权无法保护的公开以及部分半公开的企业数据纳入可能的保护范围。当然，在具体运用法条时可结合行业的具体惯例、具体规则来进行判断。

（三）数据权制度设计

数据权作为一种民事权利，其主体包括自然人、法人、非法人组织等，而客体即是数据。从主体来看，可分为个人数据权和企业数据权；从属性来看，可分为数据人格权和数据财产权，而本文中侧重于企业数据财产权的构造。对数据赋予财产权，明确数据财产权的主体，能够鼓励企业主体积极收集、利用数据，挖掘数据的最大效益。既然企业数据具有财产属性，即可以进行占有、使用、收益和处分。

一方面，我们对企业数据财产权要进行正面积极的制度构建，可将数据权分为数据处分权和数据控制权进行保护。数据处分权，是针对企业的非公开数据而言的，它能够由企业经营者或管理者进行处分，进而加强数据的流通，数据在流通与分享中的每一次变动都会使它的价值发生增益。通过明确数据处分权的方式，为企业数据处分行为圈定基本框架。而数据控制权建立在企业对数据的占有上，主要针对企业的半公开数据。此时企业对数据并不能主张完全的排他性权利，但是对数据具有一定的控制权和相对占有权。数据的形成过程是较为复杂的，从产生到储存、分析和生成利用，每一部分的背后都包含着企业付出的心血，因此，尽早确认数据控制权是非常有必要的。一是企业不会因为担心其他企业“搭便车”而将自己的数据权牢牢束之高阁，减少了数据的流通，其经济价值就不能很好地体现。二是数据需求企业不会因为对其他企业数据的渴望而进行爬取行为，因此，确认企业对其数据财产的控制权有利于激励企业积极主动参与数据经济，并扩大数据市场范围。

另一方面，在数据权建构的同时，也要注意合理使用的界限。在企业数据权合理使用制度上，如说个人为了学习、研究而使用公开的企业数据，国家机关为公共利益而在合理范围内使用公开的企业数据，学校为了课堂教学使用少量复制公开的企业数据等，均可以构成合理使用且无须支付费用，但应注明企业数据的来源；在企业数据法定公开制度上，要求企业在面临重大灾情，如危及公共安全与公共利益时，应当向社会公开相关信息，并承担起一定的社会责任；在企业数据强制许可制度上，为了科学等研究目的，研究人员可以在向企业支付合理对价后使用企业数据。在这个过程中对研究人员的相关行为也是有限制的，如不能向第三人公开企业数据，也不得以营利为目的再次利用企业数据。总而言之，数据的合理使用制度及例外限制的设置，让教育、科研及文化机构能享受数字及互联网技术发展带来的福利，回应技术革新的同时重新调整产业利益分配。

(四) 数据的反不正当竞争法保护

相比于知识产权、物权、数据权等保护具体的权利和利益而言，《反不正当竞争法》保护的对象相对而言范围更宽泛些，它不仅仅是对个别经营者和消费者权益的保护，更像是对整个竞争市场秩序的一种维持。

查看目前的《反不正当竞争法》，里面规定了七种不正当竞争行为，仅仅只有第 9 条的商业秘密保护条款以及第 12 条的互联网专条可用以保护数据，但上述两条规定在保护数据上都有些许不足。商业秘密的保护有其固有的局限性，在文章前面部分已经进行了较细致的分析，此处不再赘述。至于《反不正当竞争法》中与网络相关的内容，只详细列举了三种不正当竞争行为，侧重于用户在使用网络过程中利用网络技术手段所产生的一些不正当行为，但是这些对数据保护起不到实质的作用。综观整部《反不正当竞争法》，能对数据进行保护的还有它的一般条款，所谓一般条款就是在穷尽具体规则之后才会去选择适用的条款，不管在实践中还是理论中，对一般条款的适用与使用都是非常高频的。《反不正当竞争法》第 2 条规定："经营者在生产经营活动中，应当遵循自愿、平等、公平、诚信的原则，遵守法律和商业道德。"① 无疑，一般条款能对现在市场上存在的以及未来可能出现的一系列不正当竞争问题进行规制，当然也包括对企业数据的保护。但是就第 2 条的内容看来，标准比较模糊，法官在判案时会有较大的自由裁量空间，如果说缺乏具体的指引可能会进一步破坏自由的市场秩序。因此我们需要进一步对第 2 条的内容进行细化，如在相应的司法解释里或者部门规章里进行规定，将实践中对商业道德以及诚信原则的认定列举出来，特别是在互联网领域。

五、结语

在当今社会，企业数据的重要性毋庸置疑，我们应该根据企业数据的特有属性与特点进行法律上的保护。当法律对企业数据提供足够充分的保护时，企业将有更大的动力去收集和产出数据，对数据进行更为高质量的分析与处理。在法律制度的合理保护下，企业数据也能发挥出它更多的价值，企业将有更多的勇气去公开和共享数据，避免对数据采取过多无必要的防护措施，减免它的实用性。

---

① http://www.npc.gov.cn/npc/c30834/201905/9a37c6ff150c4be6a549d526fd586122.shtml.

企业数据的法律问题研究

◎陈晓卓*

内容提要：大数据时代，互联网企业蓬勃发展，在新兴的大数据公司备受瞩目的同时，企业数据问题纷至沓来。目前企业主要从知识产权的角度出发进行企业数据权益的法律保护。但综观司法实践，既有的法律对于企业数据的保护并不周延，应当针对数据专门出台一部法律，以厘清企业数据和个人数据的关系、规制企业的数据活动、保护企业的应有利益。

关键词：企业数据　数据保护　反不正当竞争法

随着数字经济时代的到来，数据的价值在越发凸显的同时，大数据分析、数据交易等数据应用新方式的出现也让新的法律问题接踵而来。有关数据的争议屡屡发生，但现行法律并没有直接对企业数据的权益进行保护。2020 年 7 月，《数据安全法（草案）》公布并征求意见。该草案在总则中明确国家保护与数据有关的权益，也对“数据”“数据活动”“数据安全”等概念进行界定，同时提出了开展数据活动所要遵循的原则；并在第三章中规定了数据安全制度，第四章规定了数据安全保护义务，第六章规定了相关的法律责任。虽然该草案对现有的部分问题做出了回应，但仍然有些宽泛，相关制度仍需要具体细化。而在司法实践中，法院往往通过现有的知识产权路径来解决由企业数据引发的民商法问题，但由于现有法律并非针对数据制定而存在很多局限性。如何保护企业数据的权益问题亟待解决。

* 陈晓卓，江南大学法学院硕士研究生。

一、企业数据概述

（一）企业数据的特征

探讨企业数据的特征有利于我们理解其内涵。企业数据具有电子数据的共通性：第一，企业数据具有易传播性。纸质记录的数据需要大量的人力物力才能达到有限的传播效果，而依靠互联网的企业数据可以在很短暂的时间里就在世界范围内传播。也正是因为企业数据的易传播性，导致一旦发生企业数据侵权行为，被侵权企业遭受的损害也是难以估量的。第二，企业数据具有非排他性。企业数据是以编码的方式存在的，所以只要将其导入不同的计算机载体上，就可以实现不同群体、不同地点在相同的时间对数据进行操作，而不会产生一次只能一人操作的不便情形。

企业数据也有其专有的特征：第一，企业数据具有高成本性。将零散于各处的数据进行采集、储存、变换、输出，形成初具价值的企业数据，再根据信息变化，对数据进行不断的更新，以保持或增加其价值。这就对数据存储的基础设施以及人员的专业性提出了较高的要求，也就意味着投入大量的成本才能造就企业数据较高的经济价值。第二，企业数据的持有主体具有专属性。企业是企业数据的持有主体。企业投入成本，获得企业数据，并通过所得的企业数据创造收益，但与此同时也需要承担相应的社会责任，保护该数据的安全。

（二）保护企业数据的理论基础

根据劳动权理论，通过劳动使物品脱离自然状态，该物品就可以归属于劳动者。从某种角度来说，企业投入了人力物力生成的企业数据可以归企业所有，但仍存在一些问题。一方面，企业通过收集所获得的原始数据遍布于互联网之中，其中不乏个人的信息数据，即便企业经过了一定处理，但所获得的企业数据仍然存在个人数据的影子，如果直接将权属归于企业，不免有些“一刀切”。另一方面，劳动权理论要求所有权的获得不会导致他人丧失拥有足够资源的权利。这就意味着企业在不能造成数据垄断的同时，还需要兼顾公共领域数据的运用问题。

结合激励理论来看，对企业数据进行保护可以在一定程度上激励企业投入创造更高的社会价值，从而获得更大的公共福利。但这种保护应当给予适当的限制，其既不能过于宽泛导致企业因难以获得应有的利益或者难以维护自身权益而停止生产企业数据；也不能过于精细，导致企业滥用权利垄断数据，最终损害所有人的权益。

二、企业数据保护的司法实践探究

（一）司法裁判中的典型案例

1. 案例一：大众点评诉爱帮网著作权纠纷①

汉涛公司旗下大众点评主要推荐诸如餐饮、美容、住宿等各类生活服务类商户，网友可以通过搜索初步了解商户信息，并通过网站的用户评价模块进行对比，寻找符合网友定位的商户。而爱帮公司经营的爱帮网主要提供信息查询服务，并附带用户评价和体验。从业务范围来看，两个网站存在竞争关系。虽然爱帮网提示了评价内容来源于大众点评，但用户在获得大部分需要了解的信息后很少会选择再次点击另一网站，大众点评会因此丧失应有的流量，爱帮网的行为损害了其合法权益。而在这一案件中争议的焦点之一就是大众点评上的用户评价和商户信息是否属于著作权保护的范畴。

2008 年，汉涛公司提起诉讼认为爱帮公司侵犯其著作权。一审法院认为商户信息是由网站工作人员参考用户评价系统规整形成的；用户评价虽然会有重复，但仍然含有一些独创的价值。当用户签订《注册协议》以后，大众点评获得了该点评的使用权，其通过收集、编排商户信息并附加用户评价的两部分信息形成了一个整体，属于《著作权法》中所描述的汇编作品，汉涛公司享有著作权。但二审法院认为大众点评只是按照时间的先后将用户评价进行了简单排列，这种方式并未体现独创性，不应该将商户信息和用户评价认定为汇编作品。且该数据由汉涛公司和用户共同享有，汉涛公司不能单独提起诉讼。二审法院撤销了一审法院的判决，驳回了汉涛公司的全部诉讼请求。

2009 年，汉涛公司修改了《服务条款》。2010 年，汉涛公司再次以爱帮公司侵犯其著作权为由提起诉讼，其明确表示主张的并不是汇编作品的权利，而是独立的原创性作品的权利。一审法院认为根据 2008 年二审法院的裁定书，海涛公司没有提供完整证据链以证明其对商户简介享有著作权。而用户评价涉及不同的作者对商户服务的感受和体验，其内容虽然可能会有一定的相似性，但就表现形式而言，用户评价是作者从自身角度出发，体现了作者的风格和特色，具有独创性，是应受保护的作品。汉涛公司提供的部分注册用户的身份证件和授权确认书

① 北京市海淀区人民法院（2008）海民初字第 16204 号民事判决书；北京市第一中级人民法院（2009）一中民终字第 5031 号民事裁定书；北京市海淀区人民法院（2010）海民初字第 4253 号民事判决书。

可以证明汉涛公司享有其点评内容的著作权。但法院认为大众点评网站上的点评内容繁杂，并不是所有评价的内容都可以作为作品保护。汉涛公司并未提供充分证据证明其对网站所有的内容享有权利，法院只能结合汉涛公司所提供的证据，对汉涛公司的部分权利予以认定。

2. 案例二：万联诉周慧民等人侵害商业秘密纠纷①

衢州万联网络技术有限公司于2002年注册了网络游戏社区的网站，周慧民、陈宇锋、陈永平、陈云生、冯晔五人原为该公司员工，后五人离职注册了新公司，并注册了两个与万联公司注册网站相似的域名。周慧民利用之前掌握的万联公司数据库密码，复制使用了万联公司的数据库资料，并以此获利。其中争议的焦点之一便是万联公司的用户信息是否属于商业秘密。

上海高院认为，一般人也许可以掌握某一个或一些人的用户名、密码等信息，但很难像万联公司注册网站的数据库那样涵盖几十万人的相关信息，这是一般人难以掌握的；而数据库中的用户信息证明了网站拥有较大的流量，这也事关网站能否通过广告等方式获利从而继续经营，可见这些用户信息是具有实用性的；此外，万联公司也为该数据库设置了密码，仅有周慧民和万联公司法定代表人邱奇知晓，且在周慧民的《聘用合同书》中也存在保密条款，万联公司采取了保密措施以保护用户信息。故上海高院最后支持了万联公司的诉讼请求。

3. 案例三：新浪诉脉脉不正当竞争纠纷②

微梦公司经营的新浪微博是一个用户较为活跃的社交媒体平台。脉脉是淘友技术公司和淘友科技公司打造的移动端的人脉社交应用，帮助用户开拓人脉、建立联系。微博和脉脉实质都是提供网络社交服务的公司，存在一定的竞争关系。双方曾经通过 Open API 平台进行合作。本案的争议焦点之一就是脉脉抓取微博用户信息行为的性质问题。

一审法院认为新浪微博用户的职业和教育信息富有个人特色，微梦公司需要投入精力和成本去收集形成数据集合，并通过这些经营资源获得一定利益。而脉脉在超越权限的范围内抓取了微博用户的职业、教育信息，后更是在合作终止后继续使用信息。此外，脉脉为了增加流量和用户，未经同意即展示通讯录和微博用户的对应关系。脉脉的行为损害了微梦公司的合法权益，违背了诚实信用原则

---

① 上海市高级人民法院（2011）沪高民三（知）终字第100号民事判决书。

② 北京市知识产权法院（2016）京73民终588号民事判决书。

以及公认的商业道德，也危害到微博用户的信息安全，构成不正当竞争。

二审法院认为双方虽然达成了合作协议，但脉脉并无权限获取用户职业和教育信息，其任意抓取信息的行为扰乱了互联网的竞争秩序；未获得用户的同意即抓取信息，违背了公认的商业道德；对在未告知也未获得非脉脉用户同意的情况下即展示其微博信息的行为，也无证据证明属于行业惯例。脉脉的上述行为构成不正当竞争。

（二）企业数据的现有法律保护及其不足

1. 《著作权法》的保护及其不足

当企业数据被认定为是作品或者是汇编作品时，企业可以通过《著作权法》来保护自己的权益，但在司法实践中仍然存在很多限制。以案例一为例，汉涛公司第一次提起诉讼时，一审法院认定商户信息和用户评价的信息整体属于汇编作品，而二审法院则认为大众点评只是将商户信息和用户评价进行简单罗列，并非其原创，不应认定为汇编作品。而在第二次诉讼过程中，一审法院将商户信息和用户评价分为两个部分进行分析。法院因汉涛公司并未提供充分证据认为其不享有商户信息的著作权。而对于用户评价，法院认为虽然用户评价有一定的重复，但仍然具有独创性，结合汉涛公司提供的证据予以确认部分评价属于作品，汉涛公司享有该部分的权益，可以向法院起诉。

从这两次诉讼中可以看出以下几个问题：第一，在《著作权法》中，“独创性”的认定至关重要，但在互联网领域，企业数据独创性的认定标准尚未明确，如何认定需要法院去具体衡量。第二，《著作权法》保护的范围有限，并非所有的企业数据都能获得保护。如果侵权人仅仅只是抓取了企业收集的还未加工的数据，企业就难以使用《著作权法》来保障自己的权益。

2. 《反不正当竞争法》的保护及其不足

（1）一般条款的应用。

《反不正当竞争法》第 2 条是一条原则性的条款，可以在一定程度上指引企业的数据活动。但原则性条文的不确定性问题不可避免，法条的运用更应该谨慎。在新浪诉脉脉案中，二审法院就认为在处理互联网领域问题时更应慎重，其在最高院认定的不正当竞争行为的三个条件的基础上，另外增加了三个条件：消费者的权益受到了损害；破坏了互联网的市场竞争秩序；新技术或新商业模式需要证据证明具有不正当性，否则将推定具有正当性。此外，条文的应用也以产生竞争秩序为前提，可见第 2 条对企业数据的保护也不全面。

（2）商业秘密条款的应用。

结合第9条的条文，企业数据需要满足三个条件才能以商业秘密的形式存在。第一，企业数据应当具有秘密性。在案例二中，法院认定万联公司投入大量精力取得的五十几万人的用户信息是无法简单地从公开平台或者随意抓取就能获得的，符合不为公众所知悉这一特点。但组成这些企业数据的原始数据，由于可以从不同的甚至公开的渠道获取，而难以符合这一条件。第二，企业数据要有价值性。万联公司管理大量的用户信息能够证明其网站流量较大，网站也因此获利，可见其数据是具有价值性的。但不同网站对于数据的运用是不同的，如何确定该企业的数据是否具有价值，还没有明确的标准。第三，企业数据应当具有保密性。万联公司网站的数据库密码只有签订了保密条款的周慧民和法定代表人知晓，可以认定万联公司采取了相应措施使其企业数据具有保密性。但对数据的加密并不少见，直接将其作为以保护商业秘密而采取的措施，显得有些过于武断。另外，如果将企业数据作为商业秘密保护变成常态，我们还需要考虑未来是否会造成数据垄断的局面。

三、企业数据法律制度的完善意见

（一）明确数据活动的边界

大数据时代，企业数据能为企业创造相当高的价值，但企业不能仅仅为了利益就毫无限制地展开数据活动。企业收集的数据来源多种多样，很多都来自网站、软件等的个人信息采集，虽然企业会对这些数据进行加工处理，但其中隐含着的对个人信息保护问题不容忽视。首先，应当限定部分有资质的企业进行必要范围内的数据收集活动。并非所有掌握数据收集手段的企业都可以进行数据收集活动，应当进行一定的限制，排除不具备保障数据安全手段的企业，以免在收集到大量数据之后，被人轻易盗取，造成个人数据的大量泄露。而即便具备了保障数据安全的手段，企业也不能任意收集数据，对于一些与经营无关的数据，企业就不应当进行收集。其次，企业应当保障用户的知情权。企业应当让用户清晰认识到企业采集其数据的行为，并指明范围及用途等，在明确获得同意之后，企业才能进行数据采集。最后，大数据交易已然成为趋势，应当规范企业数据的交易活动。在促进交易自由、保障意思自治的同时，规范第三方企业的活动范围。企业在进行数据交易时，同样应当告知用户并获得用户许可。而第三方企业在运用数据时也应当担起相应的社会责任，保障数据的安全。

（二）完善企业数据的法律保护

1. 合理运用现有法律

企业数据侵权案件时有发生，在还没有专门针对相关领域的法律出台之前，通过《反不正当竞争法》和《著作权法》维护企业自身的权利，是司法实践中采用的较为常见的手段。《反不正当竞争法》第 2 条规定了可以指引企业数据活动的原则，同时适应不断发展变化的互联网环境。但由于其属于原则性条款，应当规范法条的使用，防止法官滥用这一一般条款。当企业数据满足商业秘密的三大条件时，企业可以通过有关条款进行维权。但同时也要注意防止企业利用其优势地位阻止数据流通，造成数据垄断，从而阻碍互联网的发展。而当企业数据具有独创性，可以构成作品或者汇编作品时，《著作权法》可以对此进行保护。但对于“独创性”的衡量，仍需要出台相关的司法解释进行完善。

2. 《数据安全法（草案）》的完善

现有法律并不足以应对新兴的企业数据产生的所有问题，专门针对数据保护的《数据安全法》的出台可以很好地缓解这一问题。综观《数据安全法（草案）》，其对一些基本概念进行了界定，也规定了数据的安全保护义务和相关部门的监管职责以及对应的法律责任，但并不完备。比如，可以通过“列举+兜底”的方式，列举已有的一些非法的数据活动，更加明确地指引数据活动，阻却、预防不法行为的出现。再如，引入惩罚性赔偿原则，在衡量侵权人的主观恶意、情节以及结果后，适当引用该原则，防止赔偿难以弥补企业所遭受的损失。

四、结语

互联网时代，在越发关注个人信息的同时，企业数据的保护问题也逐渐引起人们的重视。法律的空白，导致企业数据无法获得高效全面的保护，会在一定程度上打击企业的积极性。明确数据活动的边界、完善企业数据的法律保护可以激励企业不断投入创新、推进数据流通分享，从而推动互联网行业蓬勃发展。

主题二
企业数据司法保护的途径与判例研究

企业数据司法保护的途径与判例研究

◎包 韵*

内容提要："互联网+"时代，企业数据作为数据市场重要的资产资源，对各个国家及互联网企业的发展发挥着举足轻重的作用。然而，现有法律制度以及社会整体对于企业数据的价值及法律定位尚未达成共识，面对企业数据竞争乱象，相关司法保护也暴露出法律困境。究其原因，是企业数据具有多重属性，与合同法、知识产权法、反不正当竞争法等法律制度调整客体的边界属性并非完全吻合，因此既有法律难以妥善解决企业数据纠纷这一新问题。本文拟通过梳理企业数据的含义、法律属性、有关企业数据纠纷的判例、现阶段司法保护途径等，探寻有助于推动企业数据司法保护的合理途径。

关键词：企业数据 数据权属 数据保护 司法保护

随着大数据技术的飞速发展，以数据、信息等新产品、新服务为主要内容的技术日益兴盛，同时也推动着智能经济与社会的到来。这其中，企业数据作为产业发展的核心竞争要素，因其自身的经济价值日益被各国及网络经营者所重视，在当代数据经济发展中扮演着越来越重要的角色，并不断催生出新的商业模式和业态。

一、何为企业数据

2021 年 1 月 1 日起正式施行的《中华人民共和国民法典》（以下简称《民法典》）被誉为"社会生活百科全书"，数据作为重要的生产要素之一，自然成为《民法典》中备受关注的内容。据统计，《民法典》中直接提及数据或个人信息的条款共 11 条，还有一些条款虽未直接使用"数据"或"个人信息"的字眼，

* 包韵，汇业律师事务所律师。

但也与此紧密相关。① 但是，这些数据主要以个人信息为核心内容，对于企业数据，《民法典》并没有明确的定义。

区别于传统的纸质统计数据，企业数据本质上是一种电子数据，必须依赖于一定的物质载体才能生成、存储或转让。由于是无形物，企业数据具有非独占性，能在不同的时间、地点被不同的对象占有使用的特点。

除此之外，以大数据为依托背景，企业对通过投入包括人力、物力、财力在内的大量实质性的投资所生成的具有经济价值的企业数据享有受法律保护的权益，即企业是企业数据的持有人。② 但是，第三方在利用企业数据时是否都应当经过授权？市场竞争中一切类型的搭便车行为是否都应当严厉打击？本文将在下文中详细阐述。

另外，企业数据具备稀缺性。这一特征表明其自身具备一定的商业经济价值。当然，不是具备稀缺性的企业数据都具有法律意义上的财产属性，经济价值是其成为财产权益客体的前置条件。在实践中，企业数据作为竞争性权利保护客体也得到了国内外司法实践的认可。③

综上，企业数据是企业所持有的、能够为企业带来经济性利益的且能够以符号或代码形式表现出来的稀缺性数据。④ 除与个人数据、公有数据等数据共同享有的一般性特征外，企业数据还具有稀缺性及企业主体持有的专有性特征。⑤

二、企业数据的法律属性

对于企业数据的法律属性，专家学者从宏观、微观，各个层面、不同视角为分析企业数据法律属性问题进行了深刻的阐述，有的学者主张企业数据在现有法

---

① 《〈民法典〉数据问题评析》，载 http://www.acla.org.cn/article/page/detailById/29543? from=singlemessage&isappinstalled=0，最后访问时间：2020 年 10 月 4 日。

② 李扬、李晓宇：《大数据时代企业数据权益的性质界定及其保护模式建构》，载《学海》2019 年第 4 期。

③ 北京市高级人民法院（2000）高知初字第 78 号，北京市高级人民法院（2000）高知初字第 89 号，最高人民法院（2005）民三终字第 3 号，最高人民法院（2005）民三终字第 4 号。

④ 李扬、李晓宇：《大数据时代企业数据边界的界定与澄清——兼谈不同类型数据之间的分野与勾连》，载《福建论坛（人文社会科学版）》2019 年第 11 期。

⑤ 李扬、李晓宇：《大数据时代企业数据权益的性质界定及其保护模式建构》，载《学海》2019 年第 4 期。

律体系中最接近数据库或汇编作品;[①] 有的学者认为企业数据权益属于物权与知识产权;[②] 有的学者建议将企业数据权利设立成一类新的财产权利。本文认为，不同类型的企业数据的法律属性均不相同，即企业数据权益是涵盖法定化权利以及受法律保护的利益的集合。[③]

举例而言，知识产权具备强排他性，其要求保护客体满足著作权法的“作品应具备独创性”、商标法的“标示具备显著性及识别力”以及专利法的“新颖性、实用性及非显而易见性”等条件，且知识产权还具有地域性及保护期限。[④] 但是，并不是所有的企业数据都符合独创性、显著性、实用性及非显而易见性等要求。如果不加以区分，将所有企业数据相关权益定性为知识产权，会造成“权利泛化”的危机，[⑤] 从而影响数据的自由流动性及潜在价值，美国费斯特案就是一个很好的例子。美国最高法院认为，费斯特在未经许可的情况下将一本电话号码汇编全部进行了拷贝并不违反版权保护规定，版权保护只及于创新部分，不保护事实。[⑥] 因此，仅满足知识产权法定主义原则[⑦]的企业数据才是知识产权保护客体，除此之外的企业数据没有此种法律属性。

另外，相较于个人数据，企业数据具有“强财产权弱人格权”属性。[⑧] 大数据时代，在商业经济利益的驱动下，企业在利用与流转企业数据时，往往需要将收集的个人数据采取“脱敏化处理”,[⑨] 在授权范围内使用其财产利益。因此，

---

① 林华:《大数据的法律保护》，载《电子知识产权》2014 年第 8 期。

② 姬蕾蕾:《数据产业者财产赋权保护研究》，载《图书馆建设》2018 年第 1 期。

③ 李扬、李晓宇:《大数据时代企业数据权益的性质界定及其保护模式建构》，载《学海》2019 年第 4 期。

④ 李扬、李晓宇:《大数据时代企业数据权益的性质界定及其保护模式建构》，载《学海》2019 年第 4 期。

⑤ 李扬、李晓宇:《大数据时代企业数据权益的性质界定及其保护模式建构》，载《学海》2019 年第 4 期。

⑥ See Feist Publ' ns, Inc. v Rural Tel. Serv. Co. , 499 U. S. 340, 347 (1991).

⑦ 知识产权法定主义原则认为，知识产权的主体、客体、种类权利范围、保护期限等重要事项必须由成文法明文规定，除立法者在法律中特别授权外，任何机构不得在法律之外创设知识产权。参见李扬:《知识产权法定主义及其适用——兼与梁慧星、易继明教授商榷》，载《法学研究》2006 年第 2 期。

⑧ 李扬、李晓宇:《大数据时代企业数据边界的界定与澄清——兼谈不同类型数据之间的分野与勾连》，载《福建论坛（人文社会科学版）》2019 年第 11 期。

⑨ Paul Ohm, Broken Promises of Privacy, Responding to the Surprising Failure of Anonymization, 57 UCLAL. Rev. 1701, 1735-1738 (2010).

企业数据并不是完全遵循自由流通、共享、开放、机会均等的理念。由于企业对企业数据的生成投入了劳动成本，通常未经企业授权，其他同业竞争者不可随意爬取使用，否则可能构成不正当竞争或者引发侵权纠纷。

三、企业数据保护司法瓶颈

近几年，围绕企业数据的不正当竞争、数据“搭便车”现象等一系列问题频频出现，甚至有喷涌之势，其中不乏我们熟悉的脉脉违背三重授权原则不正当获取新浪微博用户信息[①]、大众点评诉百度不当获取用户信息纠纷[②]、腾讯诉抖音、多闪平台不正当竞争[③]、顺丰宣布关停菜鸟引发物流数据控制权争议[④]、Facebook 诉 Power 公司未经允许侵入计算机访问其用户数据[⑤]等。除了上述企业间的数据控制权争夺之外，企业数据与个人数据保护的冲突也时有发生，如美国斯诺登事件[⑥]。因此对于企业数据的保护需求十分强烈。然而，企业数据作为一个全新的问题，既有的法律体系对此没有作出明确或有针对性的规定，使大量依托于互联网而开展的新形态业务在法律方面得不到明确的界定和保护，本文将通过以下几个典型案例做具体分析。

（一）大众点评网诉爱帮网垂直搜索侵权纠纷及大众点评网诉爱帮网不正当竞争纠纷

该案例中爱帮网未经大众点评网许可便在自家网上发布了来源于大众点评网的数百家餐厅点评。经协商无果，大众点评网就以侵犯其著作权为由将爱帮公司告上法庭。经过二审，北京市第一中级人民法院作出裁定，认定大众点评网中的餐厅简介和用户点评文字整体上不构成汇编作品，而对于构成作品的用户点评文字，其著作权由大众点评网和用户共同享有，其单独提起诉讼，在诉讼主体上缺乏适格性，故驳回起诉。后大众点评网不得不通过修改协议将点评文章的著作权

---

① 北京知识产权法院（2016）京 73 民终 588 号民事判决书。

② 上海知识产权法院（2016）沪 73 民终 242 号民事判决书。

③ 天津市滨海新区人民法院（2019）津 0116 民初 2091 号民事裁定书。

④ 参见《菜鸟顺丰和解：双方就数据共享合作形成一致意见》，载 http://tech.sina.com.cn/i/2017-07-03/doc-ifyhrxsk1633802.shtml，最后访问时间：2020 年 10 月 4 日。

⑤ Facebook, Inc. v. Power Ventures, Inc., 844 F 3d 1058(9th Cir. 2016).

⑥ See Brown Ian & Douwe Kor, Foreign Surveillance: Law and Practice in a Global Digital Environment, 3 European Human Right Law Review, 243, 243(2014).

改为其独家享有以得到诉讼主体资格。之后，大众点评网以爱帮网与大众点评网在受众人群、盈利模式、经营范围、客户群落等方面完全重合，属于同业竞争者。爱帮公司大量复制大众点评网投入大量时间、人力、精力积累的网站内容，并虚假宣传“爱帮网已成为中国最大的本地生活搜索服务提供商，也是最大、最全的生活信息网上平台”，主张其构成不正当竞争为由再次提起诉讼，最终北京市第一中级人民法院二审判决被告爱帮公司不正当竞争成立。

可以发现，大众点评网为维护自身合法权益进行了两项诉讼。在侵权诉讼中，法律通常要求大众点评网享有完整权利、独占权利、排他性权利或权利人的明确起诉授权。在不正当竞争诉讼中，法律通常要求大众点评网主张保护的权利或利益“合法、正当”，而不要求完整性、独占性、排他性等条件。但是，大众点评网无论诉诸哪一种法律制度，该判决明确限定审查范围以其提交的对比表为限，停止侵权以判决书附表为限，且都仅仅覆盖到数据中的某一种类型，并不能给予数据一个完整全面的保护①。这无疑不利于激发企业进行企业数据开发利用的潜力。

（二）淘宝诉美景公司大数据产品不正当竞争纠纷②

该案中淘宝公司系“生意参谋”零售电商数据产品的开发者和运营者，该数据产品通过记录、采集用户在淘宝、天猫上浏览、搜索、收藏、加购、交易等活动留下的痕迹，进行深度加工处理，最终为商家网店运营提供数据化参考，帮助商家提高经营水平。美景公司运营的“咕咕互助平台”及“咕咕生意参谋众筹”网站，通过提供远程登录服务的方式，招揽、组织、帮助他人获取“生意参谋”数据产品中的数据内容，并从中获益。淘宝公司认为美景公司据他人劳动成果为己牟利的行为构成不正当竞争，遂将其诉至杭州铁路运输法院，经过一审、二审，法院最终判决美景公司行为构成不正当竞争。

本案作为首家互联网法院数据产品第一案，虽然名义上依旧是通过《反不正当竞争法》来加强数据保护，是借助一般条款对于《反不正当竞争法》的扩用，但是该案采用了洛克劳动成果理论及功利主义理论的理念，依据诚实信用原则及

---

① 《数据为王：从司法案例来看大数据》，载 https：//zhuanlan. zhihu. com/p/26575459，最后访问时间：2020 年 10 月 4 日。

② 杭州铁路运输法院（2017）浙 8601 民初 4034 号民事判决书，杭州市中级人民法院（2018）浙 01 民终 7321 号民事判决书。

一般的商业道德,[①] 承认了淘宝公司对耗费人力、物力、财力，经过深度开发与系统整合，长期经营积累形成的“生意参谋”数据产品具有竞争法上的财产权益性质。美景公司未付出劳动创造，即将“生意参谋”数据产品直接作为获取商业利益的工具，这种不劳而获的“搭便车”行为有悖于商业道德，构成不正当竞争，如不加禁止将挫伤大数据产品开发者的创造积极性，阻碍大数据产业的发展。

(三) 新浪微博诉脉脉网络不正当竞争纠纷

新浪微博运营商北京微梦创科网络技术有限公司诉称，北京淘友天下技术有限公司（以下简称淘友技术公司)、北京淘友天下科技发展有限公司（以下简称淘友科技公司）运营的“脉脉软件”绕开新浪微博开放接口，非法大量抓取微博平台的用户数据，恶意抄袭“新浪微博”产品设计内容，非法牟利，损害微梦公司的合法权益，构成不正当竞争。法院经过二审最终认定淘友技术公司、淘友科技公司未经新浪微博用户的同意及新浪微博的授权，获取、使用脉脉用户手机通讯录中非脉脉用户联系人与新浪微博用户对应关系的行为，违反了诚实信用原则及公认的商业道德，破坏了 Open API 的运行规则，损害了互联网行业合理有序公平的市场竞争秩序，在一定程度上损害了被上诉人微梦公司的竞争优势及商业资源，根据《反不正当竞争法》第 2 条的规定，上诉人淘友技术公司、淘友科技公司的行为构成不正当竞争行为。

自本案的“三重授权原则”提出以来，其不仅得到法院相关判决的遵循，也得到了学界不少学者的认同。这一原则要求数据获取方需同时取得相关利害关系人——用户和数据持有方的同意。但是，该原则严格的数据获取要求可能限制数据的流通开发，抑制企业创新和数字经济的发展，并会导致企业运营成本增高，加剧企业成长压力。[②]

总体而言，由于缺乏有效法律手段，一些企业在面对重大数据纷争时，往往只好采取私了或者求助主管部门的办法。实践中，也有不少企业通过提升技术和管理手段来保护数据免受侵害，但由此以来，不仅使企业数据经营成本居高不

---

① 李扬、李晓宇:《大数据时代企业数据边界的界定与澄清——兼谈不同类型数据之间的分野与勾连》，载《福建论坛（人文社会科学版）》2019 年第 11 期。

② 徐伟:《企业数据获取“三重授权原则”反思及类型化构建》，载《交大法学》2019 年第 4 期。

下，同时也会给数据开发和应用带来意想不到的障碍或压力,① 打击企业积极性。

四、企业数据保护途径探索

不同类型数据在保护理念、构建要件及法律属性上的差异性，决定了不同类型的数据权益在保护路径上应有所不同。既然既有法律保护企业数据存在不足，有的学者就提出了企业数据保护走向财产权化的新机制。不过，处于公有领域的企业数据是否必然成为法律意义上的财产权的客体值得商榷。② 但是企业通过自身劳动加工、合成、制作的数据本身就具有商业价值，加上“新浪微博起诉脉脉抓取使用微博用户信息案”实际确认了企业对于其收集积累的数据享有“竞争法意义上的财产权利”，表明企业数据财产权化具有可行性及可操作性。

按照这种构思，应在区分个人信息和企业数据的基础上，按照数据阶段分别构建关于个人信息的权利和企业数据的权利两种权利模式，从而达成两者的平衡关系，具体包括数据资产权和数据经营权两种形态。由此以来，数据财产权可以成为企业数据的直接保护依据，从而获得一种独立的全新法律保护。③

首先，企业数据财产权保护的对象是在基础数据上通过分析过滤、提炼整合以及匿名化处理，投入增值性劳动后形成的数据,④ 企业收集、处理用户数据的行为要符合“合法、正当、必要”的原则要求，确保数据的使用经过匿名化、脱敏处理，符合用户对于个人数据隐私保护的合理期待。⑤ 此外，用户对授权应限于财产权益，而非人格权利益。⑥

其次，企业数据财产权保护需遵循监管规则。任何财产权的行使都应当进行必要的限制以确保其安全及合规，否则就会出现类似剑桥分析事件这样的问题，对社会甚至国家造成严重损害。该事件中，Facebook 被美国联邦贸易委员会认定违反平台承诺保护用户隐私的协议，将大量用户数据不当泄露给政治咨询公司

---

① 龙卫球：《再论企业数据保护的财产权化路径》，载《东方法学》2018 年第 3 期。本文系国家社会科学基金重大项目《信息法基础研究》（批准号：16ZDA075）阶段性研究成果。

② 徐实：《企业数据保护的知识产权路径及其突破》，载《东方法学》2018 年第 5 期。

③ 龙卫球：《数据新型财产权构建及其体系研究》，载《政法论坛》2017 年第 4 期。

④ 龙卫球：《数据新型财产权构建及其体系研究》，载《政法论坛》2017 年第 4 期。

⑤ 石丹：《企业数据财产权利的法律保护与制度构建》，载《电子知识产权》2019 年第 6 期。

⑥ 龙卫球：《数据新型财产权构建及其体系研究》，载《政法论坛》2017 年第 4 期。

(剑桥分析公司) 用于影响美国大选及英国脱欧公投。①

最后，设立企业数据财产权保护许可规则。在特定情形下，应该基于公共利益和维护个人信息的特殊考虑，依据法律授权或者行政特许方式，严格管制企业数据活动，② 以激励企业数据的开放共享、积极流动，促进企业数据开发利用。③否则会挤压企业间、社会公众自由利用数据的空间，不利于社会整体福利的提升以及企业利益与个人利益、公共利益的平衡。④

当然，如果企业数据符合知识产权的构成要件，那么企业数据就可以利用知识产权法保护途径。例如，企业数据具备构成作品需满足的独创性等要件，则可以成为著作权法的保护客体；具备实用、新颖及非显而易见性等构成要件则可以成为专利法的保护客体；具备显著性及识别力则可以成为商标法的保护客体。

五、结语

随着人工智能、大数据、云计算等新一代信息技术的迭代发展和应用，新的数据保护需求越发强烈，企业数据利用产生的矛盾冲突与现有司法保护的困境不断放大。如何确立企业数据保护的合理途径，寻求企业数据、个人数据以及公共数据之间一个良性平衡，是当代面临的新挑战。由此，确立企业数据财产权正当其时，当然，创设新的法律救济机制的同时也应对其客体及权利范围作出严格限定，避免造成数据垄断，隐私风险。⑤ 另外，在制定新的保护机制的同时不能忽略行业自律模式。当数据市场能够自行解决数据相关的竞争纠纷时法律救济模式就不应当介入，“不轻易认定数据市场自由竞争的利益为受法律保护的企业数据利益”⑥，平衡好自由、效率、公平正义等原则。

---

① 《“剑桥分析”私隐泄漏丑闻后，脸书暂停万个 APP》，载 https://baijiahao.baidu.com/s? id=1645337385187488856&wfr=spider&for=pc，最后访问时间：2020 年 10 月 4 日。

② 龙卫球：《数据新型财产权构建及其体系研究》，载《政法论坛》2017 年第 4 期。

③ 龙卫球：《数据新型财产权构建及其体系研究》，载《政法论坛》2017 年第 4 期。

④ 李扬、李晓宇：《大数据时代企业数据权益的性质界定及其保护模式建构》，载《学海》2019 年第 4 期。

⑤ 石丹：《企业数据财产权利的法律保护与制度构建》，载《电子知识产权》2019 年第 6 期。

⑥ 李扬、李晓宇：《大数据时代企业数据权益的性质界定及其保护模式建构》，载《学海》2019 年第 4 期。

企业数据司法保护的问题与对策研究

◎梅术文　王　鑫*

内容提要：我国数据产业发展迅猛，数据的价值性也越发凸显，成为社会发展中必不可少的一部分。对于企业来说，数据是其经营发展不可或缺的生产资料，因此企业数据的保护业已成为热点的法律问题。由于我国目前还未单独对企业数据保护进行立法，在司法实践中主要依据《反不正当竞争法》《著作权法》《合同法》《刑法》等法律法规来规制企业数据侵权行为。但是结合现有司法判例可以发现，应用上述法律法规对企业数据保护存在明显的不足。因此，有必要根据企业数据保护的特殊性，通过对企业数据进行确权，完善其司法保护途径，为数据产业的健康有序发展奠定基础。

关键词：企业数据　数据保护　司法保护　数据确权

引　言

随着数据经济与信息技术的飞速发展，各类数据迅猛增长，数据产业的崛起也在很大程度上影响着社会经济的发展。数据蕴藏着巨大的经济价值，各国都逐渐开始重视数据保护，推动数据保护立法工作，我国也开始逐渐制定数据方面的立法计划。2020 年 7 月，《数据安全法（草案）》在中国人大网公开征求意见，《个人信息保护法》也正在研究起草中。对于企业，尤其是互联网行业相关企业来说，数据已经成为其不可或缺的一部分，甚至影响着企业的生存与发展。企业数据的保护问题也是一个热点法律问题，关系到经济发展以及社会经济秩序。越来越多的企业对数据资源进行大规模的人力和资金投入，数据已经成为企业资产

* 梅术文，南京理工大学知识产权学院教授，法学博士；王鑫，南京理工大学知识产权学院硕士研究生。

中极为重要的存在。因此，法律对企业数据保护的程度与范围，决定着企业对数据资源投入的力度，进而决定着数据经济的整体发展。

企业数据既包括公司简介、产品信息、互联网平台上的用户信息等公开数据；也包括财务、运营和商业秘密等非公开数据；还包括半公开数据，如数据库中的数据。对于不同的企业数据，其保护方式也不尽相同。本文从企业数据的现有司法保护途径出发，结合典型案例分析其存在的局限并在现有司法保护途径上提出改善建议。

一、企业数据司法保护中存在的主要问题

从现有法律条款来看，我国对于企业数据权益保护并没有进行专门的规定，主要根据反不正当竞争法、著作权法、商业秘密、合同法以及刑法等相关法律法规对企业数据进行必要的保护。由于对企业数据保护无明确的法律规定与界限，现有的各项法律制度对企业数据的保护存在矛盾与缺陷，以及企业数据与个人数据保护之间的冲突等问题，导致企业数据的法律保护亟待完善。

首先，司法保护模式存在一定的冲突。对企业数据保护的各种法律保护途径均存在缺陷，主要为保护范围不够以及法律适用的限制。另外，各种保护途径的现有司法保护制度还存在诸多原则性缺陷，使得企业数据的司法保护之路任重而道远。

企业数据保护作为信息技术时代发展所产生的新问题，具有自身的复杂性，体现在来源、运行经济环境、保护功能聚合等方面。企业数据保护同时承载社会经济功能、信息社会功能、信息安全功能以及兼顾公共管理功能。而其本身的复杂性使得企业拥有数据核心经济利益的同时，又与其他利益相互关联，形成了利益交织的复杂状态。①

其次，现有司法保护途径均为事后救济。企业数据具有无形性和非独占性的特征。与物权客体的独占性不同，数据并不会因为被某一主体获取利用而无法被他人获取利用，不同主体可以在不同的时间和地点用不同的方式与手段对数据进行获取与利用。② 企业数据的这些特性使得其容易被他人侵权，对于企业尤其是数据型企业来说，一些严重侵害企业数据的行为甚至会影响企业的生存。在当前企业数据司法保护制度下，企业无论采取哪种司法保护途径，都只能是在受到他

---

① 参见龙卫球：《再论企业数据保护的财产权化路径》，载《东方法学》2018 年第 3 期。

② 参见程啸：《论大数据时代的个人数据权利》，载《中国社会科学》2018 年第 3 期。

人侵害后通过司法途径寻求救济，而无法根据相应法规获得事前禁令，也无法针对非竞争性的市场主体，这种仅限于个案救济的方式不利于企业数据合规业务的发展。[①] 在司法实践中，诉前禁令是强大而有效的诉讼利器，知识产权法律以及相关司法解释已经增加了诉前禁令的有关规定，权利人为保障自身权利对侵犯著作权、专利权、商标权等知识产权的行为申请诉前禁令也很多见。为了保障数据行业的健康有序发展，有必要对企业数据诉前禁令的适用条件和救济措施等进行明确的规定。

最后，企业维权成本与举证负担过重。在现有司法保护途径下，根据“谁主张，谁举证”原则以及企业数据的无形性和公共性等特性，企业如若打算对侵犯企业数据行为进行维权，不仅需要对侵权行为进行取证证明，还需要证明自身对数据具有相应权益。如果企业打算根据反不正当竞争法一般条款维护自身权益，还需证明企业与侵权人之间的竞争关系。企业对数据收集和维护上的资金投入等信息也是法院在审理案件以及判定赔偿数额时的重要考量因素。在淘宝诉美景一案中，[②] 淘宝公司需证明其收集利用用户信息的合法性、对其数据产品享有法定权益、侵权人的侵权行为以及因侵权行为给其造成的损失等。可以看出，企业数据拥有者在进行维权时需要承受较重的举证负担和较高的维权成本，维权结果还具有极大的不确定性。部分中小企业考虑到自身的资金与实力无法进行长久的诉讼维权之路，就可能会放弃其权益。综上，现有的司法保护途径已经无法适应数据产业飞速发展时代的数据保护需求。

二、企业数据的司法保护途径选择

（一）企业数据的商业秘密保护

我国反不正当竞争法和刑法均对商业秘密制定了相应的保护制度。在大数据产业保护中，商业秘密保护是一种较为常见并且有效的方式。商业秘密保护制度主要是为了维护市场竞争秩序，通过赋予权利人对抗权的方式打击以不正当手段获取和使用商业秘密的行为。企业数据需具有秘密性、价值性和保密性的特征才能获得商业秘密保护，换言之，商业秘密仅保护了企业采取保密措施并能够为企业创造价值的非公开企业数据。因此，其并不能对企业数据提供充分的保护。首

---

① 石丹：《企业数据财产权利的法律保护与制度构建》，载《电子知识产权》2019 年第 6 期。

② 参见浙江省杭州市中级人民法院（2018）浙 01 民终 7312 号民事判决书。

先，一部分企业数据是企业通过对公开数据进行收集整理汇编而取得的，原始数据具有一定的价值但是不具有秘密性，因此无法受到商业秘密的保护。其次，企业数据的价值性没有明确的判断标准，有些数据单独进行评价可能不具有价值，但是由这些数据组合而成的数据库却具有显著的价值。有些数据对其他企业来说没有多大的价值，但是对于拥有数据的企业来说这些数据甚至可能影响企业的生存与发展。再次，商业秘密保护不针对以合理合法的技术手段获取企业数据的行为，如反向工程等，而企业是否采取了合理的保密措施也不易确定。最后，存在个人用户因私人目的侵犯企业数据的行为，对于这种侵权主体，很难应用商业秘密进行保护。另外，商业秘密保护的手段支持企业出于保护其数据资产的目的对数据进行隐藏，但企业却经常出于对市场份额占有率的考虑，形成数据垄断。长此以往，不仅损害大数据产业的发展，也必将损害市场竞争和消费者利益。①

（二）企业数据的反不正当竞争法一般条款保护

反不正当竞争法的一般条款（第 2 条）对不正当竞争行为下了定义，并规定经营者的诚信道德义务。目前，多数司法判例中都援引反不正当竞争法的一般条款对企业数据进行保护。相对于商业秘密保护，反不正当竞争法的一般条款对未采取保密措施的公开和半公开企业数据提供了一定的保护，一些商业价值不确定、未采取保密措施的企业数据也被纳入其保护范围。在大众点评诉百度一案中，② 法院认为，百度公司运用技术手段，从大众点评网获取其用户点评的信息，用于自己的百度地图和百度知道版块，实质替代大众点评网向用户提供信息，这种超出必要限度使用大众点评网上信息的行为损害了大众点评网的利益，违反公认的商业道德，构成不正当竞争。在新浪诉脉脉一案中，③ 法院认为，脉脉公司通过非法手段抓取新浪微博用户的职业信息和教育信息等数据的行为违反了反不正当竞争法一般条款中规定的诚信道德义务，损害了互联网行业合理、有序、公平的市场竞争秩序，构成不正当竞争行为。在淘宝诉美景一案中，法院认为，美景公司引诱"生意参谋"用户违约分享账户，不正当获取淘宝公司的大数据后分销牟利，扰乱了市场竞争秩序，有违诚信原则和商业道德，构成不正当竞争。

---

① 参见徐实：《企业数据保护的知识产权路径及其突破》，载《东方法学》2018 年第 5 期。

② 参见上海知识产权法院（2016）沪 73 民终 242 号民事判决书。

③ 参见北京知识产权法院（2016）京 73 民终 588 号民事判决书。

反不正当竞争法的一般条款对企业数据保护的范围更大，对于不具有秘密性和独创性的企业数据，法院大多也通过此条款进行保护，但应用该条款对企业数据进行保护存在一些弊端。一方面，该条款对企业数据的保护范围不够明确，运用此种兜底性一般条款对企业数据进行保护，缺乏明确的法律解释和适用标准，使得结果无法预料。有的企业为了保证其数据合规，可能会禁止或取消原本从事的数据业务，或者因为担心法律对其数据保护不足，而不愿意开放其本来愿意开放的数据。[①] 另一方面，无明确限制地运用一般条款对企业数据进行保护也会导致过度保护，可能将某些本身无权益的企业数据纳入保护范围中，妨害他人及社会公众使用数据的自由，长此以往，数据行业的健康有序发展将会受到影响。

（三）企业数据的著作权保护

著作权法对内容的选择或者编排体现独创性的汇编作品进行了保护。企业数据虽然具有一定的选择或者编排方式，但是这种选择或者编排方式不一定具有独创性，独创性的判断标准也没有清晰明确的依据。在大众点评网诉爱帮网一案中，[②] 大众点评网经营者汉涛公司主张其网站上的商户简介和用户点评的数据具有独创性；法院则认为，大众点评网上的点评内容的成分复杂，并不能都构成作品，对其内容的著作权属性需要结合证据逐一进行判断。除此之外，企业数据的价值并不在于数据的选择或者编排方式，而是在于数据的数量和内容。著作权保护的也是独创性，而非数据内容。在司法实践中，企业很少利用著作权法对被侵犯的企业数据进行维权。

（四）企业数据的其他保护

除了上述保护途径之外，现有法律还提供了对企业数据的合同法和刑法保护。合同法中规定了当事人的保密义务以及严格履行和诚实信用义务。但企业数据受合同法保护的前提是存在成立的合同关系，然而在多数情况下，侵权者并非合同当事人，企业也几乎不可能事先和侵权者订立相关的合同。实际上，企业很难依据合同法对企业数据进行保护和救济。刑法中规定了非法侵入计算机信息系统罪和破坏计算机信息系统罪等，对特定的企业数据进行了保护。刑法对企业数据的保护在犯罪对象和犯罪手段上具有一定的限制性，保护范围比较狭窄。

---

① 丁晓东：《论企业数据权益的法律保护——基于数据法律性质的分析》，载《法律科学（西北政法大学学报）》2020 年第 2 期。

② 参见北京市海淀区人民法院（2010）海民初字第 4253 号民事判决书。

尽管有多种司法途径可以对企业数据进行保护，但是目前实践中大多还是通过反不正当竞争法一般条款对企业数据进行保护。从2012年上海钢联公司诉纵横今日钢铁公司不正当竞争案，2015年大众点评诉百度公司不正当竞争案，2016年新浪诉脉脉不正当竞争案，2018年淘宝诉美景不正当竞争案，2019年腾讯诉抖音、多闪案等国内企业数据保护的著名案例中可以看出，司法实践中还是倾向于适用反不正当竞争法一般条款对企业数据进行保护。反不正当竞争法一般条款虽然无法提供明确的法律保护范围，但在实践中反而是其优势所在。在立法缺失的背景下，相对于其他法律法规，反不正当竞争法一般条款更适用于对个案进行判断。法官在审判时对企业数据的权利属性、权益范围等争议问题可能无法提供明确的判定规则，还要考虑到理论界对裁判规则的质疑。但是在对不正当行为以及违反诚信义务和商业道德等的判定上，法律既有明确的规定，法官也具有深厚的司法经验以至于可以驾轻就熟地作出判断。

三、企业数据保护与个人数据保护之间的协调

企业数据中多数含有大量的个人数据，这就导致了数据的权益归属争议。个人无疑对其数据享有相应的权利，那么企业是否有权使用这些数据、在何种范围内使用个人数据以及企业在对个人数据进行匿名处理后是否可以无限制地使用该数据成为一个具有争议的问题。一方面，个人数据权利如果无法受到充分保护，企业就会无所顾忌地非法获取和利用个人数据，个人人格权和财产权则会受到严重侵害。另一方面，个人数据权利关涉着数据产业的发展，海量的个人数据中蕴含着巨大的经济与战略价值。如果个人数据无法被收集、存储、整理和利用，数据技术就无法发展，数据产品就无法被开发。尤其是对数据型企业来说，企业对被合法收集的个人数据是否拥有权利、拥有何种权利至关重要。对个人数据权利的保护范围和力度直接影响着数据产业的发展。①

数据作为一种财产性资源，影响着个人数据权益的保护以及企业经济和规模的发展，还影响着社会公共利益及经济社会的健康发展。数据的公共性使得通过数据本身的“归属”盲目地去理解数据的权益保护并不合适，相反，应当理解企业在自身数据控制环节的真正利益所在，并通过在法律上建立行为导向的数据基础秩序来获得规范。企业数据的价值在于企业对数据的利用和交易，对于企业利用数据而言，其价值来源于数据对于企业所具有的商业利益价值，这种价值并

① 参见程啸：《论大数据时代的个人数据权利》，载《中国社会科学》2018年第3期。

不以获得数据为必要，并不一定排斥他人享有数据。[①] 但是企业获得数据并利用其经济价值的过程，会在一定程度上影响个人以及公众的利益。

根据《网络安全法》规定，网络运营者应对不同类型的网络用户信息分别承担相应的安全保护义务。对于非个人信息的保护，第 22 条只规定网络运营者应当向用户明示并取得同意；对于个人信息的保护，第 41 条、第 42 条则规定了网络运营者应承担更为严格的责任。从上述规定中可以看出，法律对个人数据保护的重点在于保护个人的隐私权，针对的是个人数据泄露与滥用问题。企业数据派生于个人数据，但企业利用个人数据时，大多会进行去标识化和去隐私化处理，企业对个人数据的利用，一般也不会导致个人数据权益受到明显损害。虽然保障个人数据的人格权益是价值与利益平衡的底线，但是企业利用数据并挖掘其更大的价值亦是社会现实的需求，企业数据权益与个人数据权益的分配问题应综合考量多重目的。[②]

企业数据与个人数据之间利益平衡的实质其实就是数据流动与数据保护之间的平衡，两者的目标存在一致性。个人数据主体或者企业数据主体如果无法自行控制数据，看似提高了数据的自由度，但事实上数据主体可能为了自卫保护而隐匿或伪造数据，数据的真实性和有效性难以得到保障，数据价值也会受到影响并且可能反作用于数据的流动。如果数据主体完全控制数据，势必会减少数据流动的计划、增加成本，使数据的价值无法发挥，信息社会无法发展，数据主体也无法从数据中获益。[③] 利益平衡的状态受制于数据时代的发展进程，受制于国家经济发展的政策导向，受制于全球化的经济环境。司法过程中对企业数据与个人数据之间的利益衡量，应结合当下经济时代背景。

在大数据时代，数据极易通过互联网被复制，数据权属保护极为困难。综观世界各国数据法律制度的立法趋势，或是界定个人数据与企业数据各自的权利范围，如欧盟《通用数据保护条例》规定了数据携带权和数据主体的反对权；[④] 或是将企业数据纳入个人数据的保护范围中，如奥地利《2018 年数据保护修正法

---

① 参见梅夏英：《在分享和控制之间——数据保护的私法局限和公共秩序构建》，载《中外法学》2019 年第 4 期。

② 参见姚佳：《企业数据的利用准则》，载《清华法学》2019 年第 3 期。

③ 参见郭瑜：《个人数据保护法研究》，北京大学出版社 2012 年版，第 96 页。

④ 参见《通用数据保护条例》第 20 条、第 21 条。

案》;[①] 或是跳出权利赋予路径的思维惯性而选择行为规制路径，如日本在《日本反不正当竞争法》中增设“限定提供数据”条款。[②]

立法对企业数据权益界定的缺失带来一系列的弊端，既包括数据保护力度不够也包括数据权利泛化，进而导致司法实践难度增加。从司法成本上看，缺乏强有力的企业数据保护制度将导致企业数据拥有者对判决结果不服而持续上诉，浪费司法资源；而不加区分地将数据利益作为数据权利救济，会造成数据纠纷滥诉之嫌，将对公共财力提出更高的要求，增加司法运行的成本。从司法操作的难度来看，区分利益与权利的做法在司法实践上具备更明确的可操作性。[③]

对企业数据确权的重点不在于确定权利归属，而是在利益平衡原则下明确企业获取、使用和处理数据的权限。企业数据确权的必要性在于对企业数据进行保护的前提是应明确哪些企业数据可以受到法律的保护以及这些数据可以受到何种程度的保护。明确企业数据的权利范围时应平衡各方利益，企业数据不仅对企业自身产生经济利益，其数据的活动也会影响社会经济利益等公共利益和安全利益，数据的收集也与个人信息利益密切相关。在个案裁判中，司法人员不宜机械地适用文义解释，而应把握法律规范体系中蕴含的价值判断，深入分析个案中的利益关系，根据立法目的结合时代背景做出法律解释。[④] 在朱烨与百度公司隐私权纠纷案中,[⑤] 朱烨认为百度公司在其不知情的情况下通过 Cookie 技术收集其个人隐私数据用于提供个性化广告推广服务的行为侵害了其隐私权。一审法院认为，网络用户多数情况下无法知道其私人信息会被收集利用，因此网络运营者应承担更多、更严格的说明和提醒义务。二审法院则表示法律保护能够识别公民个人身份和涉及公民个人隐私的电子信息，个人数据在被去隐私化处理之后无法确定具体的归属主体，百度公司收集利用的个人数据信息虽具有隐私属性，但不会导致网络用户个人身份对应识别，不符合个人隐私和信息的“可识别性”要求，

---

① 张玉洁：《我国大数据法律定位的学说论争、司法立场与立法规范》，载《政治与法律》2018 年第 10 期。

② 参见刘影、眭纪刚：《日本大数据立法增设“限定提供数据”条款及其对我国的启示》，载《知识产权》2019 年第 4 期。

③ 参见李晓宇：《权利与利益区分视点下数据权益的类型化保护》，载《知识产权》2019 年第 3 期。

④ 张吉豫：《大数据时代中国司法面临的主要挑战与机遇——兼论大数据时代司法对法学研究及人才培养的需求》，载《法制与社会发展》2016 年第 6 期。

⑤ 参见江苏省南京市中级人民法院（2014）宁民终字第 5028 号民事判决书。

因此不构成侵犯隐私权。从该案中可以看出，实践中二审法院规避了个人数据的权属问题，而是赋予企业对去隐私化数据的收集和使用权。在对个人权益与企业权益进行权衡时，首先注重对人格权益的保护，然后会结合当前技术行业的发展现状、公共政策导向、企业与用户之间的服务协议等以及其他案件事实等因素进行判断。与一审法院相比，二审法院并未拘泥于僵硬的法律条文，片面强调个人的隐私权以及企业的义务，而是对案件的各种影响因素分析后进行权益界定。

四、企业数据司法保护中的证据规则体系

在司法实践中，法官不仅要面对法律法规以及法学理论的限制，还要严格履行诉讼程序，同时兼顾司法审判的公正性与效率性。在审判中，事实判断也是一个非常重要的环节，而事实判断的基础是证据链。对证据规则体系进行完善，不仅便于权利人维护自身权益，也有利于提高司法效率，减少司法成本。如前所述，在现有法律制度下企业对企业数据侵权行为的维权成本与举证负担过重。针对大数据时代的企业数据侵权纠纷，法院对证据的收集方式、范围以及采用规则都不应该拘泥于传统证据规则体系，而应适应数据时代发展的步伐。电子数据在案件事实的证明过程中发挥着越发重要的作用，但其真实性、有效性和稳定性却一直受到社会各界的质疑。对企业等数据所有者来说，与书证、物证、证人证言和鉴定意见等证据相比，电子证据在证据链中占据最为重要的位置，而且也更易于获取。但根据我国证据收集规则的现状，证据的收集以“当事人主导”为基本原则，法院只有在申请的情况下才可以调查或者协助调查收集证据，原则上法院没有证据调查与收集的义务。电子证据具有时效性，随时可能因偶然原因或者当事人故意而灭失。电子证据取证具有一定的专业性，当事人很有可能不具有取证能力或者需要付出很大的代价进行取证。现有的证据收集规则对电子证据的收集来说不具备可操作性，并使得举证责任加重。大数据时代，电子数据证据的使用规范亟须进行完善，进而指导司法实践。

在证据收集的一般规则之下，有必要对电子证据的收集规则进行细化。首先，应构建公平接近电子证据的制度，使诉讼双方当事人均能获得充分提供审理所需要的电子证据的能力或渠道；其次，有必要完善证据保全规则，通过证据保全方式提高电子证据的有效性和稳定性；最后，应鼓励第三方社会机构行业的发展，由无利害关系的第三方提供电子证据，理论上电子证据“保管链条”比较

完整，在很大程度上能够保障电子证据的真实可靠性。①

五、企业数据司法保护的对策建议

企业数据保护目前的困境归根结底是由于法律制度不够完善，企业数据权利类型、权利主体具有争议，企业数据的使用权利界限没有明确。法律具有滞后性和稳定性，立法需要相应经验的积累，现阶段立法确实存在困难。面对这种困境，应在司法实践中进行积极探索，积累司法智慧与司法经验，为立法工作提供经验借鉴。

在企业数据保护途径的选择上，应当首先考虑纠纷的类型与本质。企业与企业之间关于企业数据的纠纷实质上是经济利益的冲突，个人与企业之间关于企业数据的纠纷大多则是人格利益与经济利益的冲突。2015 年，国务院发布《促进大数据发展行动纲要》，赋予了大数据作为建设数据强国、提升政府治理能力、推动经济转型升级的战略地位，推动大数据产业健康快速发展，切实保障数据安全对促进产业健康发展的重要作用。与其他保护途径相比，反不正当竞争法一般条款为企业数据提供了最为宽泛的保护范围以及最为便利的适用方式。结合司法审判现状，对于经济利益冲突最为合适的保护途径还是依据反不正当竞争法一般条款进行判断。对于人格利益与经济利益的冲突来说，目前最合理的保护途径还是根据刑法和合同法的规定，在保障个人基本人格权利的前提下，充分尊重当事人的意思自治。

在企业数据与个人数据的利益协调方面，司法实践中应该考虑多元化因素。具体来说，个人对数据产生作出的贡献、个人数据权益受到的损失、企业与用户之间的服务协议、企业为收集和保护数据所付出的成本等，均可以作为司法实践中权益分配的影响性因素。

在证据收集规则方面，司法领域需要敢于进行探索。随着数据时代的发展，电子证据在证据规则体系中发挥越来越重要的作用，对于电子证据的收集与使用规则也应该随之细化与变革。司法领域应充分认识到电子证据的重要性，在取证、保存、出示、审查及认定等方面制定电子数据证据使用规范细则，② 构建科

---

① 参见高波：《从制度到思维：大数据对电子证据收集的影响与应对》，载《大连理工大学学报（社会科学版）》2014 年第 2 期。

② 张吉豫：《大数据时代中国司法面临的主要挑战与机遇——兼论大数据时代司法对法学研究及人才培养的需求》，载《法制与社会发展》2016 年第 6 期。

学的电子证据规则体系，使电子证据得到合法、合理、充分的利用，实现电子证据应有的功能和作用。①

六、结语

大数据时代，数据日益成为企业竞争的核心因素，企业数据的保护也成为一个亟待研究与解决的问题。目前，我国的法律制度对企业数据还未形成明确有效的保障体系，企业数据与个人数据、公共数据的权益复杂交织，在法理上数据的人格性利益与公共利益又优先于数据的财产性利益，使得企业数据的保护受到多方面的限制。面对立法的滞后性以及信息技术的巨大变革，司法系统应发挥其能动性，积极进行尝试，在案例中总结经验，为立法工作贡献司法智慧。

① 樊崇义、李思远：《论电子证据时代的到来》，载《苏州大学学报（哲学社会科学版）》2016年第2期。

企业数据法律保护模式初探

——以不同企业需求为视角

单甜甜*

内容提要：当前，世界已经从依托电子技术和跨国公司组织技术的第三次工业革命向以信息技术和分布式组织技术为依托的第四次工业革命演进，大数据、人工智能、物联网这三个目前最炙手可热的科学技术的迭代发展，在相当大的程度上决定了我国能否在此次工业革命中弯道超车并引领新型工业革命发展方向。在所有第四次工业革命的基础要素中，数据要素是连接第三次工业革命中的信息技术与第四次工业革命的人工智能、物联网的核心构成因素。可以说，第四次工业革命的一半是建立在数据涓滴汇流、分析整合、综合利用基础之上的。数据的形成者包含个人、企业、政府及其他类型的主体，不同数据权益主体对数据保护的法律制度提出新的诉求与变革。本文以企业为对象主体，从不同类型企业的现实需求出发，结合当前司法裁判案例实践，探寻企业数据保护法律模式的可能性。

关键词：大数据　人工智能　数据权益　数据保护　数据主体

一、概念分野：信息与数据的厘清

（一）内涵

尽管信息与数据在很大程度上存在混用而不做区分的情况，并且“众多法学研究者甚至认为，信息与数据的区分无意义，或‘仅区分在于不同的表述角

* 单甜甜，江苏省无锡市中级人民法院知识产权庭员额法官。

度'，因此'约定俗成即可'"。[①] 但是，两者事实上具有不同层级的价值，其在内涵上的分野直接决定了对于不同种类的客体可采取的利用措施及保护手段、保护力度。

数据：[②] 一组表示客观事实的可鉴别的符号。它可以是数字、字符、声音、图形、图像和视频等。在自动控制、计算机和通信技术领域，数据被引申为数字化了的信息，主要是指用二进制数字 0 和 1 所标识的信息。该二进制串所标识的信息可以是数字、字符、符号、声音、图形、图像和视频等信息。有时候特指供计算机、自控装置和通信设备进行处理的原始信息和资料性信息。数据的基本单位是比特。

信息：[③] 通信系统传输和处理的对象。它是构成任何系统的三大要素之一，另外两个要素是物质和能量。信息虽然是无形和抽象的，但它是系统的灵魂。一般意义上，信息是事物运动的状态及其变化的方式；经典意义上的信息，即香农信息论中的信息，常指概率统计信息，可视为"随机不确定性"或"选择自由度"的度量。

（二）区别

从前述定义可以看出两者在适用上存在数据表达信息，两者相互包含的关系，根据国际标准化组织的定义，"信息是关于特定事物的知识，数据是该知识的表现形式，同时数据可被自动化处理"。该定义非但未能帮我们厘清数据与信息之间的区分，反而因为引入了"知识"这一概念要素，增加了外延的含混性。目前主流的信息链理论认为存在"数据—信息—知识—智慧"[④] 的金字塔形框架，这一概念极大地帮助我们区分了这几个要素之间的差别：数据为底座，量非常大；信息的量相较数据要小；数据是非指向性、非结构性的，信息是有指向性和结构性的。"信息论"的创始人香农认为，信息是"消除了的不确定性"，但存在散乱的、非结构性的、多指向性的同时相对隐形的数据，是形成知识和智能

① 韩旭至：《信息权利范畴的模糊性使用及其后果——基于对信息、数据混用的分析》，载《华东政法大学学报》2020 年第 1 期。

② 夏征农、陈至立主编：《大辞海 · 交通卷》，上海辞书出版社 2015 年版。

③ 夏征农、陈至立主编：《大辞海 · 交通卷》，上海辞书出版社 2015 年版。

④ 夏征农、陈至立主编：《大辞海 · 交通卷》，上海辞书出版社 2015 年版。

的原材料[①]。

（三）定性

以上区分并非仅具备语言学上的意义，其概念内涵及外延的分解将直接导致法律语义上陈述保护客体时究竟是指什么，法律想保护什么，以及作为产生数据的主体之一，不同类型的企业究竟应该选择怎样的路径及措施。从目前的学术研究看，对于数据权利性质以及企业数据权属等方面的讨论，已存在诸多学说，包括：客体否定说[②]、企业原始取得说[③]、数据新型财产权（数据资产）说[④]、数据新型财产权说[⑤]、数据知识产权说[⑥]及企业数据权说[⑦]，也有学者将财产权划分类型之后将数据产权定位于与知识产权同类的弱财产权Ⅰ型[⑧]，但诸多学说仍是各自为战，且“有学者在未区分不同类型数据的基础上，将所有种类的数据定性为数据权、数据主权，并给予所有类型数据同样的法律保护。也有少数学者从企业数据角度，论证分析了运用合同法、知识产权法等既有法律保护企业数据存在的不足，并提出以财产权权利路径保护企业数据的设想”。[⑨] 以设置数据权利提供保护的方式同时存在物权法、合同法、知识产权法的可选项，但也受到了如

---

① 参见《吴伯凡认知方法论》，得到APP 2018年8月3日付费课程，2020年10月4日访问。

② 梅夏英：《数据的法律属性及其民法定位》，载《中国社会科学》2016年第9期。

③ 程啸：《论大数据时代的个人数据权利》，载《中国社会科学》2018年第3期。

④ 龙卫球：《数据新型财产权构建及其体系研究》，载《政法论坛》2017年第4期。

⑤ 王融：《关于大数据交易核心法律问题——数据所有权的探讨》，载《大数据》2015年第18期。

⑥ Benjamin Bai：《从知识产权视野看“数据垄断”问题》，“数据时代下的反不正当竞争与反垄断法律问题”研讨会（2017年11月17日，中国社会科学院—上海市人民政府上海研究院主办）。

⑦ 管洪博：《大数据时代企业数据权的构建》，载《社会科学战线·法学新论》2019年第12期。

⑧ 张莉主编：《数据治理与数据安全》，人民邮电出版社2019年版，电子书付费购买，2020年10月2日访问。

⑨ 李扬、李晓宇：《大数据时代企业数据权益的性质界定及其保护模式建构》，载《学海》2019年第4期。

“物权法定原则”“著作权法独创性要求”“竞争法规则不确定性、保护权益转化”[①] 等多重制约。从现有司法实践判例看，涉及数据司法保护的案例主要有大众点评与百度[②]、新浪微博与脉脉[③]、腾讯与抖音、多闪平台[④]等案件，这些案件中反映的司法裁判相同规则主要在于保护付出劳动及其他人力、物力而取得领先或优势地位的企业，并进而维护诚信有序的市场竞争环境。

悬置对于数据权利性质以及企业数据权属等方面的争论，本文按照目前可见数据类案件裁判中反映的一般规则，在现有法律框架下将本文讨论的“企业数据”的权利认可为一种财产性利益，并在此基础上区分企业类型讨论企业对其数据可选择的保护模式。

二、模式选择：现有法律保护的可选项及缺陷

（一）著作权法保护

现下一般观点认为，著作权法保护数据的条文依据主要在于该法第 14 条关于汇编作品的规定，即将企业数据集合作为数据汇编作品从而提供保护。从著作权法的一般原则即可看出该保护方式的局限性：著作权法提供保护的客体是作品，而作品以具备“独创性”为前提；同时，法律保护的是“独创性”本身，而非与独创性无关的资料或材料，这就导致理论上侵权人可以放弃对“独创性”的模仿而直接回归使用数据本身。从这一层面看，著作权法要求的“独创性”保护的是一种形而上之后的“抽象”，这与大数据时代背景下众多原始数据内容本身的形而下的“实质”是不匹配的。

（二）专利法保护

对于以专利模式来保护企业数据，主要体现在为大数据申请计算机程序的专利保护。我国专利法可以对具有鲜明技术属性并解决一定技术问题的大数据运算

① 参见龙卫球：《再论企业数据保护的财产权化路径》，载《东方法学》2018 年第 3 期；徐实：《企业数据保护的知识产权路径及其突破》，载《东方法学》2018 年第 5 期；丁晓东：《论企业数据权益的法律保护——基于数据法律性质的分析》，载《法律科学（西北政法大学学报）》2020 年第 2 期；石丹：《大数据时代数据权属及其保护问题研究》，载《西安交通大学学报（社会科学版）》2018 年第 3 期。

② 上海知识产权法院（2016）沪 73 民终 242 号民事判决书。

③ 北京知识产权法院（2016）京 73 民终 588 号民事判决书。

④ 天津市滨海新区人民法院（2019）津 0116 民初 2091 号民事裁定书。

程序按照方法类专利进行保护，包括特别适用于特定功能的数字计算机设备或数据处理设备或数据处理方法，专门适用特定经营的系统或方法，用于阅读或识别印刷或书写字符或者用于识别图形、程序控制系统，单个组中不包含的装备、设置、电路和系统等。[①] 但是，并不是所有数据程序都能满足专利法“新颖性、实用性及非显而易见性”的要求，从企业的经营实际及目前已有的司法案例看，更多需要保护的也并非是这种可完整表达、清晰界定的独特内容。

（三）竞争法保护

这是目前企业及司法实践中遇到的最多的保护选择方式，其中包含商业秘密保护及反不正当竞争法一般原则的保护。商业秘密保护是一般企业在保护方式中最容易想到及选择的模式，但以实践审判经验看，商业秘密保护并非最好的方式。这是因为，首先，对商业秘密提供保护的前提是相关数据和信息可以构成法律上的“商业秘密”，即满足“非公知性、价值性、实用性、保密性”的要件要求，而实践中企业往往以一种“敝帚自珍”的态度一股脑儿地将企业生产经营中形成的一切内容都当作商业秘密，不但带来众多滥诉的情况，还极大耗费了成本及资源。其次，商业秘密给权利人提供的是一种对抗权，且需以不正当手段取得秘密的使用或披露，或是在已经合法知道后又违背信赖原则而进行的后续披露为前提。[②] 尽管《最高人民法院关于审理侵犯商业秘密民事案件适用法律若干问题的规定》对属于商业秘密的技术信息和经营信息进行了进一步补充和明确，[③] 但是我国《反不正当竞争法》第 9 条载明的侵犯商业秘密行为的手段皆为非法，且明确排除了通过自行开发研制或者反向工程获得被诉侵权信息的行为。最后，严格的商业秘密保护与数据的一般特性不符。数据的基本特征是数据不具有排他性和竞争性，保护企业数据权益应当以促进数据共享为目标，企业数据的合理保护应当有利于促进数据共享。[④]

除了商业秘密保护方式外，审判实践中最常援用的是《反不正当竞争法》第 2 条第 2 款的一般原则条款。该条款要求经营者在生产经营活动中不得实施扰

---

① 徐实：《企业数据保护的知识产权路径及其突破》，载《东方法学》2018 年第 5 期。

② Pamela Samuelson, Information as Property: Do Ruckelshaus and Carpenter Signal a Changing Direction in Information Intellectual Property Law? 38 Cath. U. L. Rev. 365(1989).

③ 《最高人民法院关于审理侵犯商业秘密民事案件适用法律若干问题的规定》第 1 条。

④ 丁晓东：《论企业数据权益的法律保护——基于数据法律性质的分析》，载《法律科学（西北政法大学学报）》2020 年第 2 期。

乱市场竞争秩序，损害其他经营者或者消费者合法权益的行为。因为现行法律体系下并未对数据及信息进行明确的法律性质及权属界定，也因为客观上立法无法对日新月异随时变化的数据算法模式进行全面、预先确定，因此立法将该保护工作交由司法实践进行探索，以激活、使用、解释一般原则条款的方式进行。从现有案例看，前文提到的知名案例都或多或少适用了一般原则条款，将目前无法定义的数据权利转化为最终不同企业间的竞争利益、市场秩序之间的衡平与取舍。这一做法虽然取得了一定突破，但是也面临着缺乏指引裁判的规则刚性、[①] 条款适用具有相当大的不确定性，将数据本身转化为市场竞争秩序请求保护的方式并未起到对数据本身进行保护等多种指摘。这是因为，作为适用该一般原则条款的条件，首先要求经营者对所主张保护的数据信息具有合法权益，通常指经营者在此投入的大量劳动，并因此可依靠该数据获得一定有利竞争地位；其次要求被诉行为具有不正当性，违反诚实信用原则或公认的商业道德；最后要求被诉行为造成了涉及损害，即导致其他竞争者的合法权益受到损害或扰乱了社会经济秩序。

（四）其他法律保护

除上文提到的最为广泛采用的知识产权法律保护模式外，对于数据的保护法律还可以考虑物权法、侵权法、刑法保护，乃至合同法、劳动法保护，但是这些路径的选择也都存在这样或者那样的问题。例如，物权法保护的前提是定义数据的权利类型，物权法保护的是有体物，而数据无体物的体征使其游离在物权法语义之外；同时“物权法定”原则是始终无法回避的拦路虎，将所有数据一股脑儿定义为“新型财产权”显然既不符合前文提到的数据保护原则，又会造成“权利泛化”的危机。刑法的保护虽然是最有效手段，但其效果的严苛性必然要求启动程序的严格性，导致保护效率的下降，同时严格的刑法保护既与刑法的谦抑性相违背，又不利于新创意的自由产生和生长。

三、实践探索：从不同企业的需求出发

在万物互联的大数据时代，数据已经成为企业的重要资产。但是对于保护企业数据而言，学界与实务界所要保护的究竟是企业的数据，还是数据的企业？对于这个问题的答案将直接决定着我们采取什么样的思维模式去理解、指导、规范、保护企业的行为及其产出。尽管司法实践中的案例都体现在“数据的企业”

---

① 丁晓东：《论企业数据权益的法律保护——基于数据法律性质的分析》，载《法律科学（西北政法大学学报）》2020 年第 2 期。

之间的纷争，但是大量非大数据平台企业也具有数据保护的需求。

（一）普通企业

此处的普通企业指除了如百度、阿里巴巴、腾讯、今日头条等先天具有大量数据及相应算法的企业。对于这类企业而言，数据的意义在于从中分析出相应的规律、趋势、可能性，然后指导企业进一步的生产经营；或者总结、归纳、抽象企业已经具有的生产经营模式，从而形成保护竞争优势的壁垒。

1. 发掘可数字化资产。如前文所述数据与信息的区别可见，目前司法实践中的保护对象主要是经由数据抽象提升的信息内容。这就决定了当一个企业不具备数据的时候，其可以说是“裸奔”在这个日益数字化的世界，而没有任何自保手段。因此，发掘企业内部可数字化的资产，将散落在不同环节、流程的人员、经验、做法归纳总结，是普通企业打造自己数据保护模式的第一步。

可数字化的资产包括：销售人员、销售点和分销渠道、产品内容、产品的服务创新、商业合作伙伴网络、品牌、客户知识、组织文化①等。对应法律条款为，《最高人民法院关于审理侵犯商业秘密民事案件适用法律若干问题的规定》第1条所提及的与经营活动有关的创意、管理、销售、财务、计划、样本、招投标材料、客户、数据等信息是可数字化资产的直接表现形式。

如何进行资产数字化，各类专著论述近年来可谓汗牛充栋，本文在此不再详述，但是对于生产规模较小、非以数据产生、获取、利用交易为主要业务形式的企业而言，直接对应法律条款规定进行可数字化资产的发掘是比较简单高效的方式，为之后的数据管理与利用铺平了道路。

2. 管理与利用方式。如前所述，对于普通企业而言，管理与利用自身数据，是直接与有效的方式，主要表现在：一是对应现行《反不正当竞争法》《著作权法》等相关规定，将相应的数据纳入法律既有框架体系，以期争议发生时满足保护要件要求；二是对应现有大数据交易中心的交易模式需求，将已有数据直接进行交易或进行金融融资，从而使沉睡的数据发挥作用，为企业的增长赋能。

---

① 参见拉兹·海飞门、习移山、张晓泉：《数字跃迁：数字化变革的战略与战术》，机械工业出版社·华章图文2020年版，第13章。电子书付费购买，2020年10月5日访问。

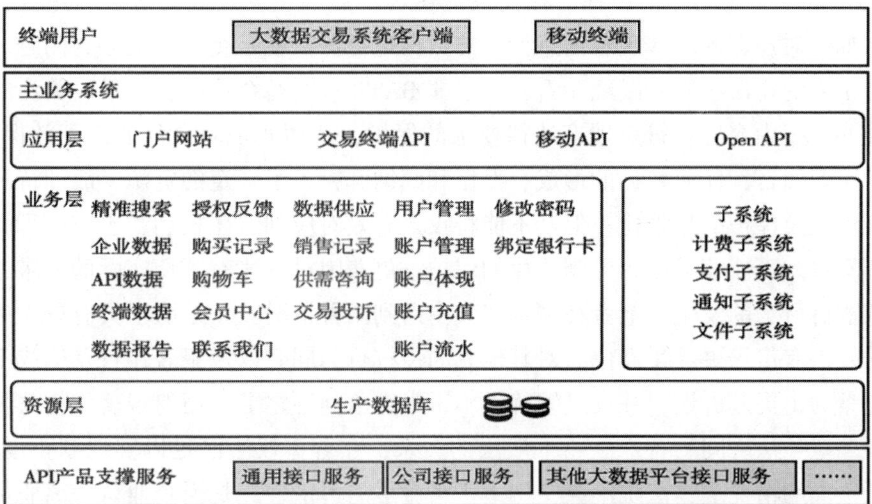

图 1　贵阳大数据交易系统结构（来源：贵阳大数据交易所）①

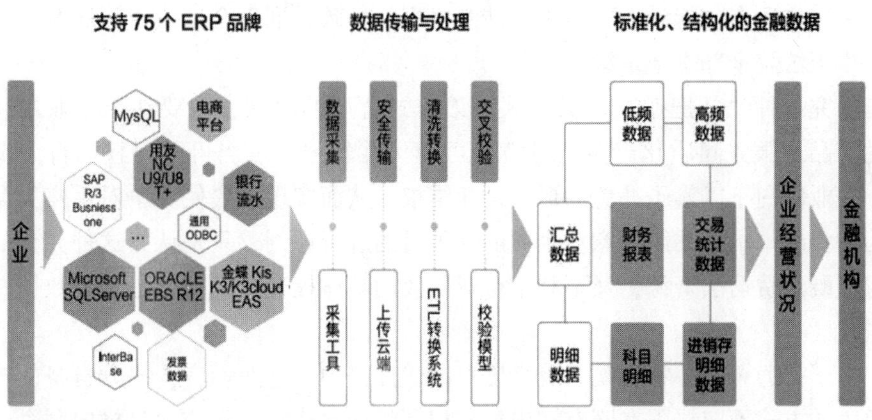

图 2　还原企业经营真相的数据风控平台（来源：《用友企业金融云解决方案》）②

① 参见陈军君主编：《中国大数据应用发展被告（No. 2・2018）》，社会科学文献出版社 2018 年版，B. 3“中国大数据交易发展报告”“三　中国大数据交易竞争格局”。电子书付费购买，2020 年 10 月 5 日访问。

② 参见用友网络科技股份有限公司编著：《企业数字化：目标、路径与实践》，社会科学文献出版社 2019 年版，中篇第 7 章“连接企业场景，数据金融服务”。电子书付费购买，2020 年 10 月 5 日访问。

3. 避免异化的保护选择。在完成上述资产数字化及发掘更多的利用方式之后，如何对现有的、体现着信息价值的数据进行保护就是企业最关心的问题。从笔者个人的司法审判实践经验看，对于非 BATT 数据类企业而言，最应关注的是对核心数据内容进行符合现有法律要求的保护，从而实现对自身的最高效保护。对于企业而言，任何数据的形成、发掘和归纳都投入了一定的资源，故期待利益的最大化及保护的最强化；但其不能将投入有效对应到法律权利，也未能理解并非所有投入都能够且应当受到法律的保护，更兼因对法律有不切实际的渴求，而导致滥诉行为的发生。笔者在审判实践中遇到两种情况：一是为求具有更大威慑效力及占有市场更优生态位，对其他人的侵权行为同时以侵犯著作权及构成不正当竞争为由提起诉讼，并反复缠扰在不正当竞争问题之上，而忽视著作权法及反不正当竞争法之间的特殊法与一般法的关系，在著作权法已足以实现制止侵权、赔偿损失的情况下，法院不会支持不正当竞争的诉请。二是当企业认为离职员工从事与其有竞争关系的行业时，为阻止离职员工的跳槽行为及其后续开展经营活动设置障碍，企业以违反竞业禁止条款、侵害商业秘密、违反董事高管尽职义务等诉由，先后多次起诉离职员工，涉及民事、行政、刑事全部法律程序及基层法院、中级法院全部本地审级。

探究这种“一把抓”的穷尽式诉讼方式背后的原因，主要在于企业之间提供的产品或服务同质化严重、可替代可模仿性较强，故当可能侵权的行为发生时，企业倾向于以狮子扑兔的形式进行维权，从而实现彻底使竞争对手丧失竞争能力的目的。本文在此无意对企业的这种目的进行评判，只是认为这种异化的保护方式既浪费司法资源，又不利于行业质效的整体提升，且对保护核心数据并无助益。

对于普通企业，特别是具有高度可替代性的中小企业而言，提升自身的核心竞争力的方式不应局限在既有知识产权权利的壁垒建立，而应通过横向联合、纵向整合、行业互助的形式，将具有普遍意义的数据进行共享，从而打造关于本行业的整体经营竞争环境生态位的大数据库，并将之进行交易产生红利，从而实现“大河有水小河满”的共赢模式。

（二）数据类企业

此处的数据类企业主要指百度、阿里巴巴、腾讯、今日头条等先天具有大量数据及相应算法的互联网平台型企业，以及其他从事数据收集、整合、封装、分析、交易等商业行为的企业。

从现有案例看，BATT 企业由于处在互联网及大数据行业开发最前端，其在很大程度上是数据特别是新类型数据权益的定义者，也是法律规则解释、创新、制定的推动者。对于这类企业，数据是其立身之本，其对于数据的重视程度和对权利保护的敏感程度都非前文的普通企业可比。虽然受制于现有法律体系对于权利的界定，BATT 企业对于数据、算法的维权最终体现在对反不正当竞争法一般原则的转化适用，但通过这些个案的裁判，法院进一步界定了“扰乱市场竞争秩序”的含义，并且可以说在一定程度上拓展了可主张权利的客体边界。

1. 现行法律框架定义下的财产性权益。前文所述悬置数据权利性质以及企业数据权属等方面的争论是为了能够顺畅进入对于现有可选法律保护模式的考量。对于普通企业而言，讨论数据权利性质并无太大的现实经济意义；对于非 BATT 类企业而言，其所产生及获得的数据通常为原生数据，即不依赖现有数据而产生的数据，是一个从 0 到 1 的过程。尽管这个过程的重要性在一定程度上可以类比为物种多样性保存，但是从目前的商业模式及审判实践看，从数据中真正获得利益的多为对数据进行二次开发的企业。可以说，数据加工在数据的产生和获益之间划下了分界线。二次开发利用数据是指原生数据被存储后，经过算法筛选聚合、加工、计算而形成的系统的、可读取的、有使用价值的数据，即从 1 到 ∫(1) 的过程。[①] 原生数据的价值从数据内容可直观读出，但是大数据时代原生数据的直观性和可读性锐减，纷繁庞杂的数据使直接读取数据中的有价值信息成为几乎不可能完成的任务，因此企业追逐的数据价值基本都体现在衍生数据上，而衍生数据价值的高低则取决于原生数据到衍生数据的聚合、加工、计算的准确程度。[②] 从以上分析很容易理解为何现有司法判决较为一致地支持了数据权益应归属于对其开发、获取付出了成本的企业。

---

① 参见汤春蕾：《数据产业》，复旦大学出版社 2013 年版。

② 张莉主编：《数据治理与数据安全》，人民邮电出版社 2019 年版。电子书付费购买，2020 年 10 月 5 日访问。

案件名称	裁判依据	核心观点
新浪诉脉脉案	《反不正当竞争法》第 2 条	即使未使用破坏性技术或绕开权利人的技术保护措施，他人在未经许可和授权的情况下对网络平台提供方的数据进行抓取和利用行为构成不正当竞争
淘宝诉美景案	《反不正当竞争法》第 2 条	网络运营者对于大数据产品享有独立的竞争性财产性权益
大众点评诉百度案	《反不正当竞争法》第 2 条	未经许可大量完整使用点评信息达到实质替代程度的行为明显造成了对同业竞争者的损害
腾讯诉抖音、多闪案	《反不正当竞争法》第 2 条	禁止第三方 APP 获取使用社交平台用户数据

从现有司法判例既可以明确看出法院在数据利益保护、数据利益分配上的原则观点，从而指导 BATT 类企业在维权诉讼中选择恰当的法律依据和切入点，同时也提示了此类企业在数据使用过程中应注意的边界问题。

2. 强化授权许可使用。对于大型互联网企业而言，授权许可使用是互联网时代的行业惯例和通则，但是企业的逐利特性使其不能避免始终在绕开授权与许可而直接获取的边缘试探。对于此类行为而言，大型数据企业有完备的技术手段及法律途径进行维权，问题的核心可能是在多大程度上事先避免侵权及事后举证的完整性。如笔者审理的“江苏现代快报传媒有限公司、江苏现代快报传媒有限公司无锡分公司诉北京字节跳动科技有限公司等侵害信息网络传播权案”① 中，今日头条平台虽然以“避风港”规则主张不承担赔偿责任，但却无充分证据证明其仅进行设链行为；也未能证明其对链接对象尽到了必要的审查义务，主观上不存在对被控侵权作品的“明知或应知”，故被判决承担侵权责任。该案件的保护对象著作权权属清晰，故法律判断的难点仅在于是否满足“避风港”规则的要件，而随着互联网大数据的发展，更多纠纷可能发生在权利难以界定、权属不够清晰的未知地带，这就要求 BATT 类企业从数据获取的原始端点即满足合法性

① 锡知民初（2015）字第 00219 号民事判决书。

要件，从而才能使后续增值行为取得天然正当性，强化对抗侵权行为的法律能力。

3. 尊重竞争市场秩序。在行业内占据支配地位的 BATT 企业，对于竞争行为应当有一定的容忍限度，毕竟互联网在其诞生之日便具有“免费、共享”的含义，而企业数据利益的保护应当符合“非类型化、正当性与保护必要性”① 三个条件。过度的环境封闭与数据私有，不但不利于数据共享、融通带来的潜在经济利益，而且会使互联互通的网状节点退回到孤立单点的前网络时代，这无疑是违背历史发展规律的。从这个意义上而言，对于衍生数据形成的产品而言，企业可以主张相应的法律保护，但是对于原始数据本身，则应当在授权许可的前提下开展数据共享，同时对同行业企业的行为有一定容忍限度，而不要动辄诉诸法律手段。正如法院在“大众点评诉百度”案的裁判文书中指出：“对于未经许可使用或利用他人劳动成果的行为，不能当然地认定为构成反不正当竞争法意义上的‘搭便车’和‘不劳而获’，使用或利用不受法定权利保护的信息是基本的公共政策，也是一切技术和商业模式创新的基础，否则将在事实上设定了一个‘劳动成果权’。”

四、结语

数据与信息的概念分野到底在何处？阿里云创始人王坚认为，“信息是今天就知道有什么用处的数据，数据是目前还不知道有什么用处的②”。在互联网作为基础设施的今天，大量原生数据构成了我国大数据业态的基础多样性保证。企业作为数据产生及利用的主体，应根据其不同的企业类型及定位发展适合其特征的数据利用及保护模式。对于非以数据为主要经营手段的企业而言，发掘可数字化资产，对其加以符合当下法律权利体系的管理和利用，打造关于本行业的整体经营竞争环境生态位的大数据库，是此类企业数据保护的先决因素。而对于 BATT 类占据行业领先及支配地位的企业而言，目前最有利的企业数据保护方式即通过援引反不正当竞争法，在企业数据尚未有明确定性的前提下，将其竞争优势转化为市场秩序表达，从而让司法审判在个案实务中探索保护方向、保护方式及定性可能性。

---

① 李扬、李晓宇：《大数据时代企业数据权益的性质界定及其保护模式建构》，载《学海》2019 年第 4 期。

② CCTV2，《中国经济大讲堂》，2020 年 10 月 4 日 20:30 播出。

论公知信息集合的可商业秘密性

◎陆　超　宋婉龄*

内容提要：通过公开渠道可以直接获取的信息，经整理、加工、改进而形成的新信息，在符合“价值性”与“保密性”的前提下，则构成商业秘密。公知信息的体系化、个性化、创造性是公知信息向非公知信息“过渡”的边界范围，亦是公知信息集合是否构成商业秘密的基础性事实。

关键词：企业数据　数据库　反不正当竞争

2020年9月10日，《最高人民法院关于审理侵犯商业秘密民事案件适用法律若干问题的规定》（以下简称《商业秘密司法解释》）颁布实施，该解释系首部专门针对商业秘密民事纠纷案件审理的司法解释，其进一步完善了商业秘密纠纷法律适用规则，明确了公知信息与非公知信息的界限范围，补充了公知信息整合为非公知性的呈现方式，为公知信息的集合是否构成商业秘密的判断厘定了裁判依据与标准。

一、“不为公众所知悉”作为商业秘密的判定标准

有学者依据《反不正当竞争法》第9条第4款规定，认为商业秘密的构成要件包括秘密性、价值性和保密措施。[①] 对此，笔者认为将规定中的“不为公众所知悉”概括为非公知性而非秘密性更为妥当。

（一）“非公知性”：相对的“秘密性”

依据《商业秘密司法解释》第3条规定，“权利人请求保护的信息在被诉侵权行为发生时不为所属领域的相关人员普遍知悉或容易获得的”，则属于“不为

* 陆超，无锡市中级人民法院审判员；宋婉龄，无锡市中级人民法院法官助理。

① 参见姚建军：《中国商业秘密保护司法实务》，法律出版社2019年版，第11-38页。

公众所知悉"。秘密，是指故意隐藏，不想让人知道的事情或事物。而非公知，其本意是指不为大众所普遍知悉，不易获得的信息。相较于非公知性，秘密性的表述过于绝对，不能更好地体现出针对特定领域的相关人员，在知悉信息的人员范围和获得信息难易程度上的界限。而商业秘密视野下的非公知信息，是与公知信息相对的，应为一种相对的"秘密性"，其相对性体现在知悉领域、知悉人员和知悉方式等方面。

1. 知悉限度：知悉人员的相对性

"所属领域的相关人员"是对知悉限度、知悉人员范围的有效限定。"商业秘密的非公知性主要体现为知悉人员的相对性和知悉行业的相对性。"① 只有在一定行业领域、一定人员范围内被知晓的信息才能被有效应用，完全的、绝对的秘密性并不能使信息得以有效使用，则该类信息不应属于商业秘密的保护范围。知悉行业主要限定为商业秘密中所涉技术信息或经营信息的归属领域，同一技术领域、营业领域范围内的知悉人员范围是商业秘密非公知性的考察因素之一。

商业秘密所涉及的信息，在使用过程中必须让商业秘密的被许可使用人、负有特定工作任务的人员等知悉、接触，甚至是掌握、应用，才使信息体现其价值和效能。因此，合理范围、合理人员的知晓或者应用，并不会削弱、减损商业秘密信息的非公知性。

2. 知悉广度：知悉范围的相对性

"普遍知悉"是指信息的知悉广度，也即信息的公开范围。能否从公开渠道直接获取相关信息，是判断所涉信息是否属于公知信息的重要标准。汤茂仁法官认为，"考察被告接触或实际知晓商业秘密内容的观点值得商榷，只要某信息已经处于在相关领域内公知的状态，有关范围的人可以合理接触到该信息，世人可以分享或易于获得即可认定该信息不具有秘密性"。② 只要所涉及的某些信息，在相关领域、对于不特定的相关公众予以公开，该领域的大多数人员有通过合法途径、正当方式接触、了解、获得信息的可能性，那么该信息就属于公知信息。但是，如果仅对于特定范围、特定公众进行有限的公开，即使知悉范围在一定程度上相应地扩大了，也并不必然导致非公知性的丧失。

---

① 张玉敏：《知识产权法学》，法律出版社 2011 年版，第 388 页。

② 汤茂仁：《商业秘密民事法律保护研究》，南京师范大学 2013 年博士学位论文。

3. 知悉难度：知悉方式的相对性

“容易获得”既是对获取信息难易程度的判断，也是对知悉信息所付出代价的考量。如果通过公开发表文字、公开演讲、公开使用等方式能够接触到的信息，以及通过一定的联想，而无须付出创造性劳动即能获得的信息，那么该信息就不属于非公知信息。只有那些通过普通的商业渠道、已知的公开渠道无法直接轻易获得的信息；或者获取信息具有一定的难度，需要付出创造性劳动，支付相应的对价才能够获得的信息，才属于非公知性信息。

（二）非公知信息构成商业秘密的判定标准

如前所述，构成商业秘密的信息包括了非公知性、价值性和保密性等要件。只有符合上述三要件的才属于我国相关法律保护的商业秘密范围。

1. 非公知性：区别于其他保护方式的主要特征

商业秘密保护往往是与专利保护相对应的，前者体现的是对非公知信息的保护，后者则是对已公开信息的保护。专利是依法向专利行政主管部门申请，经审查通过而向社会公开的信息，其权属主体特定，权利状态稳定，属于公知的信息，保护强度更高。商业秘密则为不全面公开、不容易获得的特定信息，该信息的权利人并不特定，权利状态也可能随时因信息公开而消灭，其保护成本高，也因知晓人员和知晓程度的不同而呈现不同的保护力度。

2. 价值性：具有应用价值的前提保证

商业秘密的价值性，体现在其具有现实或潜在的商业价值、现在或将来的经济利益以及为权利人所带来的市场竞争优势。价值性与非公知性两者是相互联系、密不可分的，毕竟某信息是该行业所有公众都普遍知悉并容易获得的，则并无必要花费人力、物力和财力对其进行维护和保护。只有具有非公知性的信息才能显现其价值性，权利人才能从同行业的激烈竞争者中脱颖而出，并为其带来现实或潜在的经济利益，享有一定的市场支配优势地位。

3. 保密性：保密意愿与保密措施的有效结合

保密性是指权利人为防止商业秘密泄露，在被诉侵权行为发生前所采取的合理保密措施。所涉保密措施应从主、客观两方面进行分析。权利人主观上的保密意愿是商业秘密保密性的基础；权利人客观上采取的具体保密措施也应与信息内容、信息载体、知悉范围、所涉价值相适应，并与其保密意愿有效结合。保密性与非公知性两者是紧密联系、相辅相成的关系。公知与非公知信息的界限即为向不特定公众公开，权利人只有采取相应、适当、合理的保密措施，才能严守非公知信息的边界，才能保持相对的竞争优势、获取相应的经济利益。

二、公知信息集合的非公知性判断要件

《商业秘密司法解释》第 4 条第 2 款规定："将为公众所知悉的信息进行整理、改进、加工后形成的新信息，符合该规定第三条规定的，应当认定该信息不为公众所知悉"。非公知信息仅需公开即可转变为公知信息，该规定第一次明确了公知信息向非公知信息转变的"渠道"。

（一）通过公开渠道获得信息的非公知性司法判例辨析

最高人民法院《商业秘密司法解释》颁布以前，在判断从公开渠道获取的信息是否具有非公知性，以及是否属于商业秘密时，并无直接具体的法律依据，往往仅能依据"排除法"逐一筛选。本文选取两个典型案例，分析从公开渠道获取的信息中，在何种情况下属于非公知信息。

1. 通过公开渠道可获取的一般信息不构成非公知信息

在"华阳新兴科技（天津）集团有限公司（以下简称华阳公司）诉麦达可尔（天津）科技有限公司（以下简称麦达可尔公司）、王成刚、张红星、刘芳侵害商业秘密纠纷一案"①（以下简称华阳案）中，最高人民法院认为：华阳公司提供的 43 家被侵权客户名单包含日期、单号、货品名称，以及规格、数量、单价、联系方式等客户信息，根据麦达可尔公司提供的证据，涉案 43 家客户信息可以通过网络直接搜索得到，因而不构成商业秘密。由此可见，对于所涉及的客户名单是否构成商业秘密的判定，应当考虑以下相关因素：一方面，在当前网络化快速发展与普及的大环境下，相关信息比较容易获得且相关从业者非常容易知悉；另一方面，所涉及的客户信息大多为一般性罗列，在没有包含客户的具体交易习惯、意思表达等深层次信息情况下，均不属于《反不正当竞争法》保护的商业秘密。

2. 通过对大量数据进行整理、筛选、分类而形成的信息构成非公知信息

在"江苏赛尚新材料科技有限公司（以下简称赛尚公司）诉某商贸公司、许某、邹某侵害经营秘密纠纷案"②（以下简称赛尚案）中，江苏省高级人民法院认为：涉案七家境外客户的联系人、联系电话、电子邮箱、产品型号、交易条件等信息体现了客户的独特交易习惯与意向，赛尚公司也以签订保密协议及设置

---

① 最高人民法院（2019）最高法民再 268 号民事判决书。

② 江苏省高级人民法院（2018）苏民终 1239 号民事判决书。

信息接触权限等方式采取了保密措施，因此涉案客户信息已经构成经营秘密。许某等三被告辩称涉案客户信息可从特易公司查询系统查询得到，属于公知信息。然而，上述特易公司查询系统的信息则是对各国海关公布的数据进行收集、整理而后形成的，海关公布本国进出口贸易相关信息及数据的数量非常大，相关公众想从其中直接找出有针对性的信息相当困难，所以才需要类似特易公司的企业对海关公布的信息进行收集、汇总、查找、筛选、分类，形成一定规模的数据库以供查询，而特易公司并非通过公开渠道向所有公众提供其拥有的信息，相关公众只有通过订立合同并根据使用期限及查询范围支付相应的费用后才可进入查询系统，故该查询系统中的信息本质上仍属于非公知信息。

3. 整理、改进、加工的程度性判断

上述两个案例，在近似的案情下却有着截然相反的裁判结果，但细细分析，两案却并不存在矛盾之处，实质是殊途同归。华阳案与赛尚案所涉及的客户信息看似均是通过公开渠道可以获知的信息，华阳案以涉案信息没有涵盖相关客户的具体交易习惯、意向等深度信息，并能在网络上查询到为由，认定客户名单信息为公知信息，不构成商业秘密；赛尚案则以特易公司对海量的海关信息进行收集、整理并制作成付费方可查询的信息系统，相关公众不进入上述信息系统查询的话，则难以在公开的信息中找到有针对性的信息，据此认定被告从他人处获得的客户信息并非其所称的公知信息，恰恰印证了涉案信息有非公知性。由此可见，公知信息要转化为法律规定的非公知信息，尤其公知信息集合的话，要以《商业秘密司法解释》上述规定中的整理、改进、加工为前提。笔者认为，整理、改进、加工是需要对公知信息进行必要的独创性归纳或“表达”，使其成为新信息，而新信息中应当体现权利人因付出劳动所获得的一定智力成果；并以体系化、个性化的方式进行选择或编排，使公知信息以具有商业价值的信息集合形式呈现出来。只有对公知信息进行一定的整理、改进、加工，使其附加创造性的形式或内容等表现出来的信息集合才可能成为商业秘密保护的客体。

（二）公知信息集合的非公知性“转换”条件

如前所述，《商业秘密司法解释》在公知信息与非公知信息之间以“整理、加工、改进”为基石，架起了一座可自由转变的桥梁。只有经过创造性的劳动，对公知信息进行筛选、编排、整理、改进，才能使其具有非公知性，为同业竞争者带来相对或绝对的竞争优势，并展现相应的商业价值。

1. 整理：体系化的信息集合

“整理”，意为使信息条理有序。随着互联网行业的快速发展，数据流量以及海量信息迎来了爆炸式增长，在海量信息中便捷、快速、高效地搜取所需数据，是“商业战场”上一次次没有硝烟的激烈斗争。体系化的信息集合能使商事主体根据所属行业、所涉门类、所需内容迅速选取合适的信息用于商业经营。各国海关会定期公布各行各业的进出口贸易数据，海关报关单中会展现客户名称、地址、联系方式、货品名称、运输方式等信息，所有人均可通过互联网查询相应信息。但世界上有233个国家和地区，贸易数据的激增、文字语言的壁垒、表达方式的差异，给经营者在查询特定贸易行业、所需特定客户信息时带来极大不便。因此，才催生了如赛尚案中特易公司等咨询、查询公司，在各国海关公布的信息中收集、汇总而形成一定规模的数据库，通过专业查询系统软件实现对特定分类信息进行体系化集合，为商事主体提供较为方便、快捷的信息检索等服务。

2. 加工：个性化的编排方式

“加工”，是介于整理与改进之间，对信息进行筛选、辨别、分类和排序的一种个性化的信息编排方式。人类社会数千年的知识积累，互联网经济下井喷式的数据激增，为我们带来信息查询便利的同时，在大量的原始数据中，不可避免还会存在真假信息需要我们加以辨别。无论是利用大数据分析信息的真实概率，还是利用人工对虚假信息进行有效筛选，都是需要付出大量的人力、物力、财力才能实现的事情。真假信息的筛选与辨别能够防止信息的真假混杂，避免商业主体出现决策失误。通过公开渠道收集来的信息多为初始信息、孤立信息，只有对这些信息依据行业需要、经营需要、技术需要等，按照时间、地域、行业、规模等进行个性化的编排，才能便利不同需求的主体选择有效的信息。

3. 改进：创造性的信息表达

“改进”，意为改变原有信息，使其有所更新与进步。改进相对于整理和加工而言，赋予了更大的独创性，其创造程度更高。有关技术活动经营信息是与公知信息相比，需要具有一定的技术进步或创新。[①] 虽然无论是加工、改进，还是整理，均需要使原公知信息转变为非公知信息，但是整理与加工的创造性往往仅体现在筛选与分类之中，而改进则需要付出相当程度的创造性劳动，使原有信息经过重新表达，赋予新的内涵、意义。比如，依据已公开发明专利的权利要求内

① 参见汤茂仁：《商业秘密中的新颖性标准》，载《人民司法》2013年第21期。

容，替换其中部分步骤、更新其中陈旧方法、优化其中工作方式等改变原有专利，使其随市场需求而有所进步。改进使信息优化更新，固然会使信息由公知转变为非公知，在符合价值性与保密性的基础上，经改进的新信息则属于商业秘密。

三、公知信息集合是否属于商业秘密的判断要点

整理、加工与改进是公知信息向非公知信息转变的“桥梁”，仅仅厘清“桥梁”的边界，尚不足以便于审判实践中关于公知信息集合的可商业秘密性判断，还应通过对商业秘密法定要件的认定规则，认定涉案信息是否构成商业秘密。

（一）时间界限：被诉侵权行为发生时

《商业秘密司法解释》第3条，首次明确了判定信息、数据等是否构成商业秘密的时间为被诉侵权行为发生时。时间的确定既可以避免因侵权行为而导致的信息公开，也可以避免在侵权行为发生后，权利人或商业秘密知悉人自行公开导致的信息公知。被诉侵权行为发生时，不仅是公知信息的判断时间，也是整理、加工、改进所形成的信息完成的时间界限，即完成整理、加工与改进的行为，至少应在被诉侵权行为发生之前，侵权行为发生后，权利人对公知信息所作出的其他调整、更改则不纳入是否属于相关人员普遍知悉和容易获得的考虑范围。

（二）程度界限：“额头上的汗水”与构成要件相结合

有学者认为，对于从公共渠道收集的不具备多少创造性的信息加以保护，是因为权利人为此耗费了人力和财力，花费了“额头上的汗水”。[①] 但实际上“投资多少”并非法律保护商业秘密的条件，“投资效果”才是商业秘密保护的考量。简而言之，单纯地付出时间、精力与金钱去收集、整理，甚至是创造新的信息，并不直接使其成为商业秘密。只有在对公知信息进行一定程度的创造劳动使其不为相关公众所普遍知悉或容易获得，同时又符合商业秘密的价值性与保密性，才受到商业秘密法的保护。在满足商业秘密构成要件的前提下，“持之以恒”的研发与“灵感一现”的创新所获得的信息受到一视同仁的保护。整理、加工与改进，即使付出一定的劳动，花费一定的“汗水”，但这并不是非公知性的构成条件，而应将其与所涉信息的价值性与保密性要件相结合进行综合分析。

---

① 参见李梦圆、奚秋玲、杨哲、张胤雯、王碧云：《客户名单保护司法实践难点探究》，载《知识产权法研究》（第9卷），北京大学出版社2011年版，第93页。

（三）手段界限：采取保密措施是最为重要的要件

无论是从法理还是法律规定的角度，商业信息要得到商业秘密保护，必须具备保密性这一要件，没有了保密措施，信息的非公知状态就是不可持续的。《商业秘密司法解释》第 4 条第 2 款规定，整理、加工、改进的信息要具备第 3 条规定的商业秘密成立要件，才能作为商业秘密获得保护。经过创造性劳动形成的公知信息集合，一般具有一定的商业价值，信息整理、加工、改进者往往会采取一定的措施来限定信息的传播。实践中最常见的这类信息集合是数量庞大、分类整理的数据库，这些数据库中的数据常常不能在公开渠道中取得，而是要通过特定的查询系统才能查询得到，相关公众要接触到这些数据库中的数据，往往需要与数据库拥有者签订相关协议，获得一定权限范围内的授权，并支付与权限相适应的费用。因此，公知信息集合在这种情况下，其保密性要件可以具体分解为封闭性、有偿性这两大特性，案件事实可以印证涉案公知信息集合具备以上特征的，其在商业秘密性方面就具有了肯定的答案。

四、结语

互联网技术带来了海量数据，公知信息数量呈几何倍数增长，《商业秘密司法解释》对公知信息经整理、加工、改进而成的信息集合的非公知性判断条件作出明确规定，有利于适应时代要求，整合信息数据，明确裁判尺度，鼓励创新创造。

反不正当竞争法视角下谈企业数据的保护

◎鄞　芳[*]

内容提要：在司法实践中，反不正当竞争法在处理企业之间数据竞争行为中发挥着不可替代的作用。但从具体适用情形上来看，反不正当竞争法“一般条款”受人青睐，而“互联网专款”则门庭冷落。应该在进一步细化和完善反不正当竞争法“互联网专款”规定的基础上，完善企业对数据的财产权益保护标准。

关键词：企业数据　反不正当竞争法

引　言

在数字经济时代，数据背后蕴藏着巨大的财产价值和竞争利益。近几年，企业之间，尤其是互联网企业之间，对数据资源这一数字经济时代“石油”的争夺愈演愈烈。在对个人数据和隐私保护的基础上，如何保护好企业数据成为企业在谋求自身发展和参与市场竞争之中亟须解决的问题。有学者指出，应当通过立法为企业确立数据新型财产权，[①] 但目前我国尚未形成统一的数据权利体系，即便进行数据权利的构建，其也应当是一种“市场化的法权”。而对于企业间的竞争问题，将其作为一类市场行为放在规范市场行为的反不正当竞争法中去处理，从构建良好市场秩序的角度来促进企业数据的保护，或许是当下现实的最优选择。司法实践中出现的典型司法案例，如“顺丰菜鸟数据案”“大众点评诉百度案”“新浪诉脉脉案”“淘宝诉美景公司案”等，法院在裁判过程中也大多以反不正当竞争法作为其裁判依据。本文通过梳理上述典型案例，分析企业数据适用

---

* 鄞芳，无锡市中级人民法院审判员。

① 参见龙卫球：《再论企业数据保护的财产权化路径》，载《东方法学》2018 年第 3 期。

反不正当竞争法保护的现有困境，并对如何进一步完善企业数据的反不正当竞争法保护提出了建议。

一、企业数据反法保护的典型案例

（一）大众点评诉百度地图案

该案争议的起因在于用户在使用百度地图的位置服务时，将其下拉可以看到在大众点评上商户的评价信息，虽然百度明确注明了其信息来源是大众点评软件，并且设置了链接使得用户可以直接点击进入大众点评页面，但大众点评坚持认为百度的行为属于未付出劳动的行为，该行为直接复制了大众点评的相关评价信息，而该信息对于大众点评来说是其用户使用该软件的主要原因，也是大众点评软件区别于其他软件的核心特征，百度将这些内容直接复制并向搜索位置的用户提供，属于反不正当竞争法中违背诚信原则与商业道德的行为，应当纳入反不正当竞争法的规制范畴当中。

上海知识产权法院认为，在市场竞争秩序中必须坚守“最少、必要”的原则，否则就会影响其他互联网企业对创新和技术的投入，不利于整个产业的健康发展。虽然百度的垂直搜索技术从技术角度来讲具有一定的进步意义，但是从效果上来说，其将相同的用户群体吸引过来，对大众点评用户群体的覆盖率造成影响，破坏市场的公平竞争秩序。点评信息属于大众点评企业核心竞争力的一部分，百度利用垂直搜索的技术搭乘便车，在未付出任何劳动和成本的基础上使用完整的点评信息，很明显违背了反不正当竞争法第 2 条规定的诚实信用和商业道德的要求，应当认定为一种不正当竞争行为。

（二）新浪诉脉脉案

该案争议的引起是由于淘友公司开发的社交软件“脉脉”，不正当抓取了微梦公司旗下软件“新浪微博”的用户信息。在最初微梦公司与淘友公司签订的《开发者协议》中，脉脉可以通过开放平台获取新浪微博用户的部分公开信息，如头像、昵称、性别等。但在后期的合作过程中，微梦公司发现脉脉超出协议范围，不正当抓取了新浪微博用户的职业和教育信息，同时在违背“三项授权原则”的情况下，即在未获得用户和新浪微博平台的同意下不正当地抓取了通讯录与新浪账号的对应关系信息，并提供给脉脉用户使用。

该案的争议焦点最后集中于脉脉软件的数据抓取行为是否具有正当性这一问题。一方面，就用户的职业和教育信息来说，需从两个方面展开讨论。第一，新浪的开放平台对于第三方企业是分级别开放的，即低级别用户仅能获得部分昵称、头像等基础信息，而对于用户的职业和教育信息等极具个人特色，具备高度识别性和刻画性的信息，需第三方企业进一步申请开放高级接口后方能获得。而在《开发者协议》中并未约定向脉脉开放高级接口。因此脉脉获取信息的方式不符合“三项授权原则”的要求，其获取的部分信息不仅要获得平台的同意，同时需要用户的同意，而这两项授权脉脉均未获得，在这个层面上脉脉获得用户的职业和教育信息的行为属于不正当获取数据的行为。第二，需判断脉脉公司行为是不是符合行业的惯例。就互联网行业来说，一般企业基于保持用户粘性的目的，会向第三方软件开放接口，允许使用其账号登录第三方软件，登录的识别性要求第三方软件必须获得部分用户的登录信息。但是，哪些信息属于必须获取的信息，哪些信息属于不必获取的信息，则需参照以往互联网行业形成的惯例进行判断。按照行业惯例，很显然脉脉获取的用户职业和教育信息已然超出了必要的范畴。因此在这个层面上，可认定脉脉的行为是不具有正当性的。另一方面，双方分别邀请了专家辅助人对于脉脉所称“协同过滤算法”进行解释，法院最后认为现有的技术手段不可能达到将新浪用户的信息与脉脉获得的用户通讯录信息进行高精度匹配的程度，对此脉脉无法提供任何有效的证明，也无证据表明新浪用户的数据发生了外泄，因此脉脉需承担举证不能的责任。

该案作为国内数据竞争第一案，具有非常重要的意义，是数据不正当抓取的典型案例。该案确认了企业对数据所享有的财产权益，并确认该项权益应受反不正当竞争法的保护。同时，“本案的典型意义在于：大数据时代，保护用户信息是衡量经营者行为正当性的重要依据，也是反不正当竞争法意义上尊重消费者权益的重要内容”。[①]

（三）淘宝诉美景公司案

“生意参谋”是由阿里巴巴公司开发的一款电商数据分析软件，主要收集淘宝、天猫、阿里巴巴的网络客户使用这些软件时所留下的行为痕迹数据，以自身研发的特定数据处理方式，对原始数据进行深度的分析、过滤、提炼和整合，在经过符合国家规定的匿名化脱敏处理后形成辅助数据，包含预测型、指数型和统计型等多类别的衍生数据，并最终以多种形式展示出来。生意参谋的这些功能为

① 参见《“脉脉”非法抓取使用“新浪微博”用户信息被判不正当竞争》，载中国法院网，https://www.chinacourt.org/article/detail/2016/04/id/1846497.shtml，最后访问时间：2020年10月2日。

淘宝、天猫商家的网店运营提供了较为系统的数据参考，可以有效提高商家的经营能力，实现利润增长。

美景公司旗下运营“咕咕互助平台”和“咕咕生意参谋众筹”两个网站，主要业务为帮助客户进行远程登录“生意参谋”数据平台，获取与淘宝客户一致的大数据信息，并从中收取服务费，尤其重要的是其服务的市场价格仅为淘宝公司的一半左右。

杭州互联网法院认为，“生意参谋”的数据产品系淘宝公司长期运营方能获得的有价信息，为淘宝公司带来商业利益和市场竞争优势，对相关权益享有竞争性财产权益，美景公司直接利用他人成果谋取自身商业利益，属于不正当竞争中的“搭便车”行为。故法院判令美景公司停止侵权，并赔偿淘宝公司遭受的经济损失。

二、反不正当竞争法一般条款的司法适用

（一）互联网不正当竞争中的反不正当竞争法适用

在上述三个案件中，法院都适用了反不正当竞争法的一般条款，即反不正当竞争法第 2 条的相关兜底规定：“经营者在生产经营活动中，应当遵循自愿、平等、公平、诚信的原则，遵守法律和商业道德。”2017 年修订的反不正当竞争法在第二章明确划分了七种不正当的竞争行为，特别是在第 12 条专门规制了互联网不正当竞争行为，以回应互联网的快速发展和层出不穷的案件需求。第 12 条的具体行为，加上原来第 2 条一般条款的兜底性规定，最终形成了对互联网不正当竞争行为从原则性到一般性两个层次的保护效果。

在司法实践中，反不正当竞争法第 2 条一直发挥着不可替代的作用，[①] 特别是专门规定的法律规则尚未明确之前，并引发了不正当竞争行为认定中的违反诚实信用原则和违反公认商业道德原则的讨论。[②] 换言之，即使法律对一个行为没有明确的规定，如果能够认定该行为在经营过程中违反上述两大原则，而使另一

---

① 据相关司法数据显示，截至 2018 年年底，在与互联网相关，援引《反不正当竞争法》进行判决的案件中，约有超过 60%的判决书将一般条款作为判决依据。转引自国瀚文：《中国新“反不正当竞争法”的司法适用——基于“互联网专条”的分析与实践》，载《商业研究》2019 年第 3 期。

② 参见吴峻：《反不正当竞争法一般条款的司法适用模式》，载《法学研究》2016 年第 2 期。

方当事人的经营权益受损，就可以认定为不正当竞争行为。

虽然互联网不正当竞争行为已经被反不正当竞争法作为一大类别予以规制，但伴随着快速的技术更新和产品迭代，核心竞争力的手段和形式日新月异，就无法用传统的产品、服务同质性、可替代性进行竞争关系认定或者侵权行为认定，运用一般条款处理企业之间数据竞争过程中的不正当竞争行为引导企业进行创新和发展尤其重要。因此，当不正当竞争行为在企业间数据竞争过程中延伸，优先的选择是适用第 12 条进行规制，但对超过第 12 条适用范围的，就可以启动一般条款，从而形成复合的规制格局。

（二）一般条款适用中的困境

在不正当竞争法律关系的构成中，竞争关系理应作为司法裁判的逻辑起点，[①] 但《反不正当竞争法》或是相关的司法解释都未对这一重要构成要件进行准确描述，这直接造成了一般条款的适用边界始终未能确定，法院也只能被迫通过扩大“经营者”的认定范围来达到确认竞争关系的目的，或者以损害其他经营者实现自身利益这一结果标准来反向认定竞争关系。

另外，也是一切法律原则面临的共同问题，即不确定性问题，反法既然已经做出了以类型化条款对企业间的竞争进行指引、评价和强制，那么原则性的条款就显得更加没有边界，既无法明确具体的要件构成，也使得责任后果难以预测，间接削弱了司法的正当性。

（三）第 12 条适用中的困境

反不正当竞争法第 12 条被称为“互联网专款”，该条规定：“经营者利用网络从事生产经营活动，应当遵守本法的各项规定。”但该条的适用被援引的频率并不高。有学者统计，截至 2019 年 5 月底，经由在北大法宝、中国判例网、威科先行、无讼、聚法等多个案例资料数据库的检索，仅找到 4 份适用“互联网专款”进行判决的新型不正当竞争案件判决书，其中两份还为同一案件的一审和二审判决书，故仅有 3 个案件适用了该款规定。[②]

首先，法院仍习惯依赖于以第 2 条一般条款为基础的分析思路进行说理，将一般条款运用于互联网新型不正当竞争案件审裁的观念已根深蒂固。

---

① 参见孔祥俊：《论反不正当竞争法中的竞争关系》，载《工商行政管理》1999 年第 19 期。

② 参见陈兵、徐文：《优化〈反不正当竞争法〉一般条款与互联网专条的司法适用》，载《天津法学》2019 年第 3 期。

其次，互联网专款的规定无法涵盖所有类型的互联网新型不正当竞争行为。而且，随着互联网领域日益激烈的竞争环境和技术手段的不断创新发展，反不正当竞争法第 12 条禁止的前三种具体的不正当竞争手段已经开始过时，很多新型技术手段并没有得到体现。比如，在条款的字面表达时过度强调“技术干扰”，诸如链接插入、跳转，软件卸载或是非法修改等，都是通过“技术干扰”让经营者遭受直接损失的。然而，在实际操作中，如数据抓取等行为可能不会对其他运营商的产品、服务直接造成损失，但仍然属于互联网的不正当竞争行为。

在上述“新浪微博诉脉脉案”中，法院指出脉脉在未取得用户同意，也未取得新浪微博授权的情况下，擅自抓取微博平台上的公共数据，进行技术匹配，用以推广自身平台，因此判定脉脉的行为构成不正当竞争。由于此案的出现，法院在司法实践中发展出了一项重要原则，即“三重授权原则”。此条原则指出脉脉要想合法使用微博上的已有数据，不仅要取得用户最初对微博平台数据收集的授权，还要获得微博对脉脉允许其进行收集数据的授权，同时还需要保证用户的知情权，在对微博个人信息进行数据抓取之前，取得用户的直接许可。这意味着除了用户对微博的初始授权和微博对脉脉的授权，第三方企业在微博的开放平台上收集微博用户的部分识别性较高的个人信息时，也需要微博用户知情同意。但该原则至今仍受到争议，有学者指出，严格的数据获取要求可能限制数据的流通和开发，抑制企业创新和数字经济发展，并导致企业运营成本和社会成本的增加等，将这一原则普遍适用于所有数据类型并不妥当，企业间数据获得的规则应根据数据类型的不同而作类型化构建。①

三、反不正当竞争法视角下企业数据保护的完善

（一）注重个人数据的保护

首先必须强调的是，保护企业数据的同时应当注意对个人数据和隐私的保护。企业数据可以从个人数据梳理整合而来，企业通过一定的算法，经过系统整合和深度开发，能够对网络用户数据进行分析、过滤、整合、提炼以及匿名化处理，从而得到经济价值更高的、可视化的衍生类型的数据，如在淘宝与美景公司案中的“生意参谋”。

个人信息保护属于竞争秩序中的竞争杠杆，注重个人信息的保护，不仅对于

① 参见徐伟：《企业数据获取“三重授权原则”反思及类型化构建》，载《交大法学》2019 年第 4 期。

互联网企业树立企业信誉，保证企业在行业中的长期发展意义深远，对于整个竞争秩序的构建，也应当将观察的目光置于“信息自由”与“信息流动”价值的相互作用和动态平衡中。

由于数据竞争的特殊性，数据不仅具有财产价值，在大数据时代，数据保护关系的问题上至国家安全下至个人尊严。对于数据法律制度的构建，完全提倡市场自由的理念，以私法的方式保护是不可行的。但同样完全采取公法的保护模式，或者说进行一味的监管同样是有失偏颇的，因此，对于企业数据保护的问题，介于二者中间的反不正当竞争法保护就显现出其优势，即可以给予市场一定程度的自由和一定程度的规制。

（二）完善企业对数据的财产权益保护标准

企业对数据的加工处理行为，是推动数字经济的主要动力，因此有明晰的财产权益确认标准，有利于保护企业的积极性，也能进一步明确企业的数据利用行为和数据竞争的边界在何处。

一方面，从宏观上看，企业数据体现的是“强财产权弱人格权”属性[①]。这决定了企业数据并不是完全遵循自由利用、自由流通、共享的理念。企业在企业数据制作生产过程中投入成本，未经权利人授权许可，其他同业竞争者不可以随意爬取使用，否则即可能构成侵权和不正当竞争。实践中，企业与企业之间因企业数据的利益分配产生的纠纷，实质上是企业与企业之间关于数据控制权的争夺。为了缓解上述纠纷，平衡个人用户、企业（数据产业者），以及社会公众之间的利益，可以将非商业秘密类型的公开企业数据定性为准公共产品。从而借用知识产权法的合理使用制度、法定许可制度、强制许可制度、公共利益保留制度等，豁免一部分利用企业数据行为的侵权可能性。

另一方面，从微观上看，应当对企业数据的类型做精细化区分，不同类型的企业数据的法律属性不同，保护程度应当也有所区别。比如，在立法中，将基础数据与增值数据进行区分，同时借鉴司法裁判中发展起来的“三项授权原则”。对于基础数据来说，这一类用户识别度极高的数据在第三方企业通过开放平台获取时，不仅需要得到平台企业的同意和授权，而且应当得到个人用户的同意和授权。而对于识别度不高的脱敏数据，其经过企业的处理后，应当认为是企业资产的一部分，因此对于增值数据的获取，仅需得到平台企业的授权即可，无须再取

---

① 参见李扬、李晓宇：《大数据时代企业数据的边界与澄清》，载《福建论坛》2019 年第 11 期。

得个人用户的同意和授权。

（三）进一步细化和完善反不正当竞争法“互联网专款”的规定

应当以开放和发展的眼光规范数据竞争，当前的反不正当竞争法“互联网专款”虽然规定了三类互联网不正当竞争行为，但在技术高速发展的今天，仍然无法满足实践当中的需求，应当根据科学技术的发展和司法实践的经验，在必要时对“互联网专款”进行补充，纳入新的行为类型。

企业数据共享与用户个人信息保护

——以华为与腾讯数据之争为视角

◎李　骏[*]

内容提要：今天，数据日益成为国家基础性战略资源和社会发展的助推器，其作为21世纪的“钻石矿”，数据金矿的价值日益凸显，成为企业、国家赢得竞争的利器和关键。为了更好地利用现有数据，节约收集成本，提高利用效率，各取所需，各展所长，共享数据成为企业最优选择，也成为互联网和大数据发展的必然趋势。但是对于如何共享数据而不损害他人合法利益，特别是防止企业数据共享时违法泄露用户个人信息则成为难题。数据生产者、使用者、拥有者之间的利益互相纠葛、互相争斗、互相妥协，不断引发纠纷。本文从数据、企业数据、用户个人信息等概念出发，将企业数据分为用户自传信息数据、用户遗留信息数据和企业合成信息数据三类，并就这三类数据制定了不同的共享授权管理策略，以求实现企业数据共享与用户个人信息保护之间的平衡。

关键词：企业数据　用户个人信息　共享

一、引言

在大数据环境下，每个人每时每刻都产生着数据，也无时无刻不被数据包围，数据日益成为国家基础性战略资源和社会发展的助推器，“数据金矿”① 的价值日益凸显。拥有雄心壮志的企业都高度重视数据的开发和利用，力求脱胎换

---

* 李骏，无锡市中级人民法院知识产权审判庭审判员。

① 参见黄道丽、何志乐：《欧美数据跨境流动监管立法的“大数据现象”及中国策略》，载《情报杂志》2017 年第 4 期。

骨，成为数据公司。早在2014年，阿里巴巴集团创始人马云就表示，“阿里巴巴从本质上来讲已经成为一家数据公司，淘宝不是为了卖货，而是获得所有零售的数据和制造业的数据；做物流不是为了送包裹，而是把这些数据合在一起”。① 为了更好地节约收集成本，最优化利用现有数据，最大限度提高利用效率，最终实现“各尽所能、各取所需、各展所长”的新时代企业发展模式，共享数据成为企业最优选择，也成为互联网和大数据发展的必然趋势。新兴企业（主要是网络平台或网络服务商，以下统称企业）为了最大限度降低数据收集成本，有针对性地迎合市场需求，他们希望能够在自行收集用户数据的同时，共享其他企业数据，来实现企业数据社会效益和经济效益的最大化，从而可以将有限的精力放在数据分析和数据利用阶段。与此同时，为了确保自身竞争优势，巩固自身市场地位，那些已经拥有海量用户信息的“先行者们”，则热衷于将数据本身转变为可以自由支配的私人财产，赚取超额利润，同时亦力图构建数据鸿沟，拒绝与他人特别是竞争者或潜在竞争者共享数据资源。更有甚者，一些数据拥有者利用自身优势实施“数据极权”，擅自出售其掌握的用户信息谋取私利，或进行大数据杀熟赚取暴利。以上情况的发生，一方面严重损害了用户的合法利益，另一方面也极易形成数据垄断，对数字经济整体健康运行造成不良影响，阻碍新兴行业发展和传统产业转型，严重的甚至会影响现有社会生活方式的转变。数据生产者、使用者、拥有者之间的利益互相纠葛、互相争斗、互相妥协，不断引发纠纷，而华为与腾讯就是其中一场典型的数据战。

二、华为 VS 腾讯数据争议回顾

2016年12月，华为公司与腾讯公司爆发争端，起因是华为公司发布的荣耀Magic手机中所装载的Magic live系统中植入人工智能应用程序，使得人机交互能力得到进一步加强，Magic live系统具有感知能力、分析能力，它可以感知用户所处的环境并理解用户发送消息上下文含义，进而预知用户行为，并通过智慧引擎为用户提供最合适的解决方案，如它可以识别手机用户，并根据聊天内容自动加载聊天内容中所提及位置的具体地址、交通情况、当地天气、周边热门餐厅等，而其收集用户活动信息的来源则包括支付宝、微信、科大讯飞、高德等多个热门应用。腾讯公司认为华为公司此举侵犯其微信用户的生活隐私，从腾讯手中

① 参见马云：《“大数据”：做淘宝不是卖货，而是为了获得数据》，载 https://www.guancha.cn/economy/2014_12_02_302187.shtml，最后访问时间：2020年9月20日。

抢夺数据信息，强烈要求工信部介入此事并作出处理。华为公司在明确否认腾讯公司指控的同时表示，其仅在用户授权的情况下才会记录手机用户的活动信息。华为公司提出任何用户个人信息只属于用户本人，既不属于微信，也不属于荣耀Magic 手机，荣耀 Magic 手机获取信息已经过用户本人明确授权，且只在荣耀Magic 手机上进行处理，并不会上传至任何云端。工信部对此进行调查测试后，并未发现荣耀 Magic 手机有侵犯用户隐私的行为，后工信部对此事件表态："针对此次腾讯和华为在手机新功能上的分歧，我部在用户个人信息保护方面，会依照《电信和互联网用户个人信息保护规定》等有关法律法规，督促企业加强内部管理，自觉规范收集、使用用户个人信息行为，依法保护用户的合法权益。对信息通信企业之间的分歧和纠纷，工信部会依据职责积极组织协调、引导行业自律，为大众创业、万众创新营造良好的市场秩序。"① 这一事件带来三个问题：一是企业数据中用户个人信息的所有权究竟属于用户还是企业；二是企业对外共享其企业数据时，是否必须经过用户同意；三是用户对外授权他人使用其留存于其他企业服务器中的个人信息时，是否需要得到该企业的同意。我们认为，要解决上述疑问，首先必须弄清楚数据、企业数据与用户个人信息等术语的相关概念。

三、数据、企业数据与用户个人信息

（一）数据的概念

数据是个人信息累积到一定量后，因量变而产生质变，最终形成的数字资产，尤其在数字经济背景下生成的数据更是如此。按照国际标准化组织（ISO）和国际电工委员会（IEC）在"信息技术术语"中对数据所作的定义，数据是以适合于沟通、解释或处理的形式化方式重新解释信息的表达。② 可以说，数据是信息的一种表现形式，数据就是以电子化方式存储的信息。③ 前者强调的是形式，而后者强调的则是内容，"数据"与"信息"这两个概念经常出现混用，甚

---

① 《工信部回应华为腾讯数据之争：督促企业规范收集》，载 https://www.sohu.com/a/163262056_114760? _f=index_itnews_0_1，最后访问时间：2017 年 8 月 9 日。

② See Information Technology—Vocabulary, ISO/IEC 2382：2015 (en), 2121272 data, at https://www.iso.org/obp/ui/#iso:std:iso-iec:2382:ed-1:v1:en,last visited:2019-10-08。

③ Everis. Study on data sharing between companies in Europe［R］. European Union, 2018：2, pp. 1-7 (2018) .

至在立法者眼中经常以两者都是以内容为实质对象为由，将其等同对待。其实，两者还是存在一定差别的。数据这种表现形式最大的特点是其往往通过某种编码构成，可以通过特定的设备或者装置进行读取。[①] 更进一步而言，互联网时代下的数据有别于各种纸面统计数据，也不同于以文字、图像或音视频等形式呈现的信息。当下的数据已然具有两个显著特征：一是数据必须依附于特定的载体而存在，常见的数据载体包括服务器、台式机、笔记本、存储器等，如果脱离上述数据载体，数据将不复存在；二是数据往往都是以 0 和 1 二进制的形式存储和显示，但数据所包含的信息需通过物理数据来生成、传输和储存。[②] 我们所讨论的数据既不是物，也不是智力成果或者权利，它既不会因为被某一主体独占，他人亦可自行收集，也不会因为使用而减少或消失，他人亦可重复使用，但是它又具有价值和使用价值。

（二）企业数据的相关概念

1. 企业数据的概念

大数据、人工智能时代下，企业数据是企业运用计算机深度思考与机器学习等方式，对海量原始数据的挑选过滤、计算整合、脱敏处理后得到的二元数据集合，[③] 其中大数据技术是关键。所谓大数据，按照国务院《促进大数据发展行动纲要》的定义，是以容量大、类型多、存取速度快、应用价值高为主要特征的数据集合，其正快速发展为对数量巨大、来源分散、格式多样的数据进行采集、存储和关联分析，从中发现新知识、创造新价值、提升新能力的新一代信息技术和服务业态。[④] 它是一种规模大到在获取、存储、管理、分析方面大大超出了传统数据库软件工具能力范围的数据集合，[⑤] 是一门技术，也是一种工具。企业正是通过借助于大数据这一新兴技术工具，通过云计算和云存储等技术，对其诸多客户的碎片化个人信息予以收集、存储、分析、提炼，从中得出有商业价值的信息资产，最终实现个人信息商业化利用。

---

① 纪海龙：《数据的私法定位与保护》，载《法学研究》2018 年第 6 期。

② 梅夏英：《数据的法律属性及其民法定位》，载《中国社会科学》2016 年第 9 期。

③ 李小玉：《权利与利益区分视点下数据权益的类型化保护》，载《知识产权》2019 年第 3 期。

④ 2015 年 8 月 31 日，国务院国发〔2015〕50 号《促进大数据发展行动纲要》。

⑤ 麦肯锡全球研究所：《大数据：你准备好了吗?》，2013 年。

2. 企业数据的分类

企业数据，虽存储于企业服务器或其可掌控的网络空间，但是其来源并非均属于企业自身对公开信息的收集、分析、提炼和归纳，其中大多数数据来源于企业所服务的用户个人，所以笔者认为，依照数据信息来源和企业对此的处理手段不同，可以把企业数据分为用户自传信息数据、用户遗留信息数据和企业合成信息数据三类。

（1）用户自传信息数据，即指用户在使用企业所提供的网络产品或者服务时自愿主动上传的包含有用户姓名、性别、出生年月日、头像、名称、职业、教育背景、爱好、点赞评论信息等个人信息而生成的数据。用户对于该部分信息数据享有完全的权益，用户对于上述信息会留存于企业服务器内有明确的了解和完全的掌控，其通常可自行添加、修改甚至删除其中相关内容，如注册和注销用户，添加和删除评论等。

（2）用户遗留信息数据，即用户在使用相关网络产品或者服务时遗留的购买记录、浏览记录、搜索记录、地理位置等痕迹信息，经由企业通过特定装置或者技术手段自行采集而生成的数据。用户对于该部分信息数据的掌控力稍弱，它们并非用户主动上传，而是企业主动收集、保存，并且由于企业对于相关信息的采集、保存花费了一定的人力、物力和财力，甚至部分平台或服务商会向服务对象支付补贴或奖励，所以该部分信息虽来源于用户，但平台或服务商对上述信息也应拥有一定的权利，并享有一定的权益。如搜索记录，即便用户在自己的电脑中清除了搜索历史记录，但实际上在企业服务器中还是会有记录保存下来，企业仍可以加以分析和利用，这亦是该部分信息的价值所在。

（3）企业合成信息数据，即企业使用特定算法对其自行从公开途径获取的信息以及其用户自行发布或遗留的信息等内容进行加工、处理、分析和提炼所形成的可读取数据，如金融信用数据、消费偏好数据、运动轨迹数据等。该部分数据主要是企业借助大数据技术，对庞大的、原始的、基本的、散乱的数据信息进行匿名化处理后，切断前述信息数据与用户个人之间的关联，然后再进行分类整合、加工处理所形成的更为直观、更具实用性的数据信息，企业合成数据信息已成为真正意义上的网络数据产品，属于企业的劳动成果，而最初用户对其中的内容和价值则可能所知甚少，对其利用方式更可能是一无所知。

3. 企业数据的保护

近年来，我国互联网与消费领域之间的深度融合越发明显，电子商务、共享经济、移动支付、云计算引领全球，通过互联网、物联网等提供的网络信息商品和服务更是深入生产、生活的各个方面，而平台或服务商带给我们的那些快速、便捷、优质的生产生活体验则大多以获取和利用其企业数据资源为基础。2020年9月22日，阿里“犀牛智造”的横空出世，把服装工业的工艺、技术、经验、知识全部数字化或者软件化，通过阿里巴巴平台上沉淀的消费行为，为淘宝、天猫商家提供时尚趋势预判，借助阿里数字化能力，对传统服装供应链进行柔性化改造，为中小企业提供小单量、多批次、高效高品质的生产选择。[①] 企业数据直接连接生产和销售两头，优化了业务流程，降低了经营成本，提高了服务质量。可以说，企业对用户信息进行合法收集，并投入一定的成本，包括时间成本、人力成本、物力成本、财力成本等，以此获得具有一定商业价值和竞争优势的数据集合，这些数据集合理应得到法律保护，也即平台方对数据享有财产权益。[②]《网络安全法》《民法总则》《民法典》对于数据保护均有明确规定。在司法实践中，我国法院也大都认为企业数据属于网络平台的竞争优势，而经营者对其所拥有的企业数据享有相关权益，进而援引《反不正当竞争法》一般条款将未经许可的抓取企业数据行为认定为不正当竞争行为，从而对企业数据的财产权益加以保护。

4. 企业数据共享

数据共享是指数据控制者将自己所收集的信息与他人进行分享，在数据控制者与分享者之间形成一种合同关系，相对方被称为数据再使用（Data Re-use）方，即那些被授权访问数据的需求方数据共享概念主要是在机构、平台层面上使用。[③] 它指不同机构之间的数据交换。[④] 由于数据共享不仅仅是企业间资产的占有、转移和使用，更涉及其中用户个人信息的收集、存储和利用，以及个人信息权、隐私权等人格权的保护，所以我国法律对其多有规制，如《网络安全法》

---

① 《阿里“新制造”落地，“犀牛工厂”来了!》，载 https://baijiahao.baidu.com/s?id=1678006287270574059&wfr=spider&for=pc，《东方财富网》最后访问日期：2020年9月16日。

② 刁云芸：《涉数据不正当竞争行为的法律规制》，载《知识产权》2019年第12期。

③ 罗洁：《网络开放平台用户隐私权的风险防范研究》，载《理论月刊》2014年第11期。

④ 王利明：《数据共享与个人信息保护》，载《现代法学》2019年第1期。

第 41 条、[①]《民法典》第 111 条[②]等。

(三) 用户个人信息基本理论

1. 用户个人信息的概念

数据是个人信息积累到一定量后形成的数字资产，所以数据经营者所处理利用的数据集合之主要构成部分就是可社会化的个人信息。[③] 由于用户个人信息涉及个人信息权、隐私权等保护问题，大量的数据涉及个人的信息和隐私，甚至涉及个人的敏感信息和核心隐私。[④] 所以各国法律均高度关注用户个人信息的保护，我国亦是如此。我国目前已有多部法律设置专门的条款对其基本概念进行明确，以确定具体保护范围。2013 年《电信和互联网用户个人信息保护规定》第 4 条明确用户个人信息是指电信业务经营者和互联网信息服务提供者在提供服务的过程中收集的用户姓名、出生日期、身份证件号码、住址、电话号码、账号和密码等能够单独或者与其他信息结合识别用户的信息以及用户使用服务的时间、地点等信息。2017 年《网络安全法》第 76 条第（五）项规定，个人信息是指以电子或者其他方式记录的能够单独或者与其他信息结合识别自然人个人身份的各种信息，包括但不限于自然人的姓名、出生日期、身份证件号码、个人生物识别信息、住址、电话号码等。2020 年《民法典》第 1034 条第 2 款则将个人信息定义为以电子或者其他方式记录的能够单独或者与其他信息结合识别特定自然人的各种信息，包括自然人的姓名、出生日期、身份证件号码、生物识别信息、住址、电话号码、电子邮箱、健康信息、行踪信息等。从前述法律规定看，用户个人信息在用户自传信息数据、用户遗留数据和企业合成数据三大类企业数据中均有涉及。

① 参见《网络安全法》第 41 条：网络运营者收集、使用个人信息，应当遵循合法、正当、必要的原则，公开收集、使用规则，明示收集、使用信息的目的、方式和范围，并经被收集者同意。网络运营者不得收集与其提供的服务无关的个人信息，不得违反法律、行政法规的规定和双方的约定收集、使用个人信息，并应当依照法律、行政法规的规定和与用户的约定，处理其保存的个人信息。

② 参见《民法典》第 111 条：自然人的个人信息受法律保护。任何组织和个人需要获取他人个人信息的，应当依法取得并确保信息安全，不得非法收集、使用、加工、传输他人个人信息，不得非法买卖、提供或者公开他人个人信息。

③ 龙卫球：《再论企业数据保护的财产权化路径》，载《东方法学》2018 年第 3 期。

④ Everis. Study on data sharing between companies in Europe[R]. European Union,2018:2.

2. 用户个人信息的价值

如前所述，企业数据具有财产权益和价值，那么企业数据重要组成部分的用户个人信息理所当然也具有价值。首先，企业通过收集用户个人信息，挖掘出用户的消费偏好和个性需求，实施精确画像，准确洞察客户需求，有的放矢，从而可以提供针对性更强、效率更高、效益更好的精准营销和定制服务，甚至潜移默化地影响用户判断和选择；其次，企业可以通过对海量用户个人信息的分析、研判，合理布局经营资本，精准预判市场趋势，有效防范经营风险；最后，企业甚至可以利用其所掌握的用户个人信息与跨行业经营主体进行合作，共享数据，合作共赢，如新浪微博不仅自行收集和使用用户数据，同时也向第三方提供 Open API 数据接口，获取利益。

四、企业数据与用户个人信息

企业数据大多数来源于用户个人信息，那么基于个人信息所生成的企业数据所附加的财产权益应当如何分配，究竟是归属于用户个人还是企业，抑或是由两者共同享有？当前，尽管我国相关立法认可数据权益应当得到法律保护，可是对于用户与企业针对企业数据财产权益如何分配这一基础性问题，或者没有形成统一的立法定论，或者语焉不详。

（一）企业数据财产权益归属

为了激励数据持有人（企业）对于数据的共享、利用，实现物尽其用，能让数据为数据生产者创造价值，同时不给社会增加外部性风险，① 理论界与实务界都主张以私权或“准私权”的方式对数据给予一种绝对权意义上的、具有支配权特征的权利定性。② 但是用户基于在先交易而自觉或不自觉地将个人数据信息提供给企业，这些数据经过脱敏等再加工，在经过大数据技术的提取、分析之后，其原始数据、中间数据产品及其最终数据产品的利用及其收益如何分配，则成为难题。企业对于用户个人信息的使用边界在哪里，目前依然模糊。

我们认为，根据此前对企业数据的分类，用户自传信息数据、用户遗留信息数据和企业合成信息数据因为其各自不同的数据来源，企业在收集、分析过程中人力、物力、财力付出程度的不同和价值大小的不同，该三类数据的法律权益的

---

① 石丹：《大数据时代数据权属及其保护问题研究》，载《西安交通大学学报（社会科学版）》2018 年第 3 期。

② 姚佳：《企业数据的类用准则》，载《清华法学》2019 年第 3 期。

权利主体也应当存在不同。对于用户自传信息数据，由于该数据由用户自己上传，且与个人信息紧密相连，甚至部分属于用户个人隐私，企业仅仅是进行了较为简单的收集和存储工作，所以用户对于该部分数据应当享有完全的财产权益。对于用户遗留信息数据，则由于其是用户和企业共同努力的结果，企业在上述数据形成过程中不仅需要提供一定的软硬件支持，有时还需要支付一定的报酬，用户与企业双方应当平等享有对于该部分数据的财产权益。对于企业合成信息数据，我们认为企业合成信息数据的加工并非源于用户对企业的委托或双方的自愿合作，所以其权益的归属既不能等同于一般物加工而产生的物的归属，也不同于技术开发合同中技术成果的归属。就该部分企业数据的形成过程而言，该部分数据的形成实际上更得益于企业主动对原始数据的加工行为而非用户的上传或者简单的归纳，在企业对于用户个人信息收集、存储、加工和利用的过程中，加工是最为核心、最为重要的一步。无论是对于用户个人信息中个人隐私内容的去标识化、加密、隐藏，还是对其他信息内容的加工挖掘与分析提取，只有将用户自传信息数据、用户遗留信息数据等基础数据中的有效、有益部分转变成企业合成信息数据中更具使用价值和商业价值的新数据，才能最终实现企业数据的权益。有鉴于此，欧盟提出创设“数据生产者权利”的设想，即该权利可以是排他性的财产权，数据生产者有权分配或许可他人使用其数据，并独立于其与第三方之间的合同关系。[①] 京东法律研究院执行院长丁道勤博士也主张，数据处理者享有经个人数据主体同意基于基础数据进行加工编辑分析而产生的增值数据所有权。[②] 所以我们认为企业合成信息数据的财产权益应当归属于企业。

（二）企业数据的使用与保护

数据的价值在于使用，只有物尽其用，才能物有所值，甚至物超所值，企业数据更是如此。如何充分利用企业数据成为目前最火热的课题之一。在企业正当使用各类企业数据增强竞争实力、获取竞争优势、抢占市场份额的同时，企业数据“地下利用”和“黑产”[③] 也日益猖獗，多场数据争夺战更是成为舆论的焦点。“我的信息谁做主”成为民众最大的困惑，“谁在买我的信息”则成为民众最大的疑问，而“保护好我的信息”则成为民众最大的诉求。以往对于数据使

---

① 王融、余春芳：《迷雾中的新航向 2018 年数据保护政策年度观察 3：趋势展望》(2019-01-30)，微信公众号：腾讯研究院。

② 丁道勤：《基础数据与增值数据的二元划分》，载《财经法学》2017 年第 2 期。

③ 刘权、李东格：《网络黑产：从暗涌到奔流》，载《互联网经济》2018 年第 6 期。

用和保护的实践，多数人秉承数据权属应追溯至来源主体的惯性思维，习惯于“我的东西我做主”，法学家们也希望从保护公民隐私和敏感信息出发，力求通过立法给予用户最强的保护以确保民众利益、消除民众困惑、促进数据产业健康发展。很多法律人士希望以用户隐私权、知情权、自决权、被遗忘权、可携带权、转移权和专有访问权等权利形式构建法律对用户、用户信息及其产生数据的严密保护网，但是这些纸面上的权利却常常成为镜花雪月，遭遇现实的尴尬。首先，企业极易通过预先设置网络服务条款的方式使得用户在不知不觉间放弃或者让渡上述权利，现实中几乎没有用户会仔细研究平台网络服务合同中的具体条款，更不用说对其中具体条款提出异议，企业甚至经常通过一定的技术手段，使得用户为了接受后续服务而只能同意网络服务条款；其次，即便是在企业明确告知将对用户信息进行商业利用的情况下，由于自我保护意识淡薄，多数用户为了享受网络便捷服务或部分经济利益，也会自愿放弃上述部分权利，诚如百度公司董事长兼首席执行官李彦宏所指出的“中国的消费者在隐私保护的前提下，很多时候是愿意以一定的个人数据授权使用，去换取更加便捷的服务”；① 再次，由于上述权利多停留在理论研究阶段，用户真正行使上述权利缺乏明确的法律依据，而且一旦发生侵权，由于大量证据为企业所掌握，用户也难以举证证明自身权利受到侵害；最后，对于用户个人数据的诸多保护，在实践中往往会成为数据大鳄独占数据、拒绝共享的借口，这并不利于整个数据产业的健康发展，极易形成一家独大，造成数据垄断。

1. 数据共享的授权原则

我们认为，企业对外共享其拥有的企业数据时，除应当遵守法律法规等强制性规定所明确的“合法、正当、必要”② 等原则外，还应当遵守以下原则：

（1）双重原则，即用户对于数据共享收集的授权不等于对于数据共享的授权。用户对于其个人信息享有绝对的支配权，其个人信息特别是隐私信息的收集、利用均应当得到用户的授权同意，否则就是法律所禁止的行为。同样，用户对其个人信息的支配权当然涵盖收集之后的共享阶段，用户同意企业收集其个人

---

① 李彦宏：《中国经济的新动能》，2018 年中国发展高层论坛演讲，2018 年 3 月 26 日。

② 参见《民法典》第 1035 条，处理个人信息的，应当遵循合法、正当、必要原则，不得过度处理，并符合下列条件：（一）征得该自然人或者其监护人同意，但是法律、行政法规另有规定的除外；（二）公开处理信息的规则；（三）明示处理信息的目的、方式和范围；（四）不违反法律、行政法规的规定和双方的约定。个人信息的处理包括个人信息的收集、存储、使用、加工、传输、提供、公开等。

信息并不当然意味着其也同意企业可以对外共享该信息，企业对外共享涉用户个人信息数据时仍必须再次获得用户授权。

（2）明示原则，即用户对于与其个人信息密切相关的信息数据对外共享的授权应当是明示，而不能是默示。在《消费者权益保护法》第 29 条、《网络安全法》第 41 条以及此后的《民法典》第 1035 条中有关个人信息保护的法律规定中，均明确处理个人信息除应当遵循合法、正当、必要原则外，还明确应当明示处理信息的目的、方式和范围，所以企业在共享用户自传信息数据或用户遗留信息数据时，如从其信息数据内容看仍与用户个人密切相关，则该共享行为应当获得用户的授权同意的，其同意方式应当是明示，用户在企业确定的某一段特定时间内未提出异议不能视为用户同意企业对外共享数据。

（3）脱敏原则，即除用户主动授权外，企业对外共享企业数据前应当对其中的用户个人信息进行脱敏处理。鉴于个人信息与用户人格利益之间的紧密联系，一旦用户信息未经脱敏即被对外共享，即便用户同意共享，但是由于现代大数据技术的发展，通过信息数据对用户形象的描述可能越来越精确，未经脱敏的信息数据对外授权极有可能造成用户对其包括隐私在内的个人信息的失控，从而给用户带来难以想象的不良影响。所以脱敏处理应当是企业数据对外授权的前提，除非用户本人明确同意，否则未经脱敏数据信息不应成为数据共享的对象。

（4）法定原则，即企业网络服务合同、隐私合同中格式条款的内容应由法律作出必要的限定和规范，避免企业通过提前设置权利义务关系，规避用户共享与否的选择权和决定权。互联网企业可能会利用其经营、技术上的优势地位，通过格式条款的形式设定不利于保护用户隐私、个人信息等的数据共享条款，[①] 他们通常在合同中夹带私活，增添概括性授权的内容，将对外共享数据的授权从用户最初接受服务时就全部或部分转移至企业手中，而用户对其条款内容及其后果却往往并不知晓，难以用企业未经其授权对外共享其个人信息数据给其造成损害为由主张赔偿，需要加以限制和禁止。

（5）预期原则，即企业通过共享获得他人信息数据时，其对于所获信息数据的使用目的应当符合用户作出同意共享时的合理预期。数据产业的发展应当以

---

① 项定宜、申建平：《个人信息商业利用同意要件研究——以个人信息类型化为视角》，载《北方法学》2017 年第 5 期。

尊重个人的隐私、信息自决为基础，确保每个人不受网络上各种信息的不当影响，[①] 并使其个人在私生活的领域内获得自主发展其个性人格的可能应是其发展目标，所以对于共享数据的使用应当是为了提高用户的工作效益、生活品质和便捷性，而非是在用户不知情的情况下对其个人选择进行有目的的诱导、干涉。如据报道，脸书软件将5000多万网民的信息泄露给英国的一家名为“剑桥分析”的数据分析公司，该公司利用大数据分析技术，对选民进行精准的信息投递，影响选民的决策，从而帮助特朗普在选举中胜出。[②] 该公司对于从脸书所获得信息的使用以干涉选民决策为目的，明显超出了用户授权的预期，损害了用户的根本权利。

2. 用户对企业数据共享的授权

我们认为，随着大数据技术的普及，数据经济的未来在于共享，企业数据的价值也在于共享，促进数据共享、保护用户权利、尊重各方付出、增强整体实力应当成为企业数据利用中追求的目标和应当遵守的基本原则。对于企业数据的具体使用和收益，应当执两用中、因事制宜，绝不能一概而论、混为一谈。企业数据中用户自传信息数据、用户遗留信息数据和企业合成信息数据三类各自来源不同、特点不同、加工程度不同，用户在企业对外共享时的权限和制约力度也应当有所不同。

（1）用户自传信息数据，由于该部分信息数据的权利属于用户，所以用户不仅有权自行上传该部分信息数据，也应当有权将该部分数据授权给其他企业使用，原收集企业除保护自身数据库安全这一理由外，不应阻止其他企业经用户授权而获取数据的行为。同时，企业如确需对外共享该部分数据，应当获得用户的明确授权同意，且这种同意应当是明示而非默示，其共享所获收益中的部分也应当属于用户所有。

（2）用户遗留信息数据，由于该部分信息数据的权利属于用户和企业共同共有，而用户一般难以自行将该部分数据从整个企业数据中区分出来，所以实践中有能力将该部分信息数据共享给其他企业使用的多是原收集企业，但是企业对于用户遗留信息数据的共享应当区分情况。在企业已对用户遗留信息数据完成脱

① Paul Bernal. Internet Privacy Rights: Rights to Protect Autonomy[M]. Cambridge University Press, 2014: 29-30.

② 张玉洁：《论人工智能时代的机器人权利及其风险规制》，载《东方法学》2017年第6期。

敏处理，该部分信息已无法与用户个人身份建立直接联系的情况下，企业可自行决定共享对象；如该部分信息数据并未完成脱敏处理，则企业在对外共享前还是必须经过用户明示的授权同意。同时，该部分信息数据的共享收益中也应当有部分属于用户，只是其比例可以适当小于共享用户自传信息的分配比例。

（3）企业合成信息数据，由于该部分信息数据的形成得益于企业对于大数据技术的运用和人力、物力、财力的付出，属于企业数据中的核心资产，其权利应当归属于企业。该部分信息数据在经过脱敏处理后，外人已经无法识别该部分信息数据中的信息提供主体，阻断了相关信息和用户之间的关联，共享障碍已经消除，共享行为对用户的信息安全和隐私保密性均不会造成威胁或侵害，所以企业对于该部分信息数据的共享应当无须再以得到用户的授权同意为前提，其拥有完整的处分权和收益权。

3. 强化对企业数据中用户个人信息保护的途径

（1）明确收集范围。用户个人信息包含诸多内容，其中可能有部分信息对收集者并不重要，而对于被共享者则是“金矿”，该部分信息则会成为收集者们可以转手牟利变现的数码资产。收集者在收集用户个人信息时通常力求多多益善，以便此后更大范围地对外共享获利，甚至被共享者出于利益最大化考虑，也会热衷于再次对外共享企业数据，从而造成用户个人信息扩散范围的进一步扩大，所以我们认为收集者在收集用户信息时应当明确其所需收集个人信息的具体范围，对于与其业务无关的个人信息，应当禁止其收集、存储。

（2）区分数据类型。我们既然将企业数据区分为用户自传信息数据、用户遗留信息数据和企业合成信息数据三类，并明确不同的共享许可授权主体，那么与之相对应的就是企业作为收集者和控制者，对该三类数据所应采取的保护措施亦应当有所不同。企业负有保护个人信息和隐私的责任，其有义务、有能力也有动机对其所掌握的用户个人信息进行保护，但其也有意愿对外共享企业数据以赚取收益，而适当对企业信息进行区分，如企业在三类信息数据之间建立数字隔离墙，分别存储于不同的服务器，这样既可确保企业在自行确定对外实施共享时不会因过失而泄露用户重要信息，也可以督促对企业合成信息数据施以更加完备的保护，另外也能避免他人在获得用户授权许可的情况下收集用户个人信息的同时不可避免地抓取到企业合成信息数据。

（3）强化脱敏技术。敏感个人信息以外的个人信息与用户隐私和个人信息之间的关联程度较低，旁人难以通过脱敏后的信息数据直接追溯至某一个具体的用户个人。在此基础上企业共享数据行为对用户的影响就会相对较小，其一旦失控给用户造成的风险也就更小。所以，成熟、完善、先进的脱敏技术是在促进数据产业发展、发挥数据价值、保护用户信息三者之间实现平衡的基础和保障。

（4）规范格式条款。实践中，我们在安装使用大部分软件时，通常会面临是否同意网络服务协议和隐私协议的选择，拒绝勾选则后续安装或使用服务根本无法完成，大家往往只能被动接受企业所提前确定的格式条款。这些格式条款又往往涉及数据共享方面的内容，所以我们认为，一方面，国家有关主管部门对于该部分企业网络服务协议和隐私协议中的格式条款的合法性应进行事先审查，对于其中过分增加用户负担、剥夺用户选择权、过度减轻企业责任的条款进行否决并责令修改，也可以通过制定示范条款的方式予以正确引导。另一方面，法律应当要求企业将共享条款单独成列，并提示该条款的内容，同时也赋予用户否定共享条款但仍可享受企业服务的权利，杜绝将授权企业共享数据捆绑接受企业服务的情况发生。

五、结语

人类历史上每一次重大科技的变革，往往会带来交易模式上的创新，并衍生出利益冲突与制度需求，① 大数据时代更是如此。华为与腾讯数据之争，从表面看是共享者与收集者对于用户个人信息的争夺，实质则是用户对其个人信息共享权以及企业对企业数据共享权的争夺，更是不同企业对用户个人信息控制权的争夺。在大数据成为新兴经济资源的背景下，数据价值不容忽视，可以说“得数据者得天下”，如何构建用户个人信息大数据共享交易中的授权机制和利益分享机制，如何明确规定能够用来共享的数据内容和类型，对实现保护用户个人信息与企业正当交易权利之间的利益平衡，促进数据合法流动与共享，保证数字经济健康发展，实现数据之于人类社会发展的更大价值，尤为重要，更不可有丝毫懈怠。

① 郑观：《个人信息对价化及其基本制度构建》，载《中外法学》2019 年第 2 期。

企业数据保护路径探析

◎潘志江　李　浩*

内容提要：随着互联网技术的发展，大数据已经突破信息的范畴，而日益成为一类重要社会资源。同时，数据的收集、存储、管理、处理、挖掘、分析主体不再限于政府机构，许多在互联网浪潮中崛起的企业纷纷加入其中，所整合的数据成为提升企业服务质量、扩大经营规模、提高公司营业利润的基础资源，因其具有很高的经济价值，许多数据及其衍生品也成为交易对象。与此同时，市场上针对企业数据的各类侵权高发，虽然也形成了一些保护案例，但在全国范围内并未形成一致的保护方式。大数据具有公共利益的属性，企业数据的利用也很难实现排他使用，仅靠企业的力量很难排除他人使用自己的数据。另外，一方使用数据衍生品并不影响其他主体对同一数据的使用，这就意味着如果保护不彻底，企业很难独自享有靠自己劳动所得的收益，而其他主体能够以极低的成本共享收益。长此以往，企业不会再有创造热情，数据的收集、整理、利用也会陷入“公地悲哀”。为了有效解决这个问题，法律应当把企业数据纳入权利保护的客体，对数据控制者的合法权利进行保护。对企业数据进行全方位保护，有利于实现数据资源的价值，加大对企业主体权利保护的力度，实现数据资源被长期有效地开发利用，保障数据的流通，促进数据产业的发展，从而实现信息社会的进步。

关键词：企业数据　司法保护　数据权利

一、企业数据概念分析

目前对于数据从产生及运用的主体来看，大体分为三类：第一类是个人在自

* 潘志江，无锡市中级人民法院民一庭庭长；李浩，无锡市中级人民法院知识产权庭法官助理。

己的生产生活中所产生的数据，这也是目前大数据最主要的组成部分，社会各个主体成为数据的主要供给方；第二类是企业在生产经营过程中产生的数据以及收集的数据，相当多的互联网企业或者从事大量社会服务的企业，在提供服务的同时不断地收集个人或者企业的相关数据，并对数据进行整合分析；第三类是政府各机构在进行社会治理过程中形成的以及收集的数据。本文讨论的是第二类数据，即企业数据。

企业数据主要有以下几个特点：（1）瞬时性，数据的产生时间短，在行为开始的同时产生数据痕迹，并且随着行为的进行，数据也不断及时更新。（2）非排他性，在数据收集平台或者其他平台首次使用数据后，并不影响其后主体再次使用数据，数据也不存在有体物使用过程中效能损耗的问题。（3）单一数据的多归属性，个人用户在浏览网站或者使用各种软件时都会留下相同的个人信息，这些信息的表征相同，但由于来自不同的网站，其归属具有多重性；企业用户也同样会在不同的平台留下基本相同的信息。（4）数据衍生品的专属性，企业作为整体数据的收集者，对于该类数据是否享有所有权目前并无定论，但其可以被认定为整体数据的控制主体，企业通过合法的途径收集、加工数据，其通过技术手段对数据进行匿名化处理，对处理后得出的相关数据产品应当享有专有权利。（5）价值性，企业数据往往把碎片化的、无序的数据进行加工整合，成为企业经营发展过程中有利的竞争资源，企业往往在此投入了大量的成本，该资源就像石油一样，可以根据使用者的需要提炼出不同的产品，往往不同行业的企业，针对同一份基础数据，可以根据其需求得到不同的数据衍生品，这些企业往往没有收集数据的雄厚资金，其基于成本考虑，会向数据控制者购买相关数据衍生品，或者各数据收集企业进行数据共享，这些数据的集合以及数据集合的衍生品往往蕴含着巨大的商业价值。

企业数据主要体现为以下内容，一是企业数据由企业所生成，二是企业享有因企业数据或数据衍生品产生的权益。第一，企业数据由企业生成，生成企业数据的数据分为两种：一种是企业本身的数据；另一种是非企业本身的其他数据。企业本身的数据是指企业财务数据、运营数据以及人力资源数据等企业自身生成的数据，非企业本身的其他数据则包括其在经营过程中所收集的除企业本身数据以外的各类数据。但就作为企业数据的获取途径和相关的获取行为实施主体而言，企业数据包括原始数据的集合或通过对原始数据的加工处理而获得的数据衍生品。企业数据衍生品的加工处理具体是指企业对来源于个人的数据、来源于企业本身的数据以及来源于其他组织的数据进行收集整理、过滤分析、提炼整合的过程。因此，企业数据由企业生成。第二，企业享有因企业数据或数据衍生品产生的权益。企业数据及其衍生品是企业的劳动成果。在欧洲启蒙运动时期，洛克提出了劳动赋权理论，其强调个体的劳动是财产权赋权最本质的原因。在目前的大数据时代，劳动赋权理论也在不断地发展和修正，以适应时代的需求。人类对财产的认识也从有形资产扩展到像知识产权一样的无形资产，数据资源作为一种社会资源，可以被人们控制并利用，满足财产取得前提，大数据价值生成的过程是人类无差别劳动的过程。企业对企业数据所享有的权益首先体现在对该劳动成果的保护之上，该权益的具体表现形式就是企业得以保护劳动成果不受损害。综上所述，企业数据指的是企业等权利主体将来源不同的数据进行收集整理、过滤分析、提炼整合之后所得到的能够进行交易流动并满足市场主体特定需求的数据或者数据集合体，企业对这种数据集合体享有保护其不受损害以及收取对价的权益。

二、企业数据的价值体现

前文已提到，大数据的收集及分析能力已经成为一个企业甚至是一个国家的核心力量，我国拥有世界上最为庞大的人口基数，移动通信以及互联网的普及已经让人们接入世界网络，成为大数据的有效提供者。目前，许多企业将在我国得出的数据分析结论应用在国际市场的开拓中，效果显著，加强对企业数据的权利保护，具有非常现实的意义。

（一）有利于提升企业数据产权的竞争力

企业在收集、加工、处理等一系列形成数据及其衍生品的过程中，不可避免地付出了高额的成本与劳动，企业的收集、分析、运用数据促进了数据产业的发展。因此，需要对企业的数据权利加以保护。相反，由于数据本身非排他性的特点，数据集合及数据衍生品形成之后很难禁止他人使用，而且数据的复制成本极低，如果不对企业的数据权加以法律上的保护，企业数据极易被其他主体无偿使用，这不符合公平正义原则和商业道德。因此，有必要对企业的数据权加以保护，包括制定权利规则、排除他人侵害以及事后救济途径。长此以往，数据权利得到有效的保障，企业才能有足够的动力进行数据收集以及创造分析，才能形成良性的商业竞争关系。数据产权的健康发展依托于法律保护路径的设置与完善。在大规模地收集、处理、分析数据的整个过程中，企业经营者都需要明确权利行使的界限与范围。

(二) 有利于形成企业数据交易规则

大数据的价值在于信息的收集与分析，大规模汇集数据信息，在共享的过程中不断增加新的信息，数据的附加值将不断提升。而数据的开放与共享需要明晰数据权利变动规则。重视企业数据的商业价值，制定数据产权变动规则有利于数据企业之间进行数据交易，完成数据资产的变动。数据权利变动规则制定的前提是明确企业数据权利的界定与具体权能。企业数据在流转与变动中实现更高的价值，企业数据控制者也因数据的流通而受益，进而实现双赢。在实践中，企业不断开发新的数据衍生品，以求在市场中占据有利的竞争优势，而数据衍生品也成为热门的商品进行商业交易。我国已经成立了数个数据交易所，形成了较为成熟的交易规则与交易流程，数据衍生品正在成为越来越重要的商业资源，也成为数据控制企业重要的收入来源。对数据产业的发展来说，数据权利的厘清是进行交易或者转让的前提条件，也是数据市场长期发展的前提。

(三) 有利于实现数据大国向数据强国的迈进

数字经济时代，国家之间、企业之间对数据资源的争夺日益激烈，数据主权面临严重挑战。目前，美国实行宽松的数据跨境流动政策，并在全球推行数据自由理念，维护其霸权地位；欧盟通过白名单制度、标准合同、具有约束力的企业规章制度等设置非常严格的使用措施。习近平总书记在致大数据产业博览会的贺信中指出，要把握好大数据发展的重要机遇，促进大数据产业健康发展，共同推动构建人类命运共同体。互联互通已经在全球范围内实现，战略发展目标应当长远。数字技术已经融入社会生活的各个方面，不仅对人们的生活方式产生影响，还对整个社会乃至整个国家产生重大影响。在全球范围内，数字技术的应用已经非常广泛，而数据是数字技术应用的基础，哪个国家拥有更多的数据资源，哪个国家就在数字竞争中占据有利地位。我国人口众多，互联互通基础设施完善，形成的数据信息规模庞大，数据产业日趋成熟，数据大国的地位早已确立。现阶段，发展数据技术，更加有效、科学、彻底地运用基础数据，从数据大国迈向数据强国是最新的发展目标。值得注意的是，企业数据权利的界定以及具体权能的确定是实现这一目标的前提和依据，也是实现该目标的重要组成部分。完善数据权利保护制度、构建大数据交易体制机制是实现由数据大国向数据强国迈进必须解决的重要理论问题。

三、企业数据司法保护存在的问题

（一）企业数据权利属性不明确

在理论实践中，大家对于企业数据财产属性具有普遍共识，但是对于该财产属性到底归属何种财产权并不能达成一致意见。目前主要有以下四种意见。

1. 企业数据权利属于所有权的一种。提出该类主张的学者认为，数据控制者对所控制的数据享有占有、使用、收益和处分的权利，要让数据能够在大数据时代充分流转，所有权是流转的前提。该类学说的理论依据是企业数据具有财产属性，所有权可将财产权利作为客体，该财产权利就体现在企业数据所蕴含的经济价值上。虽然物权法的客体指动产和不动产，但并不意味着权利不能作为物权的客体。[①] 知识产权的客体就是权利，这是一个有力论证。

2. 企业数据权利应当作为知识产权的一种。有学者认为，企业数据及其衍生产品属于智力创造成果，应当受到知识产权的保护。首先，企业数据衍生产品是对原始数据集合的整合、分类、加工，这个过程就是智力劳动的一种方式；其次，企业数据衍生产品虽然不是有体物品，但它是智力劳动的一种成果，属于智力成果；再次，企业数据衍生产品不具有公开性，即生成最终成果前外界是并不知悉的；[②] 最后，虽然企业数据与传统知识产权有明显不同，该种观点主张在知识产权保护项下建立数据专有权，不需具备创造性，即可获得权利保护。

3. 企业数据权利属于债权的一种。该种观点有以下四点意见支撑：一是数据不是民事权利的客体，因为其不具备独立性、特定性，也不符合无形物的定义；二是数据自身无价值，不能交易，因为目前数据所体现的经济价值本质上是信息的价值，并且其想进行资产化还需借助数据安全的技术举措；三是企业数据交易应定性为数据服务合同；四是数据权利化难以实现，因为数据主体具有不确定性、外部性，以及缺乏垄断性。[③]

4. 企业数据应作为一种新型权利即数据产权。该观点认为，数据产权是企业数据控制人对数据财产直接控制和支配的权利，其同物权中的所有权类似，都

---

① 王融：《关于大数据交易核心法律问题——数据所有权的探讨》，载《大数据》2015年第2期。

② 杨立新、陈小江：《衍生数据是数据专有权的客体》，载《中国社会科学报》2016年7月13日第5版。

③ 张素华、李雅男：《数据保护的路径选择》，载《学术界》2018年第5期。

是强调对物的占有。因此，数据产权也应遵循所有权的权能，表现为占有、使用、收益、处分四项，以此来实现四种效力表现。其一是实现排他效力。也就是说，在同一个数据财产中不应有两个或两个以上内容相同的财产权。其二是实现数据产权优先于债权的效力，以凸显对数据的占有控制。其三是实现数据产权的追及效力，当发现无权占有人占有该数据财产时，数据产权人得以请求其返还占有，无论该数据财产是否几经易手。其四是实现对数据财产的救济功能，即请求权效力，也就是在数据产权人的数据财产遭到侵害时，权利人有权向侵权人请求排除妨害、恢复原状等主张。[①]

因为企业数据的复杂性，前三种观点在实践中都会遭遇一定的局限，将企业数据权利认定为数据产权是当前学者的主流意见，但还有许多细节如处于公有领域的数据是否实现产权化的问题仍在讨论中。

（二）现有法律保护不够全面

在民法领域，只对数据权利进行了指导性的规定，没有明确规定对数据的直接保护。由于缺少清晰的规则，企业不知道哪些数据可以流转，即使有些数据可以流转处理，但具体操作过程的依据或者可以依据什么法律得到保障也未可知。因此，解决数据权利的定性问题首当其冲。权利人可以依据权利属性作出具体的权能，如收集、使用、处理等权能。在此基础之上，数据流通的规则和秩序才能合理建立，数据流通才能顺畅。2019 年 1 月 1 日起实施的《电子商务法》，强调了数据权利主体，即电子商务经营者不得实施不正当竞争行为，这是对数据企业行使权利的限制；第 23 条强调相关企业对个人用户的责任，即企业在利用数据时要兼顾对个人数据安全的保障。同样，2017 年《网络安全法》规定了企业对个人信息的限制使用。具体而言，平台在收集或者使用个人信息时要征得个人用户的同意，且要经过匿名化处理程序，尊重用户的个人隐私。网络安全法重点在于数据的规范使用，网络运营者在发展数据产业的同时必须保证个人信息的安全，否则就要承担相应的行政甚至刑事责任。然而，该法对于企业数据的权利范围则未做过多的说明。

当前司法实践中，处理企业数据纠纷主要通过《合同法》《反不正当竞争法》两种途径，但是，现有的解决方式并不能使企业数据得到充分、合理、有效的法律保护。有些权利是通过《合同法》进行救济的，但是适用合同法必须有

---

① 齐爱民、盘佳：《数据主权的确立与大数据保护的基本原则》，载《苏州大学学报》2015 年第 1 期。

一个前提，即合同已经订立，但在现实纠纷中，数据侵权往往来自第三人，该种前提往往达不到。由于缺乏有效的法律手段，一些企业在面对重大数据纷争时，往往只好采取自己私了或者求助主管部门的办法。① 这样的处理困境使得很多企业被迫自救，给企业带来了高昂成本，且一旦处理不好又会进入司法程序。华为与腾讯的用户数据之争、顺丰和菜鸟的数据事件就是这样发生的。

在竞争法领域，网络领域的不正当竞争行为，既包括传统不正当竞争行为，又包括网络领域独有的不正当竞争行为，如利用Cookie追踪技术获取数据，因此需要单独进行规制。《反垄断法》没有针对网络数据领域的专门条款，但是与互联网密切相关的大数据可能引发算法合谋的问题。就目前而言，竞争法对企业数据的关注多停留在对侵权行为的打击上，对于企业数据权利属性本身还没有最终的规定。在新浪诉脉脉案中，涉案企业数据权属不明是脉脉侵权的起因。大量类似案件的发生，一方面是市场逐利性的表现，另一方面则是法律规制在数据权利方面的缺失。

目前，虽然有些案件可以用反不正当竞争的名义进行判决，对企业数据权利保护起到了一定的作用，但由于一般性条款并不具备完全有效的针对性，且判决中变相承认企业对其衍生数据享有排他性的财产权这种保护逻辑也没有获得立法上的确认，因此不足以给予数据控制企业充分、有效的保护。我国还未形成完备的数据权利规范的法律制度。数据控制者享有哪些数据权利，具备哪些权能，以及应当承担的责任与风险都需要法律制度的规范。在我国，企业数据资产在企业间来往频繁，数据资产更迭变化不断。毋庸置疑的是，交易行为需要规范，以避免企业数据市场混乱。

四、企业数据保护路径

对企业数据进行完整保护的最好途径是通过立法对企业数据设置独立权利，但立法总是滞后于现实，在现行法律不能完全将企业数据权利纳入保护范围的背景下，宜对可纳入现有法定权利保护的企业数据采取既有制度的保护模式，既避免了轻易改变现有法律体系，又节约了司法资源，迅速能够适用法律，及时解决数据纠纷与矛盾。在传统观念中，早期数据主要作为公共管理依据或者学术研究的材料，收集成本高且周期长，营利性企业很少关注数据。从竞争法角度来看，原则性保护数据能够适应数据保护的需求。但是，随着数字经济的到来，数据在

---

① 龙卫球：《再论企业数据保护的财产化路径》，载《东方法学》2018年3期。

企业竞争中发挥着越来越重要的作用，数据的经济价值不断被开发利用。此时，相关企业的权利诉求开始显现，企业付出成本与劳动开发创造数据衍生品，同时也主张对这些数据享有对应的权利。随着数据产业的发展，数据权利保护问题日益显露，我们需要为该类企业的诉求寻求保护路径。目前对于企业数据权利属性未有统一概念，企业数据可以根据表现形式、储存方式、创新程度等概念的不同进行分类，对于可以构成作品的，运用著作权法相关规定进行保护；对于构成商业秘密的，按照商业秘密有关规定进行保护；侵权行为构成不正当竞争的，按照不正当竞争相关规定进行规制。对于不构成上述权利的，可以根据侵害一般财产权的方式进行保护。

（一）著作权法对企业数据的保护

从著作权法的角度为企业数据寻求保护具有可行性，而且国际公约和某些外国立法也表示具有独创性的企业数据构成作品。实践中已经存在把特殊形式的企业数据纳入著作权法保护范围的做法，如以数据库或者汇编数据形式呈现的企业数据衍生品。数据库是对数据资源的整合和管理，其价值体现在目标用户或者平台能够更方便地使用数据信息，减少重复与冗余。当数据库的编排或者使用方式具有独创性时，其可能构成作品。同样，当汇编数据衍生品具有独创性时，也可以寻求著作权的保护。著作权法保护模式，一方面，有利于对数据衍生品的保护，生产企业的投入被肯定，鼓励企业进行持续创新；另一方面，公众能够以较低的成本享有智慧成果，数据资源的利用效率发挥到最大化。人工智能时代下，企业数据是运用计算机深度思考与机器学习等方式，对海量原始数据的挑选过滤、脱敏处理后得到的二元数据集合。① 另外，来源广泛、处理过程繁杂决定了企业数据内容复杂多样，有的企业数据以数据衍生品的形式呈现，有的以经营信息的形式呈现，当企业数据以数据库或者汇编数据的形式呈现且具有独创性时，这部分企业数据受著作权法的保护。不过应当注意的是，认定企业数据是否具有独创性时应当区分是人力劳动还是计算机自动生成的，知识产权只保护自然人的智力成果。另外，在数据企业行使权利时应当有所限制，遵循合理使用原则，在数据领域更应当注意数据的开放与共享问题。当然，除了上述两种类型的作品形式，其他形式的企业数据符合著作权法中作品的构成要素的，也可以寻求著作权法的保护。从表现形式上看，常见的数据形式有产品、技术、特定信息等，有些

---

① 王广震：《大数据法律性质探析——以知识产权法为研究进路》，载《重庆邮电大学学报（社会科学版）》2017 年第 4 期。

数据是脑力劳动的智慧成果，如为了某个特定的目的，对不同对象的某几个信息进行收集、编排，该信息集合体及其衍生数据应当具备一定的独创性。

（二）反不正当竞争法对企业数据的保护

反不正当竞争的原则性规定可以适用于数据不正当竞争行为，这种观点已经被学术界论及。有学者认为，不正当竞争行为错综复杂，在网络虚拟世界中的不正当竞争行为更是多样，因此，采用反不正当竞争原则性规定有利于更好地规范不正当竞争行为，一方面弥补了法律漏洞，另一方面避免了法律的僵硬。还有学者认为，原则性规定解释力强，适用范围广泛，可以对数据不正当竞争行为进行兜底性规定。但不可否认的是，适用原则性规定的消极之处已在上文描述，不正当竞争原则性条款只对企业数据不正当行为进行规制，是对违法行为的事后救济。

关于构成商业秘密的企业数据，商业秘密的认定主要在于是否满足“三性”的条件。关于“价值性”，企业数据为企业提升服务、增强竞争力提供了保证，其具有使用价值，数据控制者也可以将数据进行转让、共享，其具有了交易价值。关于“秘密性”，要求企业数据不为公众所知悉或者容易获得，数据在小范围内使用。虽然数据与生俱来的特性是开放与共享，数据在开放的过程中才能保持活力，不断增加其内容与价值。但是，不可否认的是，仍然存在小部分数据只由某企业平台所知，数据平台放弃了数据的公开可能带来的利益，只为了暂时保持数据信息独家享有。关于保密性，对于“保密性”而言，需要企业平台采取一定的保密措施，为此，企业需要付出更多的成本。当然，保密措施一般与商业秘密的价值相对应，并不对数据企业要求过于严苛，采取的措施要能达到一般人不能轻易获取的标准。当企业数据满足上述三个特点的要求时，才能作为商业秘密受到保护；反之，则排除在商业秘密的保护之外。因为商业秘密本身具有秘密性的特质，商业秘密权利人只能行使消极权能，如经营信息被非法抓取、散播后，权利人追究侵权人的责任，寻求救济途径，包括停止侵权、赔偿损失等。在实践中，侵犯商业秘密的不当竞争行为形式多样、屡见不鲜，如企业不当披露已知的商业秘密或者未经权利主体的同意擅自转让商业秘密，再如，企业通过招聘知悉前雇主商业秘密的员工，以获取商业秘密。《反不正当竞争法》对这些不当竞争行为进行了规制。企业数据商业秘密保护模式的实现需要注意的是，一方面，企业数据与传统的秘密信息储存方式不同，数据需要采取的保护措施更需要数据技术的加持；另一方面，数据具有开放性与共享性的特点，因此，认定企业数据是否构成商业秘密更需要严格对比具体数据本身的特点。

（三）企业数据的财产利益保护

传统法律框架在保护企业数据中存在种种问题，这已经为很多学者和专家所认知。目前，数据财产化或商品化已经成为企业数据的重要特征，企业收集、存储、分析、出售数据已经成为常态，大规模数据采集和处理已经成为互联网企业的核心竞争力之一。因此，企业更需要的是数据利用的自由，以及企业控制数据未经其同意，他人不得随意使用。从法律属性来看，企业数据权益既不是物权，也不单纯的只是一种知识产权或财产性权利，它是由不同权益集合而成的权利束，囊括了法定化权利及受法律保护的利益两种类型。

在现有企业数据未被法定化权利保护之前，对于无法从既有法律获得保护的数据财产性利益，可以从新型权利视角探寻企业数据的法律保护，不失为一种合理的补充和过渡方式。实施企业数据的财产权保护已经被广泛讨论，企业数据不能依靠实物占有，而需要通过法律赋予企业“独占权利”来展示其权利的存在。例如，有的专家提出企业数据资产的概念，有的学者强调企业数据确权的重要性。在企业数据财产权的倡导者看来，确立企业数据的财产权是现代数字经济的内在要求，将数据确立为一种“绝对性、排他性”的财产，可以使数据从业者获得“一种有关数据开发利益的安全性市场法权基础的刺激和保障”，使数据经济“得以置身于一种高效稳定的财产权结构性的驱动力和交易安全的保障之中”。[①] 一方面，企业可以根据这种财产权而获取对数据进行经营的权利，保证自身的合法权益不受侵害。另一方面，财产权也将鼓励数据衍生品的加工、创造和交易，从而促进数据市场的活跃与繁荣。目前，企业数据的财产权保护也得到了全社会范围内的广泛认可。在“淘宝诉美景”案中，法院确认原告淘宝公司基于特定的付出与努力而对自身所生成的涉案数据衍生品享有一种独立的“竞争性财产权益”。但同时也表明我国现行法律体系对于数据衍生品的相关权益保护并没有作出具体且明确的规定，依照权利需由法律确定这一规则，不能确认淘宝公司就案涉数据衍生品享有法律意义上的财产所有权。在这一判决中，虽然法院对于原告淘宝公司的诉求最终以“权益”命名，但通过法院对“物权法定”原则的重申可以看出，其所确认的“竞争性财产权益”实质上是一种法律尚未做出具体规定的财产性利益，法院的这一司法实践也可以说是对非权利类民事利益

---

① 龙卫球：《数据新型财产权构建及其体系研究》，载《政法论坛》2017 年第 4 期。

实施独立司法保护的典范。[①] 所以，通过对财产性权益的保护也从侧面强调了对社会对企业数据经济价值的重视，也鼓励企业由消极保护向积极保护转变，促进大数据产业繁荣发展。

① 王燕莉：《民事"利益"独立保护之司法证成》，载《四川师范大学学报（社会科学版）》2019年第5期。

企业数据产品的司法保护研究

——评淘宝诉美景不正当竞争案

◎王学华　房祥美*

内容提要：大数据时代，企业数据产品的侵权案件频发，而我国对企业数据产品的现有保护仍有欠缺。淘宝诉美景案是由于侵犯企业数据产品引发的不正当竞争纠纷，因我国现有立法并未明确企业数据产品的法律性质，法院在裁判时有一定顾虑。本文试图通过对案件的基本案情、争议焦点、法院说理进行梳理，发现潜藏的脉络，在厘清企业数据产品基本性质的前提下，发现企业数据产品的司法保护困境，并探索我国企业数据产品司法保护的可能路径。

关键词：企业数据产品　用户信息　赔偿标准　不正当竞争

2020年5月28日，十三届全国人大三次会议表决通过了《中华人民共和国民法典》，其中总则编将“数据”“网络虚拟财产”纳入法律保护范围，人格权编明确规定“个人信息”受法律保护。但令人遗憾的是，受制于广泛的争议，法律仍然未明确企业数据的法律定位及其保护方式。2017年发生的淘宝诉美景不正当竞争案即因企业数据产品产生的纠纷，此案件历经两审，法院的裁判思路值得研究。

一、案情回顾

（一）双方经营情况

淘宝公司系阿里巴巴卖家端“生意参谋”零售电商数据产品（以下简称

* 王学华，江南大学法学院副教授；房祥美，汇业律师事务所律师。

“生意参谋”数据产品）的开发者和运营者。“生意参谋”数据产品是根据淘宝用户浏览、搜索、收藏、加购、交易等痕迹信息进行加工处理形成的一款数据产品，可以为淘宝、天猫商家店铺的运营、行业发展、品牌竞争提供数据化参考。同时，使用“生意参谋”数据产品的商户需要向淘宝公司支付费用，价格为：市场行情标准版每年 900 元，市场行情专业版每年 3600 元。截至 2017 年，该产品累计服务商家数量超过 2000 万，已形成了稳定的商业模式，是淘宝公司的核心竞争优势之一。

美景公司系“咕咕生意参谋众筹”网站的实际运营者。经营范围为计算机软硬件与系统集成，信息与技术服务，安防监控与自动化工程，通信系统研发，技术转让与服务，国内广告设计制作等。

（二）淘宝公司与商户关于数据产品的使用约定

关于“生意参谋”数据产品，淘宝公司在“服务市场”网站上登载了《生意参谋零售电商大数据软件服务协议》（以下简称《协议》），供淘宝商户在购买数据产品之前浏览。《协议》第 5 条规定了用户使用时的禁止性条款：禁止出售、转售或复制、开发淘宝授予的使用权限；禁止将开通使用权限的账户出售、出租、出借或以其他方式提供给第三方使用；禁止未经淘宝公司许可将通过“生意参谋”零售电商大数据软件获得的各项数据内容向任何第三方披露、转让、出售、许可或以其他方式提供给第三方使用等。

（三）淘宝公司与用户关于个人信息的特别约定

在用户注册淘宝账户时，淘宝公司与用户达成的《淘宝平台服务协议》中载明以下内容：在您使用淘宝提供的服务时，您同意淘宝按照在淘宝平台上公布的隐私权政策收集、存储、使用、披露和保护您的个人信息……

淘宝公司提供的《法律声明及隐私权政策》中，在“如何共享、转让、公开披露您的个人信息”部分，载明了：（1）共享，包括：在获得明确同意后的共享、在法定情形下的共享、与第三方服务商共享、与关联公司间共享、与授权合作伙伴共享。（2）转让，包括：在获得明确同意后的转让、在淘宝网服务提供者发生合并、收购或破产清算情形时的转让。（3）公开披露，包括：获得您明确同意或基于您的主动选择，我们可能会公开披露您的个人信息。（4）共享、转让、公开披露个人信息时事先征得授权同意的例外中包括：您自行向社会公众公开的个人信息。根据法律规定，共享、转让经去标识化处理的个人信息，且确保数据接收方无法复原并重新识别个人信息主体的，不属于个人信息的对外共享、转让及公开披露行为，对此类数据的保存及处理将无须另行向您通知并征得您的同意。

（四）纠纷的产生

2017年10月24日，淘宝公司委托代理人申请浙江省杭州市钱塘公证处进行保全证据公证，证据表明该网站存在违反《生意参谋零售电商大数据软件服务协议》中禁止性条款的行为。于是，淘宝公司将美景公司诉至法院，认为美景公司的上述行为，对淘宝公司数据产品已构成实质性替代，直接导致了淘宝公司数据产品订购量和销售额的减少，极大损害了淘宝公司的经济利益，同时恶意破坏了淘宝公司的商业模式，严重扰乱了大数据行业的竞争秩序，已构成不正当竞争行为。对此，美景公司辩称，淘宝公司的主张没有法律依据，并认为淘宝公司私自抓取、采集和出售淘宝商户或软件用户信息的行为侵犯了其财产权、个人隐私及经营秘密。

（五）主要争议焦点及法院裁判

本案件历经两审，一审法院将争议焦点归纳为四点：第一，淘宝公司收集并使用网络用户信息的行为是否正当；第二，淘宝公司对于“生意参谋”数据产品是否享有法定权益；第三，被诉行为是否构成不正当竞争；第四，本案民事责任的确定。关于第一点，一审法院认为淘宝公司收集、使用网络用户信息以及“生意参谋”数据产品公开使用网络用户信息的行为符合法律规定，具有正当性；关于第二点，法院认为淘宝公司对“生意参谋”数据产品享有竞争性财产权益，但不享有财产所有权；关于第三点，法院认为美景公司被诉的行为违反了诚信原则和商业道德，属于“搭便车”行为，损害了同行业竞争者淘宝公司的合法利益，构成不正当竞争；关于第四点，关于赔偿数额的确定，本案淘宝公司的实际损失与美景公司的侵权获利难以确定，故综合侵权行为发生的范围、造成的影响、持续时间、市场范围及侵权人的主观过错等，确认赔偿合理费用200万元。

二审法院将争议焦点确定为两点：不正当竞争行为的判定和判赔金额。对于第一点，二审法院认为美景公司在经营活动中有违诚信原则和商业道德，引诱淘宝公司生意参谋用户违约分享账户，由此不正当获取淘宝公司投入大量人力物力获取研发的大数据后分销牟利，其行为扰乱了市场竞争秩序，对淘宝公司合法权益造成了损害，构成不正当竞争。对于第二点，二审法院认为美景公司未提供侵权获利的具体情况，故一审法院在综合考虑各因素后，依据《最高人民法院关于审理不正当竞争民事案件应用法律若干问题的解释》第 17 条，予以酌情判赔并无不当。

二、企业数据产品性质概述

（一）企业数据产品相关概念辨析

企业数据产品的相关概念众多，如数据、企业数据、个人信息等。将企业数据产品与相关概念进行一对一的辨析，有利于厘清企业数据产品的内涵及外延。

1. 数据与企业数据概念辨析

数据的内涵比较广泛，在不同语境下通常有不同的含义，文章讨论的数据是网络语境下的数据，又可称为电子数据。有学者从数据产生或持有者的角度出发，将数据分为公共数据、政府数据、企业数据、个人数据。① 可以明确的是，企业数据必然被包含在数据的范围之内，企业在生产经营过程中产生的数据，或由企业合法收集、加工处理并持有的数据，被称为企业数据。

2. 企业数据与企业数据产品概念辨析

一般意义上，企业数据泛指所有与企业经营相关的信息、资料，包括企业内部的运营数据、财务数据等商业性数据，以及企业合法收集、储存的用户数据集合或创造的数据产品。企业数据产品是企业数据的一种表现形式，由商业公司收集、加工整理并发布，进而开发成有价商品进行销售，其目的是给其他有需求的商业公司提供潜在客户的获取渠道，帮助其他企业开发有效客户，为中小企业提供数据服务。与企业数据不同，企业数据产品是由企业付出一定的财力、物力、劳动之后，形成的具有一定商业价值的产品。

3. 企业数据产品与个人信息概念辨析

根据《网络安全法》第 76 条规定，个人信息是指以电子或者其他方式记录的能够单独或者与其他信息结合识别自然人个人身份的各种信息，包括但不限于自然人的姓名、出生日期、身份证件号码、个人生物识别信息、住址、电话号码等。有学者从数据内容产生方式的角度，将数据分为原生数据和衍生数据，② 在淘宝诉美景一案中，无数淘宝用户的个人信息数据组成了原生数据的一部分，淘

---

① 参见石丹：《大数据时代数据权属及其保护路径研究》，载《西安交通大学学报（社会科学版）》2018 年第 3 期。

② 参见杨立新、陈小江：《衍生数据是数据专有权的客体值数据》，载《中国社会科学报》2016 年第 7 期。

宝公司将这些原生数据进行加工、脱敏化处理，便形成了衍生数据——“生意参谋”数据产品。可以说，个人信息是企业数据产品的构成元素之一，只不过这些个人信息要以合法收集为前提，并经特殊处理，不可侵犯个人应有权利。

（二）企业数据产品的特征

1. 企业数据产品的形成与维护需付出较大成本

与一般的网络数据不同，为了使企业数据具有商业价值，形成企业数据产品，开发公司需要将大量的数据碎片有目的地收集起来，在固定的服务器上进行储存，然后再根据使用意图对固定的数据进行分析、处理、加工。这样的流程需要强大的数据存储、处理设备和不断发展更新的数据算法，背后所需的经济投入不容小觑。为增加企业数据产品的准确性，开发公司要不断收集新的数据。随着数据体量越来越大，存储和管理成本不断上升，开发者需要专业人员从海量数据集中分析提取出有用的数据，并设计算法对数据进行加工，还需要专业人员进行维护。因此，企业数据产品的形成与维护都需要投入大量的人力、物力成本。

2. 企业数据产品的所有权归属于企业

根据控制主体的不同，数据可以分为个人数据、企业数据和政府数据。个人数据是指可以直接或间接识别自然人的数据，包括姓名、性别、手机号码、家庭住址等。政府数据是指政府部门在实施政府活动中收集的一些数据。各种数据并非对立关系，而是相互交叉的，如个人为享受一些服务、待遇，通常会应服务商要求，提供自己的姓名、性别、手机号、出生日期、家庭住址等个人信息；企业在开发数据产品时，也会参考政府部门公开的一些信息数据，如“天眼查”“企查查”“启信宝”等企业。企业将收集到的个人或政府数据等原生数据进行匿名脱敏化、过滤处理并提炼整合，从而形成企业数据产品，这一过程需要企业付出较大成本与劳动。根据洛克的理论，人们应该拥有通过自己劳动所生产出来的物品。[①] 虽然企业数据产品是无体物，但为了保护企业的民事权益，促进数据产业的发展，结合利益衡量理论及激励理论，企业付出劳动，整理加工出了数据产品，其理应享有数据产品的所有权。

3. 企业数据产品具有相当的商业价值

大数据时代，随着信息产业和互联网技术的兴起，企业在生产经营过程中收集获取了大量数据，通过对这些数据的加工和整理，可以获知看似无关事物之间

---

① 参见［英］洛克：《政府论（下篇）》，叶启芳、瞿菊农译，商务印书馆 1964 年版，第 19 页。

的关联关系，据此及时调整经营战略和商业模式，以追求更大的商业利益，由此衍生的商业价值不容小觑。[①] 一方面，企业数据产品不会因为被使用而损耗，[②] 反而会因更多人的不断使用而具有新的衍生价值；另一方面，企业数据产品不会任他人免费使用，第三人需付出一定对价才能获取企业数据产品的使用权。在"淘宝诉美景"一案中，淘宝公司开发的"生意参谋"便是企业数据产品，其价值性体现在"生意参谋"可以为商家的店铺经营、行业发展、品牌竞争等提供相关数据分析及参考，淘宝公司也能据此收取相应费用。

（三）企业数据产品的法律属性

关于企业数据产品的法律属性，通常的说法有汇编作品说、商业秘密说、财产权说。

1. 汇编作品说

汇编作品是指汇编若干作品、作品的片段、不构成作品的数据或者其他材料，对其内容的选择或者编排体现独创性的作品。加工者将海量的数据进行筛选、分析、处理后形成具有一定独创性的数据产品。从这一层面来讲，数据产品的形成与汇编作品的形成具有一定的相似之处。但需要注意的是，不是所有的企业数据产品都属于汇编作品。汇编作品作为作品的一种，受著作权法保护。根据作品的构成要件，企业数据产品需满足以下条件时，才能构成汇编作品：一是人的智力成果；二是可被客观感知的外在表达；三是文学、艺术、科学领域内的成果；四是具有独创性。[③] 在淘宝诉美景一案中，案涉数据产品"生意参谋"属于人在科学领域的智力成果，且具有一定的独创性，但其无法满足"可被客观感知的外在表达"要件，无法被有形形式复制，因此无法成为汇编作品，不能受著作权法保护。

2. 商业秘密说

商业秘密是指不为公众所知悉、具有商业价值并经权利人采取相应保密措施的技术信息、经营信息等商业信息。从定义来看，商业秘密的构成要件可总结为三点。一是秘密性，即"不为公众所知悉"。首先，学者们认为这里的"公众"是具有相对性的，并非指普通大众，而指同一行业的竞争者；其次，《关于禁止

① 参见薛睿：《企业数据的法律规制研究》，河北大学2020年硕士学位论文。

② 参见李晓宇：《权利与利益区分视点下数据权益类型化保护》，载《知识产权》2019年第3期。

③ 参见王迁：《著作权法》，中国人民大学出版社2015年版，第17页。

侵犯商业秘密行为的若干规定》（以下简称《若干规定》）第 2 条第 2 款中将“不为公众所知悉”解释为该信息是不能从公开渠道直接获取的。因此，商业秘密的构成要件之一即为秘密性——同行业竞争者不能通过公开渠道获取该信息。二是价值性，即“具有商业价值”。这更能表明商业秘密是企业拥有的一项财产，基于其创造的竞争优势，可以给权利人带来现实的或者潜在的经济利益。三是保密性，即“权利人采取相应保密措施”。《若干规定》第 2 条第 4 款中规定企业采取的保密措施包括订立保密协议，建立保密制度及其他合理的保密措施。因此，也不能将所有的企业数据产品一概而论地归类于商业秘密，只有符合秘密性、价值性、保密性三要件时，企业数据产品才能作为商业秘密受到保护。

3. 财产权说

在界定企业数据产品是否属于财产权客体时，需要明确其是否具有民法上的客体性和财产性。一是作为民事客体而言，数据产品需要具有确定性和独立性。企业数据产品的确定性体现在产品内容是可由人类控制管理的，并且可以通过一定的程序处理呈现给他人；企业数据产品的独立性则体现在它可以与权利主体相分离，也可以与辅助工具相分离。二是财产性，企业数据产品作为衍生数据，经过了企业的加工处理之后，具备了一定的商业价值，能为开发公司及运营公司带来一定的经济利益，也能为使用主体带来商业机会和经济价值。著名法学家波斯纳在其著作《法律的经济分析》一书中也曾提出了事实上的财产权这一观点，认为市场上只要存在对某物的支付意愿，就应当认为该物具备了事实上的财产权。[①] 财产权说观点得到了较多学者的支持，企业在产生数据产品过程中往往投入了大量人力、物力、技术成本，数据产品是企业投资后得到的工作成果，该种工作成果一般具有财产属性。

三、企业数据产品的司法保护困境

（一）原始数据来源的正当性判断困难

在淘宝诉美景一案中，淘宝公司称其数据产品所使用的原始数据是经用户同意后，记录、采集其在淘宝上浏览、搜索、收藏、加购、交易等活动所留下的痕迹。在这些海量原始数据基础上，淘宝公司采取脱敏化处理，剔除涉及个人信息、用户隐私的部分，再经过深度处理、分析、整合、加工，最终形成企业数据

---

① 参见［英］理查德·A. 波斯纳：《法律的经济分析（上）》，蒋兆康译，林毅夫校，中国大百科全书出版社 1997 年版，第 55-56 页。

产品。美景公司则答辩称，淘宝公司在收集原始数据时，未经用户同意，以营利为目的，私自抓取、采集和出售淘宝商户或淘宝软件用户享有财产权的相关信息，侵犯了网络用户的财产权、个人隐私以及商户的经营秘密，具有违法性。不仅是淘宝诉美景一案，法院在其他类似案件的审理中，都会首先解决一个问题：企业数据产品所使用的原始数据来源是否正当，即企业在收集原始数据时是否侵害了网络用户信息安全，如新浪诉脉脉①、腾讯诉抖音②等。

因企业数据产品所使用的原始数据可能侵犯网络用户的财产权、个人隐私等权利，故事先征求用户同意、将信息进行脱敏化处理是极为重要的两个过程，实践中，侵权者也经常以此进行抗辩。法院在裁决时，要判断数据产品开发者在收集用户信息时是否得到用户的同意，也要判断将用户信息用于数据产品之前是否经过了脱敏处理，以及是否会侵犯用户的财产权、个人隐私等。企业数据产品所使用的原始数据来源的正当性，是法院判断是否构成不正当竞争的重要前提，也是实践中需要解决的难点之一。

（二）赔偿数额的确定依据不明

在淘宝诉美景一案中，一审法院认为美景公司的行为违反《反不正当竞争法》第2条的概括性规定，构成不正当竞争，从而适用《反不正当竞争法》（2017年修正）第17条③、《最高人民法院关于审理不正当竞争民事案件应用法律若干问题的解释》第17条，将赔偿数额确定为200万元，对此，二审法院也予以支持。

《反不正当竞争法》（2017年修正）第17条第3款规定，在确定不正当竞争赔偿数额时，应先依据被侵权者受到的实际损失，实际损失不明时，再依据侵权者因侵权而获得的利益。第4款规定，违反《反不正当竞争法》第6条、第9条且被侵权者实际损失与侵权者获得利益无法计算时，由法院根据侵权情节判决

---

① 北京知识产权法院（2016）京73民终588号民事判决书。

② 天津市滨海新区人民法院（2019）津0116民初2091号民事判决书。

③ 《反不正当竞争法》（2017年修正）第17条　经营者违反本法规定，给他人造成损害的，应当依法承担民事责任。经营者的合法权益受到不正当竞争行为损害的，可以向人民法院提起诉讼。因不正当竞争行为受到损害的经营者的赔偿数额，按照其因被侵权所受到的实际损失确定；实际损失难以计算的，按照侵权人因侵权所获得的利益确定。赔偿数额还应当包括经营者为制止侵权行为所支付的合理开支。经营者违反本法第六条、第九条规定，权利人因被侵权所受到的实际损失、侵权人因侵权所获得的利益难以确定的，由人民法院根据侵权行为的情节判决给予权利人三百万元以下的赔偿。

300 万元以下的赔偿。由上述法律规定可知，当侵权者违反《反不正当竞争法》第 2 条构成不正当竞争，且被侵权者实际损失与侵权者获得利益无法计算时，赔偿数额的确定并没有明确的法律依据。

此外，在淘宝诉美景一案的判决书中，法院认为淘宝公司的实际损失无法确定，但“根据美景公司自行公布的用户数量、版本分类、收费标准，并参照淘宝公司提供的‘生意参谋’数据产品市场行情两种版本各自的用户占比数，本院认为，美景公司在本案中的侵权获利已超过 200 万元。”[①] 最终，法院将“惩戒恶意侵权行为”纳入考量范围，将赔偿金额确定为 200 万元，包括淘宝公司的经济损失与为制止不正当竞争行为所支付的合理费用。显然，法院判赔金额并不能体现其惩戒性，仅可能弥补淘宝公司的经济损失，法院在裁判说理中“惩戒恶意侵权行为”的表述略有不妥。

（三）《反不正当竞争法》对企业数据产品的保护有限

从 2015 年大众点评诉百度案[②]、新浪诉脉脉案[③]，到 2017 年淘宝诉美景案[④]，2019 年腾讯诉抖音案[⑤]，法院均以《反不正当竞争法》第 2 条对企业数据进行保护。《反不正当竞争法》第 2 条是一般性条款，判断依据是“损害其他经营者合法权益”。除一般性条款，对于符合商业秘密“三性”的数据产品，实践中也可引用商业秘密制度来对企业数据产品进行保护。数据产品并没有被界定为财产权，而是作为一项企业的经营条件和水平等比较优势的排他性利益。[⑥] 基于《反不正当竞争法》对企业数据产品进行保护，所起作用有限。

第一，企业数据产品权益不具有完整的排他性。对《反不正当竞争法》模式保护的权益，数据产品经营者主张对象有限制，即只能向同行业竞争者主张。此时，《反不正当竞争法》保护模式下的弊端之一就暴露出来：企业无法阻止非竞争关系的市场主体或市场主体出于个人目的利用个人信息，造成数据产品经营者利益受损的行为。第二，企业数据产品权益无法获得事前救济。根据《反不正当竞争法》，企业数据产品权益仅仅是一种具有价值性的利益，并非特定的财产

① 杭州铁路运输法院（2017）浙 8601 民初 4034 号民事判决书。

② 上海市浦东新区人民法院（2015）浦民三（知）初字第 528 号民事判决书。

③ 北京市海淀区人民法院（2015）海民（知）初字第 12602 号民事判决书。

④ 杭州铁路运输法院（2017）浙 8601 民初 4034 号民事判决书。

⑤ 天津市滨海新区人民法院（2019）津 0116 民初 2091 号民事判决书。

⑥ 参见龙卫球：《再论企业数据保护的财产化路径》，载《东方法学》2018 年第 3 期。

权。只有企业数据产品权益受到侵害时，才能获得法律救济。这使数据产品经营者处于被动地位，与一般侵犯财产权的保护模式相比，此种侵权救济保护属于消极赋权。

一方面，企业基于《反不正当竞争法》受到的保护范围有限，且只能获得事后救济；另一方面，在诉讼过程中，极大地加重了数据产品经营者的举证责任，导致经营者需针对侵权一一举证，增加了维权成本。因此，无论是根据一般性条款还是“商业秘密”条款对企业数据产品权益进行保护，都不是最佳选择。

四、企业数据产品的司法保护进路

（一）厘清用户信息与企业数据产品的关系

对法院来讲，要解决两个问题：一是企业在收集用户信息时是否经过用户同意；二是企业将用户信息用于数据产品之前是否经过了脱敏处理，是否会侵犯用户的财产权、个人隐私。对于第一个问题，用户信息包括个人信息和非个人信息，个人信息是指单独或与其他信息结合识别自然人个人身份的各种信息和敏感信息，非个人信息是指包括无法识别到特定个人的诸如网络活动记录等数据信息。《网络安全法》第 22 条①规定收集用户信息需取得用户同意；第 41 条②、第

① 《网络安全法》第 22 条：网络产品、服务应当符合相关国家标准的强制性要求。网络产品、服务的提供者不得设置恶意程序；发现其网络产品、服务存在安全缺陷、漏洞等风险时，应当立即采取补救措施，按照规定及时告知用户并向有关主管部门报告。网络产品、服务的提供者应当为其产品、服务持续提供安全维护；在规定或者当事人约定的期限内，不得终止提供安全维护。网络产品、服务具有收集用户信息功能的，其提供者应当向用户明示并取得同意；涉及用户个人信息的，还应当遵守本法和有关法律、行政法规关于个人信息保护的规定。

② 《网络安全法》第 41 条：网络运营者收集、使用个人信息，应当遵循合法、正当、必要的原则，公开收集、使用规则，明示收集、使用信息的目的、方式和范围，并经被收集者同意。网络运营者不得收集与其提供的服务无关的个人信息，不得违反法律、行政法规的规定和双方的约定收集、使用个人信息，并应当依照法律、行政法规的规定和与用户的约定，处理其保存的个人信息。

42 条①规定收集个人信息需得到被收集者的同意，且规定网络运营者应承担更为严格的责任。因此，法院在裁决企业收集用户信息是否经过用户同意时，应先区分用户信息的类型，再结合企业的实际做法，依据相应规定判断获得用户同意的方式是否合理。对于第二个问题，根据《网络安全法》第 42 条中“网络运营者不得泄露、篡改、毁损其收集的个人信息；未经被收集者同意，不得向他人提供个人信息。但是，经过处理无法识别特定个人且不能复原的除外”的规定，企业在收集到用户的个人信息或者涉及个人隐私的非个人信息后，应当对这些信息进行脱敏处理，保证不会侵犯用户的财产权、个人隐私。法院的判断标准即无法识别到特定的个人，且不能复原。

对企业来讲，要引导企业合法收集用户信息。第一，收集用户信息需要得到被收集者的同意。一方面，企业在收集用户信息时应当充分履行告知义务；另一方面，应保障用户的选择权，不得因用户拒绝提供信息而对其享受的服务进行限制。第二，要在必要范围内收集用户信息。相关调查报告显示，“有 96.6%的安卓应用会获取用户手机隐私权，而 IOS 应用的这一数据也高达 69.3%。用户更需警惕的是，25.3%的 Android 应用存在越界获取用户手机隐私权限的情况。”② 对于用户信息收集的必要范围，可由行业协会制定具体标准，用以规范企业行为。第三，要对被收集的数据提供安全保障。大数据时代，百度云盘、360 云盘为企业数据的储存提供了技术手段，云服务行业因技术原因，常面临着更新需求，数据储存不稳定，增加了用户信息被泄露的风险。因此，企业在储存收集的数据时，应当遵循安全规定，避免被意外或非法破坏、损失、变更、未经授权披露或访问。

（二）完善赔偿依据条款

实践中，法院通常引用《反不正当竞争法》对企业数据纠纷进行规制。2019

---

① 《网络安全法》第 42 条：网络运营者不得泄露、篡改、毁损其收集的个人信息；未经被收集者同意，不得向他人提供个人信息。但是，经过处理无法识别特定个人且不能复原的除外。网络运营者应当采取技术措施和其他必要措施，确保其收集的个人信息安全，防止信息泄露、毁损、丢失。在发生或者可能发生个人信息泄露、毁损、丢失的情况时，应当立即采取补救措施，按照规定及时告知用户并向有关主管部门报告。

② 2017 年 7 月 19 日，腾讯社会研究中心与 DCCI 互联网数据中心联合发布《网络隐私安全及网络欺诈行为研究分析报告（2017 年第一季度）》

年修正的《反不正当竞争法》第17条[①]有两处变化，一是新增了侵犯商业秘密时的惩罚性赔偿规定；二是将被侵权者实际损失与侵权者因侵权获利不明时，法院依据侵权行为情节判赔金额的上限提高至500万元。对于侵犯企业数据产品纠纷，产品开发者与经营者需付出较大精力、财力研发、维护企业数据产品，一旦权利遭侵害，不仅可能遭受巨大损失，还要付出较大代价进行维权补救；而侵权者往往侵权成本较低，获益颇丰。法条将法院依据侵权行为情节判赔金额的上限由300万元提高至500万元，提高了侵权者的侵权成本，对其具有一定的威慑作用。法条新增变化在一定程度上完善了赔偿依据条款，但仍有一些问题未得到解决。

一方面，对于《反不正当竞争法》第2条规定的不正当竞争行为，若被侵权者的实际损失与侵权者因侵权获利都无法计算时，应当如何判定赔偿数额？对此，该法仍未做出回应。故建议在《反不正当竞争法》第17条第5款中，增加违反本法第2条，实际损失、侵权获利不明时的处理方式，即由法院根据侵权行为情节判决500万元以下的赔偿。

另一方面，《反不正当竞争法》第4款针对商业秘密侵权规定了惩罚性赔偿条款。惩罚性赔偿又叫示范性赔偿，是一种加重赔偿，指法庭判令赔偿数额高于实际损害数额，目的是弥补被侵权人遭受故意侵权所造成的损失之外，对侵权人进行惩罚防止重犯。美国《统一商业秘密法》规定若故意或恶意侵犯商业秘密，法院可判令侵权者支付不超过实际赔偿两倍的示范性赔偿金。[②] 2016年通过的美国联邦《保护商业秘密法案》将此示范性赔偿提高到实际赔偿的三倍。[③] 我国《反不正当竞争法》将侵犯商业秘密的惩罚性赔偿规定为实际赔偿的“一倍以上五倍以下”。由此，对满足商业秘密“三性”的企业数据产品，可作为商业秘密

---

① 《反不正当竞争法》（2019年修正）第17条：经营者违反本法规定，给他人造成损害的，应当依法承担民事责任。经营者的合法权益受到不正当竞争行为损害的，可以向人民法院提起诉讼。因不正当竞争行为受到损害的经营者的赔偿数额，按照其因被侵权所受到的实际损失确定；实际损失难以计算的，按照侵权人因侵权所获得的利益确定。经营者恶意实施侵犯商业秘密行为，情节严重的，可以在按照上述方法确定数额的一倍以上五倍以下确定赔偿数额。赔偿数额还应当包括经营者为制止侵权行为所支付的合理开支。经营者违反本法第六条、第九条规定，权利人因被侵权所受到的实际损失、侵权人因侵权所获得的利益难以确定的，由人民法院根据侵权行为的情节判决给予权利人五百万元以下的赔偿。

② Uniform Trade Secret Act §3 (b)(1979).

③ Defend Trade Secrets Act of 2016 c(2016).

受到保护；而普通的企业数据产品受到侵犯可由《反不正当竞争法》第 2 条规制。法院在实践中要结合具体情况进行判断，当普通的企业数据产品受到侵犯时，法院依据《反不正当竞争法》第 17 条第 1 款、第 3 款、第 5 款的规定确定赔偿数额，并不涉及惩罚性赔偿；当作为商业秘密的企业数据产品受到侵犯时，由于法律对商业秘密的保护力度更强，法院可以根据侵权情节判决实际赔偿“一倍以上五倍以下”的赔偿数额。

（三）确立企业数据产品的新型财产权保护

为企业数据产品确立新型财产权保护具有一定的现实意义。《民法典·总则编》第 127 条将“数据”与“网络虚拟财产”并列；在淘宝诉美景案中，法院认为淘宝公司对数据产品享有“竞争性财产权益”，但以“我国民事法律制度未规定数据产品的权利保护”为由，否定了淘宝公司享有“财产所有权”的主张。可以看出，立法、司法实践中都呈现出通过财产权利保护数据产品的倾向。因此，为了我国数据产业的平稳发展，在《反不正当竞争法》无法为企业数据产品权益提供保障的情况下，可以考虑突破现有法律体系的限制进行制度创设。

鉴于企业数据产品涉及多重主体的利益，对其新型财产权制度的构建需进行细致的考量。首先是客体，企业数据产品作为一种新型财产权，具有价值性、客体上的确定性与独立性。其次是企业数据产品的性质，《民法典》将对“数据”的规定放在“民事权利”章节，且独立于人格权、物权、债权和知识产权，实际上是承认了“数据”的新型财产权性质。企业数据产品具有独特的性质定位，独立于人格权、物权、债权和知识产权之外，是一种新型的财产权利。再次是企业数据产品的权能，企业对其开发的数据产品享有储存、使用、收益、处分等积极权能；消极权能则体现为有权排除他人的非法干预，包括拒绝他人对其数据产品的非法访问，对抗他人对数据产品的非法调取、盗用，阻止他人对数据产品真实性和完整性的肆意破坏等。[①] 最后是新型财产权的行使方式，具有直接行使和间接行使两种，直接行使是企业的自我行使，指在不损害国家数据利益、公共数据利益以及个人信息权益的情况下，行使企业数据产品的积极权能和消极权能；间接行使是企业授权他人行使，指企业根据法律法规的相关规定，通过许可的形式授权他人储存、使用企业数据产品并以此获取收益。

---

① 参见石丹：《企业数据财产权利的法律保护与制度构建》，载《电子知识产权》2019 年第 6 期。

互联网环境下企业商业秘密的保护困境与应对策略

◎孙恩静　顾成博*

内容提要：互联网的虚拟性、技术性、国际性等特点，使得互联网环境下的商业秘密相较于传统环境更容易受到侵犯。通过对我国企业商业秘密保护的现状进行分析，指出商业秘密保护面临的困境，并从预防机制、证明标准方面提出相应的建议。在商业秘密保护中应注重企业商业秘密保护的事前预防机制的建立，特别是应尽可能地完善现有的举证证明标准，进而改善互联网环境下企业商业秘密保护的现状，从而增强企业竞争力，促进市场经济的有序发展。

关键词：互联网环境　商业秘密　保护困境　应对策略

一、引言

当前，新一轮科技革命与互联网技术的发展对企业商业秘密保护问题提出了重大挑战。随着国际互联网商业化的迅速发展和应用的不断普及，越来越多的企业依赖互联网存储和传递商业秘密，并在互联网环境中进行商业合作。我国企业在互联网环境下保护商业秘密时面临着预防机制的缺乏以及侵权证据难以取得的困境。在此背景下，如何解决我国互联网环境下企业商业秘密保护的困境，从而保持企业在市场经济中的竞争优势成为需要重点研究的课题。

* 孙恩静，江南大学法学硕士；顾成博，江南大学法学院副教授。

二、我国互联网环境下商业秘密保护的困境

（一）著作权法保护

互联网环境下的商业秘密相较于传统环境更容易受到侵犯，并且侵犯手段和方法简便，侵权行为隐蔽。由于互联网的虚拟性、技术性、国际性等特点，互联网环境下商业秘密的表现形式在不断变化，商业秘密权利人往往难以控制和保护自己的商业秘密。因此，我国企业在互联网环境下保护商业秘密时经常面临一些困境。

（二）商业秘密保护预防机制的缺乏

首先，企业在保护商业秘密的过程中缺乏预防意识，导致我国商业秘密侵权案件不断增多。互联网环境下商业秘密的内容以多种形式广泛存在于商务活动的各个环节，这些形式主要有：客户名单、公司从事电子商务活动时建立的数据库系统、为确保电子商务安全而设置的保护密码以及公司通过软件记载的技术信息与经营信息等。① 由于互联网的开放性、虚拟性和技术性，企业的商业秘密更容易被侵犯，黑客入侵、病毒植入、木马盗取等不同的侵权方式使得传统的商业秘密保护预防机制显得力不从心。在传统的商业环境中，企业往往将商业秘密以口口相传、书面文件的形式进行保护，这种保护方式都是隐蔽、秘密的，非特殊人员不能接触。因此，传统环境下商业秘密的预防性保护效果更明显。但是在互联网环境下，许多企业储存商业秘密的办公电脑接入外网、任意下载网络文件等导致企业商业秘密易被盗取并为其他公众知悉。在很多商业秘密侵权案件中，企业缺乏保护商业秘密的预防措施往往成为侵权人抗辩的主张之一，从而阻碍了商业秘密权利人在商业秘密侵权诉讼中的举证，降低其胜诉的可能性。在此情况下，商业秘密权利人为了维护其合法权益将继续上诉或申请再审，导致法院审理相关案件的数量不断增加。

其次，许多中小企业预防商业秘密泄露的意识不足，给企业造成不可估量的损失。随着互联网技术的发展，市场竞争更加激烈，导致商业秘密领域的侵权范围不断扩大、侵权方式不断变化。我国企业在适应互联网环境的过程中，由于商业秘密保护的法律体系还不完善，导致一旦保护不力，蕴含巨大价值的商业秘密

---

① 参见祝磊：《挑战与回应：网络环境下美国商业秘密法律保护的抉择》，载《电子知识产权》2007 年第 12 期。

被轻易泄露，从而给企业造成巨大的损失。其主要体现在：第一，侵权时间长、侵权行为隐蔽。侵犯商业秘密的手段因具有专业技术性更难以被发现，隐蔽性也更强，非专业人士无从或很难判断侵权的发生，商业秘密所有权人往往在侵权行为发生一段时间后才发现商业秘密被泄露。第二，涉及范围广，影响范围大。由于互联网具有国际性，只要有互联网存在的地方就有可能发生商业秘密侵权。因此，商业秘密侵权的发生也将不再局限于一个企业、国家或者地区之内，时间和空间的局限就不复存在。第三，社会危害性大，不利后果影响深。企业的商业秘密一旦被泄露，对企业产生的不利后果是持续的、深远的。一方面，企业因持有商业秘密而在市场中的优势地位将被极大减弱，极易造成企业市场份额下降甚至破产倒闭；另一方面，企业在维权的过程中也因互联网的特殊性而增加维权难度，且花费大量时间、金钱等成本。

最后，企业缺乏预防机制导致其合法权益的保护力度不足。商业秘密是人类智力活动的成果，凝聚着企业在技术研发、商业经营上所付出的巨大智力投资。随着知识经济的到来，商业秘密的重要性和不可替代性已逐渐呈现，且大有凌驾于版权、专利和商标之上，成为知识产权领域又一重要组成部分的趋势。[①] 企业在商业秘密预防机制完善的情况下将降低其他人接触商业秘密的可能性，有利于从源头上规避商业秘密被侵权事件的发生。例如，美国可口可乐公司十分重视并善于对商业秘密进行预防性保护，在其生产车间内的预防性保护措施十分严格。即使是工厂负责人，只要与直接生产无关，就不许进入生产车间。[②] 此外，企业对商业秘密的保护主要通过两种方式实现：一是建立事前预防机制，即企业通过事前调整的方式如对涉及商业秘密的文件信息进行加密保护等来预防商业秘密被侵犯事件的发生；二是确立事后违法的惩罚制度，即法院依据相关法律法规责令侵犯企业商业秘密的行为人赔偿损失或对当事人进行惩罚。[③] 两者共同属于商业秘密权利保护的重要途径，缺一不可。由此可见，完善的预防机制对企业商业秘密的保护起到重要的作用。

（三）商业秘密被侵权的证据难以取得

我国关于商业秘密举证证明规则规定于《关于禁止侵犯商业秘密行为的若干

---

① ［美］约瑟夫·斯蒂格利茨主编：《经济学》，黄险峰译，中国人民大学出版社 2010 年版。

② 参见张成立：《论商业秘密的预防性保护》，载《河北法学》2004 年第 4 期。

③ 参见陈爱娟：《法律预防功能及其发挥》，载《安庆师范学院学报（社会科学版）》2008 年第 4 期。

规定》之中，2019年新修改的《反不正当竞争法》在其基础上结合司法实务新增了第32条的规定，将“接触+实质性相同-合法来源”确定为商业秘密侵权案件中商业秘密权利人的举证证明标准。但是，这些法律规范大都集中于传统环境下的商业秘密保护领域，对互联网环境下企业商业秘密的保护存在明显的滞后性。由于互联网的虚拟性、技术性和国际性等特征，现行的举证证明标准已经无法全面涵括互联网环境下商业秘密保护的要求，并严重阻碍了互联网环境下企业商业秘密的保护。①

一方面，互联网环境下企业商业秘密被侵犯的证明难度明显高于传统环境。在传统环境下，司法实务中也会经常出现企业商业秘密权利人举证难的情况，如商业秘密权利人对侵权人侵犯商业秘密的行为和方式很难举证证明。但是，随着司法实务的发展，法院在审理商业秘密侵权案件时，逐渐形成“接触+实质性相同-合法来源”标准并加以适用。②“接触”是手段，“实质性相同”是目的，“排除合法来源”是条件，“接触+实质性相同-合法来源”是判断侵犯商业秘密的基本要求。③所谓“接触+实质性相同-合法来源”标准是指商业秘密权利人在证明自己主张的涉案信息构成商业秘密的前提下，法院要求商业秘密权利人首先要举证证明行为人“接触”其主张的商业秘密，且证明涉案信息与其主张的商业秘密“相同或者相似”后，若行为人无法证明其合法来源时则认定行为人侵权。在传统环境下企业侵犯商业秘密的侵权案件中，由于商业秘密的原件、数据等基本是以纸质形式进行储存，侵权人实施的侵权手段一般也仅局限在使用现实手段不正当侵犯企业的商业秘密。因此，商业秘密权利人举证证明侵权人侵犯其商业秘密的难度也比较小。互联网具有虚拟性特点，侵权人“接触”商业秘密的行为也很容易被隐蔽和销毁。侵犯互联网环境下商业秘密的行为、证据都是以电子数据形式存在，而这种数字化的电子证据非常容易被销毁，从而导致商业秘密权利人取得证据的难度加大。一般而言，侵权人在使用不正当手段“接触”企业的商业秘密后只需点击几下鼠标就可以完成侵权行为，且不会留任何痕迹。即便是在事态紧急的情况下，侵权人也能够在很短的时间内就把互联网上的一切信息删除殆尽。总的来说，互联网的虚拟性特点极大隐匿了侵权人的侵权过程和

① 参见刘秀：《大数据时代企业商业秘密的侵权风险及防御策略》，载《安徽商贸职业技术学院学报（社会科学版）》2016年第4期。

② 陈旭：《上海法院知识产权案例精析》，人民法院出版社1997年版，第303页。

③ 孔祥俊：《商业秘密保护法原理》，中国法制出版社1999年版，第295页。

侵权后果。因此，商业秘密权利人取得侵权人“接触”其商业秘密的证据将变得艰难，其在诉讼中就很难对侵权人“接触”商业秘密进行举证证明，从而不利于维护其合法权益。

另一方面，互联网具有技术性特点，商业秘密权利人对侵权人实施的技术性“接触”行为举证证明的难度十分大。互联网环境下的商业秘密因其以电子数据形式储存在互联网上而区别于传统环境。由于互联网环境下侵犯商业秘密的行为具有较高的技术性，使得侵权人“接触”商业秘密的手段和途径更加多样化。此外，由于侵权行为具有较高的技术性，一般中小企业因其资本实力、互联网技术水平低，很难就该技术性手段进行取证，且需要花费企业极大的成本和精力。在互联网环境下的商业秘密侵权案件中，侵权人以通过黑客非法入侵、窃取系统密码、破坏电脑防火墙、非法解密等高技术手段获取企业储存在互联网环境下的商业秘密，若要求商业秘密权利人对侵权人“接触”其商业秘密进行举证实属加重企业负担。例如，在广州优网计算机科技有限公司与广州市易线联计算机网络服务有限公司侵犯商业秘密纠纷一案中，① 因原告无法举证证明被告如何通过黑客手段侵犯其主张的商业秘密，法院判定原告主张被告通过黑客手段侵犯其商业秘密缺乏依据，不予支持并驳回原告的诉讼请求。由此可见，商业秘密权利人举证证明难成为我国互联网环境下企业商业秘密保护的困境之一。

总的来说，在互联网环境下，企业无法依据现有法律规定直接获得商业秘密保护的科学指引，也无法采取合理有效的方法用以保护企业的核心商业秘密。此外，现有的法律制度也未能够为维护企业商业秘密提供全面的法律依据和制度遵循，进而导致企业维权需要花费极大的成本。因此，随着互联网的不断发展，寻求解决互联网环境下企业商业秘密困境的策略是不可避免的话题。

三、国外互联网环境下企业商业秘密保护经验的借鉴

（一）注重事前预防机制对商业秘密的保护

美国的《统一商业秘密法》(Uniform Trade Secret Act)、《反不正当竞争法重述》(Restatement Third, Unfair Competition) 在“采取保密措施”章节对“事前预防机制”进行了全面、具体的论述。美国商业秘密保护法认为，无论采取保密措施是作为一项独立的要求，还是作为商业秘密其他构成要件中的一个要件，商

① 参见广州市白云区人民法院（2007）云法民三初字第 47 号民事判决书。

业秘密权利人都应根据与信息的价值和保密性有关的其他现有情况构建事前预防机制。《统一商业秘密法》第 1 节“评论”中论述，商业秘密的保护应采取合理的预防措施，包括不间断地告诫内部工作人员有商业秘密的存在，在“需要知道的基础”上限制对商业秘密的访问等。《反不正当竞争法重述》第 39 节（g）中提到，保护商业秘密的措施可以多种多样，包括防止未经授权而获得信息的物理保护措施，针对“需要知道”的程序，以及向接收者强调信息的秘密性质的措施，如不得披露的协议、标记和限制性说明。依据上述美国商业秘密保护法的相关规定，商业秘密权利人一般可以物理措施角度建立事前预防机制：一类是防止外来人员侵犯商业秘密而采取的预防措施，如设置门岗、设定区域、加设门锁等；另一类是防止内部人员和合作者泄露商业秘密的措施，如对信息分级管理、签署保密协议、在相关信息上做秘密性标记、提高人员的保密意识等。除此之外，由于在处理当今商业活动的过程中涉及互联网的广泛运用，美国也重视技术性预防措施对商业秘密的保护，商业秘密权利人可以通过设定口令和密码、防火墙、信息加密等手段来防止商业秘密通过网络被公开或者被知悉。

欧盟 2016 年颁布的《数据保护通用条例》（General Data Protection Regulation）被誉为最严格的数据保护方案取代了欧盟于 1995 年颁布的《数据保护指令》。欧盟对数据保护采取事前防范与事后处罚双管齐下的方式，在《数据保护通用条例》《电子通信网络与服务的统一监管框架指令》等制度中均强调了“隐私风险评估”理念。《数据保护通用条例》指出在司法实务中给以个案分析的精神，在相应的场景中具体地评估数据处理行为的风险，并根据风险登记采取相应程度的管理措施，是一种贯穿于数据处理生命周期全程的动态控制，直指将隐私风险控制在可接受范围内的最终目标。① 该条例的主要亮点之一在于第 32 条第 2 款强调统筹先进的技术带来的可能性和严重性的风险，并在信息保护中注重风险预防。欧盟“风险评估、预防”理念也体现在其具体的“指令”之中：一方面，欧盟在《电子通信领域个人数据处理和隐私保护的指令》（2002/58/EC 号指令）第 4 条指出，指令要保证数据处理安全的措施应当与当前风险匹配：（1）确保数据仅能由经过授权的工作人员基于合法授权的目的获得；（2）确保储存的或传输的信息免遭意外或非法的毁坏或未经授权地被获取、泄露。另一方面，欧盟也在《电子通信网络和服务的公共监管框架指令》（2002/21/EC 号指

① 参见范为：《大数据时代个人信息保护的路径重构》，载《环球法律评论》2016 年第 5 期。

令）中指出，国家机关在电子网络通信与服务中的对涉及隐私的信息负有动态监管责任，其中第 8 条第 4 款、第 5 款强调国家机关应对涉及秘密的信息进行动态的监管，以保证监管的可预测性。可见，国外一些国家的立法特别重视对商业秘密风险预防机制的建立和完善，物理防护措施和技术防护措施的运用对商业秘密的保护起着关键作用，可以为我国企业保护互联网环境下的商业秘密所参考。

（二）适用“推定”证明方法来平衡当事人的诉讼利益

以美国的法律程序模式为代表的普通法系，主张在商业秘密侵权案件的举证证明中采用“推定”的法律方法。美国各州立法者已经注意到商业秘密保护中的一些商业现实：“那些采用不正当手段披露或使用他人商业秘密的人，通常会努力设法掩盖他们的种种行径，使得商业秘密权利人要举证证明他们侵犯商业秘密的事实非常困难。”侵犯商业秘密的事实难以被举证证明时无疑会对被告一方有利。[①] 通过推定有助于法官从基本事实推断出一定的事实，可以帮助法官就是否侵犯商业秘密的事实得出结论，并以此来解决事实的不确定性。在很多的商业秘密侵权案件中，原告可能只有“一发子弹”，可能缺乏证据或因经济原因无法收集证据，以证明这些经常钻法律漏洞、在诉讼中占有证据优势的被告的过错。[②] 因此，互联网环境下的商业秘密侵权案件中适用“推定”证明方法便显得意义重大。例如，圣玛丽荣誉中心诉希克斯案中，美国最高法院判决中描述：推定成为推动证据呈现的手段。[③] 通过适用“推定”的方法使法官有理由推断被告侵犯原告的商业秘密，从而可以促进被告提出具有证明力的论据和证据抗辩原告提出的商业秘密被侵权的主张。因此，适用推定来分配证明标准有利于平衡当事人的诉讼利益。

日本《反不正当竞争法》（Unfair Competition Prevention Act）、泰国《商业秘密法》（Trade Secrets Act）中均明确规定在商业秘密侵权认定过程中适用“推定”的法律方法，且后者进一步在法律条文中将“实质性相同”作为商业秘密权利人举证证明的标准。日本《反不正当竞争法》第 5-2 条规定，行为人通过不正当手段获取、使用或披露了商业秘密权利人的技术秘密，并且其生产的产品可以很清楚地被发现使用的是他们获得的技术秘密，则推定行为人构成商业秘密

---

① Adrian S. Zuckerman. Quality and Economy in Civil Procedure : The Case for Commuting Correct Judgments for Timely , Oxford J. Legal Stud, 1994, pp.353-355.

② 黄武双：《商业秘密保护的合理边界研究》，法律出版社 2018 年版，第 245 页。

③ St. Mary's Honor Center v. Hicks ,509 U.S. 502,536(1993).

侵权。泰国《商业秘密法》第12条规定，在商业秘密权利人提起的商业秘密侵权案件中，如果商业秘密权利人能够证明被告所生产的产品与使用商业秘密权利人商业秘密生产的产品相同，除被告能够提出相反的证据外，应当推定被告在制造该产品时侵犯了商业秘密权利人指控的商业秘密。可见，为了解决商业秘密侵权诉讼中原告难以提供或无法取得侵权证据的困境，许多国家的立法中已经确定将“推定”适用于商业秘密侵权案件中。但是，如美国、日本等国家关于“推定”方法的适用多是用于解决传统环境下商业秘密侵权案件的困境，并未能够为互联网环境下商业秘密的保护提供合理的标准。面对互联网环境下商业秘密侵权案件的新特点，借鉴泰国将“实质性相同”作为原告举证证明的标准，可以有效解决互联网环境下商业秘密保护的困境。

四、我国互联网环境下企业商业秘密保护的应对方法

（一）健全互联网环境下企业商业秘密保护的预防机制

企业缺乏预防机制或预防机制不完善是导致商业秘密泄露的首要原因。互联网环境下企业商业秘密被侵犯所带来的影响完全不同于传统环境，互联网摆脱了传统环境的限制，商业秘密一旦被侵犯后，极易在互联网上以极快的速度蔓延，从而给商业秘密权利人造成重大损失。因此，商业秘密预防机制的建立和完善是必要的，这不仅源于商业秘密的价值性，还在于其秘密性特点，而后者更凸显预防机制对商业秘密保护的特殊意义。

第一，互联网环境下的企业要充分认识商业秘密保护的重要性及战略性，增强商业秘密保护意识。一方面，企业自身要充分认识到互联网环境下商业秘密对发挥竞争优势、占据市场地位的重要性，以及商业秘密被侵犯后产生的不利影响。企业在经营过程中应将商业秘密保护居于核心地位，从源头上阻止商业秘密被侵犯事件的发生。另一方面，企业需要将这种保密意识持续地向企业的管理人员和其他工作人员进行传输，确保提高企业内部人员的保密意识。[①] 具体操作中，企业可以通过书面通知的形式告知内部工作人员，也可以持续对内部工作人员进行保密工作的培训以强化其保密意识等。[②] 接着，企业也需要不断加大对互联网保密措施的投入，针对互联网的虚拟性、技术性等特征采取相应的保密措施。例如，企业可以对储存商业秘密信息的电脑加强防火墙设置，以防止黑客、

① 周琳：《商业秘密预防性保护之比较研究》，大连海事大学2012年博士学位毕业论文。
② 参见张成立：《论商业秘密的预防性保护》，载《河北法学》2004年第4期。

病毒的侵入。企业也可以将办公电脑设置成局域网的形式，从而与外界网络进行隔绝，并且禁止企业员工将办公电脑及电脑里储存的信息带出办公区域，以此来防止商业秘密被泄露。①

第二，我国互联网环境下的企业可以借鉴国外“风险评估”理念，加强对互联网环境下商业秘密的分级管理和动态监控。首先，企业需要建立内部信息审查制度对不同的信息进行甄别和筛选，从而判定可以作为商业秘密进行保护的范围。与此同时，企业应确定商业秘密的保密层级，并实行层级保密制度，对符合商业秘密要件的信息依据其对企业的重要程度分别进行分类标记。此外，对不同层级的商业秘密进行不同程度的动态监控和管理，具体包括：一是实行权限准入，对不同层级的商业秘密设置不同的权限，只有具有相应权限的工作人员才能接触该商业秘密信息，非企业内部工作人员或者不具有权限的工作人员则不被允许接触；二是实行动态监控管理，对储存在互联网环境下的商业秘密实行全天候、不间断的监控管理，对接触商业秘密的人员持续进行记录，一旦发现有异常情况应及时处理；三是建立专门的商业秘密保护机构，聘请专业的员工分别负责不同层级的商业管理和监控，并对这些员工实行责任制，以加强其保密意识。

（二）完善互联网环境下商业秘密权利人的举证证明标准

互联网环境下的商业秘密是以电子数据信息形式进行储存和使用的，传统环境中的证明标准并不完全适用于互联网环境。为了便于权利人能更加顺利地举证，我们必须寻求更适合互联网环境的举证证明标准，切实保证商业秘密被侵犯之后，权利人能够使用法律的武器捍卫自己的合法权益。

一方面，对商业秘密侵权证据举证时可以借鉴国外“推定”的证明方法，从而平衡当事人之间的诉讼利益。法院审理商业秘密侵权案件结果的正当性是需要证据支持的，而发现并向法院提供证据需要必要的“时间”“金钱”和“能力”。根据“谁主张、谁举证”的原则，法院通常将举证证明的责任分配给原告。如果原告在提供证据的过程中需要花费的时间和金钱过多，或者发现和提供证据的能力过弱，法院则不会支持其诉讼请求。在此情况下，传统的“谁主张、谁举证”的原则，可能会成为商业秘密权利人寻求法律救济的障碍。因此，在举证过程中采用“推定”的证明方法，在商业秘密权利人完成简单的举证之后，由侵权人提出具有说服力的证据，能够平衡当事人之间的诉讼利益。若侵权人并

---

① 参见冯晓青：《网络环境与企业商业秘密保护策略》，载《重庆大学学报（社会科学版）》2006 年第 5 期。

未侵犯商业秘密权利人主张的商业秘密，其可以很容易提供证据进行反驳和抗辩，如提出是通过反向工程、独立研发获得的商业秘密等。

另一方面，在“推定”方法的基础上，可以适用“实质性相同-合法来源”作为当事人的举证证明标准。尽管依据《关于禁止侵犯商业秘密行为的若干规定》第5条、《反不正当竞争法》第32条之规定“推定”以“接触+实质性相同-合法来源”标准来判断行为人是否构成商业秘密侵权。① 但正如上文所述，该原则的目的主要是解决传统环境下商业秘密权利人举证难的问题，当适用互联网环境下的商业秘密侵权案件时会存在明显的滞后性。互联网独有的特点使得商业秘密侵权的方式和手段较之传统环境会更隐蔽、更难以被发现。对于因技术手段限制而无法作出是否“接触”的明确认定，若仍严格适用“高度盖然性标准”则可能显失公平时，可以结合商业秘密权利人提供的证据和被告提出反驳证据的情况，适当降低商业秘密权利人的证明标准。② 如发生在互联网环境下的商业秘密侵权案件，法院可以考虑商业秘密权利人在举证证明涉案商业秘密与其商业秘密“相同或相似”后，由行为人承担证明商业秘密合法来源的责任，此时若行为人无法证明该秘密的合法来源，则应被认定侵权。

总的来说，完善商业秘密权利人的举证证明标准，可以起到以下几个方面效果：（1）减轻商业秘密权利人的举证负担，有效保护了商业秘密权，维护社会公平竞争秩序。（2）解决商业秘密权利人举证难的问题，有利于查明案情，提高司法实务的效率。（3）符合法律的基本原则，在强调保护企业利益的同时，也注重平衡各方利益，有利于促进当事人诉讼中举证的积极性。

五、结语

随着计算机、互联网等高新技术的飞速发展，商业秘密保护的范围和内容在不断扩大，商业秘密侵权的存在形式也更加复杂多样，互联网环境下企业商业秘密的保护面临着诸多困境。在互联网环境下，为了更好地维护企业商业秘密的合法权益，其策略的制定应注重加强企业商业秘密保护的事前预防机制，并要尽可能地完善现有法律体系以便有效保护互联网环境下的商业秘密。

---

① 张玉瑞：《商业秘密法学》，中国法制出版社2000年版，第609页。

② 参见宋健：《商业秘密知识产权案件若干问题研究》，载《法律适用》2010年第Z1期。

浅析共享经济时代下企业数据的权利保护

◎华佳悦*

内容提要：当今共享经济时代下大数据技术快速发展，数据渐渐成为企业间竞争的重要工具，数据既是一项无形资产，也是一项新型财产，不少企业对数据越来越重视，数据之争好比企业间的一场没有硝烟的战争，掌握更多更新数据的企业无疑掌握主导权，因此企业对于数据的保护措施也越来越丰富。但是法律具有其滞后性，我国目前的法律法规跟不上信息技术的飞速发展，在对企业数据权利的保护上，无论是对企业数据和个人信息的准确区分，还是对企业数据权利的属性及内容，都没有专门的立法予以认定，同样在对企业数据权利保护这一方面也处于空白状态，司法裁判面对企业之间的数据纠纷案件中更多的是运用《反不正当竞争法》去间接地对企业合法的数据权利予以保护，故本文在此对企业数据的性质、企业数据的权利属性及其内容、目前学术界提出对企业数据权利的三种保护方式以及我国目前对企业数据权利的司法保护现状作简要评析。

关键词：企业数据　个人信息　权利属性　权利内容

一、研究背景

共享经济时代，数据在众多互联网企业中取得了基础战略资源的重要地位。据有关统计，我国企业近几年在数据产业中无论是相关研发投入、科研人员配置还是企业规模都处于世界领先的位置，数据产业的发展之快、质量之高、技术之先进程度让人惊叹。当下我国各大互联网巨头企业的竞争更多的是数据竞争，企业的数据库平台通过对各大特定人群的爱好、兴趣、日常消费习惯、个体消费能力等进行数据挖掘并进行相应的数据分类和分析，来更加准确地掌握用户不同的

* 华佳悦，汇业律师事务所律师。

需求和市场竞争的状况，从而实现产品的精准营销以及对未来各大群体的需求变化和各个城市的经济发展趋势进行更加精准的预测。

另外，我们也在同样享受着共享经济时代给我们的日常生活带来的便捷，如共享汽车、共享单车、共享充电宝等，企业都是根据用户使用前、使用中及使用后的数据来实现精准的投放。共享经济下的数据无论是对企业采购、生产、制造、经营、销售、服务等各个阶段的变革，还是对我们个人的生活习惯的改变而言，都具有重要的意义。企业数据背后蕴藏着巨大的经济价值，并且随着互联网及共享经济的发展逐渐演变为各个企业的新型财产。由此，更有学者提出，当今互联网环境中的海量数据正在成为企业的一种创造财富的手段，它的价值堪比黄金和石油。①

在共享经济的发展中，企业数据正在慢慢成为一种重要的市场交易对象，企业数据的形成无论是给互联网行业还是给其他传统行业，如制造业和服务业等，都带来了商机，但与此同时也给法律领域带来了一系列的挑战。一方面，传统法律并未明确区分“信息”与“数据”的概念，将个人信息保护和企业数据保护的概念相混同；另一方面，储存于网络空间中庞大数据资源的权利主体的法律地位、数据权利的属性界定、分类归属、保障方式以及因对数据权利的侵害行为所产生的相关法律责任，对数据资源权利主体合法权益的保护政策等问题层出不穷，这其中的核心问题是要对数据财产权利的法律属性以及权利主体对数据财产的持有、控制、管理、收益、转让、处分的法律权利予以明晰，从而更有效地实现对权利人相关权益的有效保护。对于数据财产权利的法律性质及其法律地位的认识，无论是法学界还是实务界都处在不断探索和逐步认识的过程中。

然而，现阶段在我国，有关企业数据权利保护的法律规定几乎是处于缺失的状态，企业数据权利的定位、分类、获取、使用、转让等均不清晰，企业数据权利的保护方式仍然存在很大争议。这些问题在当前大数据交易实践中已经显得十分突出，必将对我国数据产业的健康发展造成不利影响。笔者通过网络搜索此前的司法判例，发现已经有法院提出了保护企业数据权利的问题，判决书中这样写道：“数据作为一种特殊类型的物，在大数据、云计算、数据革命的年代，应该得到法律的保护。”② 但是，判决书中所载明的“特殊类型的物”，到底应如何得

---

① 参见于志刚：《“大数据”时代计算机数据的财产化与刑法保护》，载《青海社会科学》2013年第3期。

② 江苏省海门市人民法院（2018）苏0684民初5030号民事判决书。

到保护，在我国现在的民法、知识产权法、反不正当竞争法、网络法、信息法等领域都有学者提出了自己的主张，“尊重和保护权利过程中的每一场冲突、每一个方案、每一次努力，都会拨动权利价值的敏感神经”①。但是，这些学者提出的主张和建议尚未得到司法实践的积极回应。

尽管当前《民法典》《网络安全法》等相关法律已经对数据、虚拟财产的保护、利用等作出相关规定，但这些较为原则性的条款难以在实践中妥善解决共享经济条件下企业数据财产权利的持有、控制、管理、收益、转让、处分等带来的诸多法律难题。尤其是以企业数据所有权为核心，企业数据收益权、数据使用权、数据经营权和数据处分权等数据财产权利问题的提出在法学界和实务界引起了较大争论，形成了不同的学说，笔者通过比较数据与信息的不同、数据权利三种学说的区别以及我国企业数据权利保护的立法现状三个方面进行简要评析。

二、企业数据纠纷案例及引发的法律思考

（一）企业数据纠纷案例分析

1. 北京淘友天下技术有限公司、北京淘友天下科技发展有限公司诉北京微梦创科网络技术有限公司不正当竞争案②

微梦公司是新浪微博的经营人，是网站 www.weibo.com、www.weibo.com.cn、www.weibo.cn 的备案人，获得网络文化经营许可证，二淘友公司共同经营脉脉软件及脉脉网站（网址为 http://maimai.cn），双方签订《开发者协议》通过微博平台 Open API 进行合作，合作期自 2013 年 9 月 11 日至 2014 年 8 月 15 日。合作期间内，二淘友公司超出合作权限获取并使用新浪微博用户的职业信息、教育信息；双方合作结束后，二淘友公司对从新浪微博获取的非脉脉用户的信息进行了清理，但截至 2014 年 9 月脉脉软件中仍显示部分非脉脉用户的新浪微博用户信息。二淘友公司未经新浪微博的授权及新浪微博用户的同意，展示了脉脉用户手机通讯录联系人与新浪微博用户的对应关系。脉脉软件对其用户采用了加 V 认证标识，但并非抄袭新浪微博的加 V 设计。二淘友公司在脉脉网站、脉脉软件及第三方网站上发表声明“因新浪微博今日要求交出用户数据才能继续合作，我们拒绝接受……用户隐私是底线，脉脉无法接受与用户数据有关的任何要求，我们选择关闭微博登录!”所用配图有新浪微博标识被加禁止符号。

---

① 夏勇：《权利哲学的基本问题》，载《法学研究》2004 年第 3 期。

② 北京知识产权法院（2016）京 73 民终 588 号民事判决书。

二审法院审理后认为：互联网中第三方应用通过开放平台如 Open API 模式获取用户信息时，应坚持“用户授权” + “平台授权” + “用户授权”的三重授权原则。本案二淘友公司与微梦公司通过新浪微博平台 Open API 进行合作，二淘友公司未经新浪微博用户的同意，且未取得新浪微博的授权，获取并使用新浪微博用户的职业信息、教育信息，侵犯了微梦公司的竞争优势，破坏了互联网行业的公平竞争秩序，构成《反不正当竞争法》第 2 条规定的不正当竞争行为。在现阶段技术手段无法实现相应技术效果的情况下，技术实施者有义务就其采取的具体技术手段进行举证。本案二淘友公司是否通过脉脉用户手机通讯录联系人展示与新浪微博用户的对应关系，在现有技术手段无法实现如此高精准和极具个性化信息的匹配关系时，二淘友公司无法举证如何获得该种对应关系，应当对此承担举证不能的不利后果。在互联网环境中，一方披露另一方负面信息时，虽能举证证明该信息属客观、真实，但披露方式显属不当，且足以误导相关公众产生错误评价的行为构成商业诋毁。本案二淘友公司没有客观、完整地披露其与微梦公司终止合作的前因后果，其公开发表的声明将会误导新浪微博用户及其他相关公众，对微梦公司产生泄露用户信息及以交换用户数据为合作条件的错误评价，进而导致新浪微博的信用度降低，影响微梦公司的商业信誉，故二淘友公司的前述行为构成对微梦公司的商业诋毁。

2. 浙江蚂蚁小微金融服务集团股份有限公司、重庆市蚂蚁小微小额贷款有限公司等与苏州朗动网络科技有限公司商业诋毁纠纷案①

蚂蚁微贷公司是蚂蚁金服集团的全资子公司。蚂蚁花呗是一款蚂蚁金服集团旗下依托于支付宝平台的消费金融产品。根据百度百科及相关媒体报道显示，蚂蚁花呗于 2015 年 4 月上线，是一款用于互联网购物的消费信贷产品。2016 年 8 月 4 日，蚂蚁花呗消费信贷资产支持证券项目在上海证券交易所挂牌，成为上交所首单互联网消费金融 ABS。蚂蚁微贷公司及其合作机构系蚂蚁花呗的服务商，为用户提供在线消费金融服务，蚂蚁微贷公司主要为蚂蚁花呗提供资金支持和平台服务，蚂蚁金服集团及其关联公司为蚂蚁花呗提供接入入口、技术支持及客服保障等服务。

朗动公司成立于 2014 年 3 月 12 日，注册资本 3000 万元。经营范围包括计算机软件开发、计算机信息技术服务；通信系统自动化软硬件的开发，并提供技术咨询、技术服务；计算机软硬件的销售及维护；软件设计及技术转让，并提供

① 杭州铁路运输法院（2019）浙 8601 民初 1594 号民事判决书。

相关技术服务；企业管理咨询；市场调查；企业征信业务；企业信用评估；信用管理咨询。公司主页中业务范围介绍显示，公司主要提供企业信用信息查询服务。具体包含三大产品：企业信用信息查询 APP、企查查、云聚数据。关于企查查的介绍显示，企查查是一款服务大众的企业信用信息查询工具，提供北京、上海、广州、武汉、河南、河北、浙江、安徽、山东、湖南等地的企业工商信息，公司工商注册登记信息信用查询服务。

企查查是朗动公司旗下的一款企业信息查询工具，旨在为用户提供快速查询企业工商信息、法院判决信息、关联企业信息、法律诉讼、失信信息、被执行人信息、知识产权信息、公司新闻、企业年报等服务。公司拥有大数据挖掘、数据建模、行业标准定义和可视化分析技术。2019 年 8 月《新民晚报》关于企查查的报道中指出，从 2014 年 3 月开始，企查查推出商家工商信息查询服务，是国内出现的第一家商业信息查询类创业公司。核心原理是通过爬虫技术从国家工商信息网站等政府机构官方网站，以及互联网公开数据中爬取企业信息形成商业信息报告，提供给 B 端企业和 C 端用户使用。企查查的数据库积累超过 1.5 亿家企业数据，包括在营业、已经注销和吊销的企业，占全国工商企业数据的约 99%。

2019 年 5 月 5 日至 6 日，企查查平台向其付费 VIP 用户多次推送蚂蚁微贷公司虚假或误导性的清算变动信息通知和监控日报，造成“蚂蚁微贷进入清算程序”等不实信息被媒体广泛报道，有关蚂蚁微贷公司的经营状况和“蚂蚁花呗”产品运营情况的错误信息呈几何式扩散，使得蚂蚁金服和蚂蚁微贷的良好商业信誉和“蚂蚁花呗”的产品声誉遭受难以弥补的损失。

法院审理后认为：首先，朗动公司的行为违反了征信业法定义务和大数据行业规则。《征信管理条例》规定，征信机构应当采取合理措施，保障其提供信息的准确性。国家标准化管理委员会先后于 2017 年和 2018 年出台了《信息技术大数据术语》（标准号：GB/T 35295-2017）、《信息技术数据质量评价指标》（标准号：GB/T 36344-2018）两部国家标准，均明确数据产品和服务提供中对于数据准确性和一致性的要求。国家网信办及各行业协会先后出台了《中国大数据行业自律公约》《数据流通行业自律公约》《大数据标准化白皮书》等行业自律性文件，进一步明确了数据准确性是大数据行业发展的商业道德；数据采集过程应严格控制数据质量，确保其符合质量要求；数据提供者在过程中应注意对数据来源进行甄别和验证，保证数据的合法性、真实性和有效性等相关要求。本案中，根据庭审查明的事实，作为集中收集企业信息的大数据平台，企查查在 2019 年 5 月 5 日和 6 日，通过在平台发布和向订阅用户推送的方式，公布了蚂蚁微贷公司的清算信息。经过庭审调查，该清算信息与蚂蚁微贷公司的相关信息存在以下差异：第一，从信息来源上，清算信息与国家企业信用信息公示系统公示的信息不相符。朗动公司称其所有信息均是采集自国家企业信用信息公示系统，其推送的蚂蚁微贷公司的清算信息与国家企业信用信息公示系统公示的信息一致。但事实上，被控侵权行为发生时，国家企业信用信息公示系统公示了蚂蚁微贷公司存在一位清算组负责人和两位清算组成员，而并无新增清算组成员的变更信息。第二，从清算主体上，清算信息与蚂蚁微贷公司的客观实际不符合。清算行为是蚂蚁微贷公司更名前的主体重庆阿里小微小额贷款有限公司实施的，并非本案的蚂蚁微贷公司。第三，从清算时间上，企查查平台推送的变动时间与实际清算信息时间不符。国家企业信用信息公示系统显示蚂蚁微贷公司清算的时间发生在2014年，而企查查平台以“变动时间”为2019年5月5日的表述方式进行推送，没有在客观上反映蚂蚁微贷公司发生清算行为的实际日期。上述推送内容中存在以下两个误导性行为：一是将推送时间表述为“变动时间”；二是在发布和推送方式上以“变更/新增信息”的方式进行推送，在推送标题上表述为新增清算组成员。因此，朗动公司的信息发布和推送行为因违反数据质量的相关法规和行业标准具有不正当性。对于原告主张的朗动公司发布公开声明和置顶媒体报道的行为，从行为内容和对事件进行澄清的目的看，不应认定为具有不正当性。

其次，朗动公司的行为损害了其他经营者和消费者的合法利益。作为提供企业征信信息的朗动公司，提供全面、及时、准确、完整的企业数据的能力将增加消费者的黏合度，为其带来竞争优势，但同时，数据一旦存在偏差，特别是负面信息的偏差，将直接影响作为原始数据主体企业的商誉和社会评价。由于信息发布行为造成的认识错误将导致用户企业或个人在交易时对其他经营者的经营状况、关联关系等产生错误的认识，无故减少其他经营者的交易机会，或增加经营者的交易成本和负担。本案中，企查查针对蚂蚁微贷公司清算信息的推送行为，企查查平台用户和其他数据消费者，基于对企查查平台发布信息公信力的信任，将可能陷入错误认识的风险之下，并直接影响消费者的选择意愿，降低消费者对蚂蚁微贷公司的社会评价。正如本案查明的事实，企查查平台推送的针对蚂蚁微贷公司的清算信息引发了大量媒体报道，给公众造成了蚂蚁微贷公司面临清算的误导。因此，朗动公司的行为损害了经营者的声誉，造成了市场参与者和关联方的信息误导，可能损害各方参与者的合法利益。

最后，朗动公司的行为损害了以信用为基础的市场竞争秩序。信用是市场经济运行的前提与基础，市场经济主要通过市场机制实现资源配置，而作为市场机制核心内容的商品交换的基本原则是建立在信用基础上的等价交换。市场活动被信用关系联结，信用关系作为一种独立的经济关系维系、支持、形成市场秩序。朗动公司作为从事企业征信业务的互联网征信机构，在享有征信数据带来的经济利益的同时，还应当对数据质量负有一定的注意义务，征信数据的数据质量不但影响互联网征信机构自身的竞争能力，还因为数据本身对数据主体的商誉影响，而影响数据主体的竞争优势。朗动公司针对蚂蚁微贷公司推送企业信息的行为，在数据存在偏差的情况下，将给蚂蚁微贷公司带来商誉上的损害，并且影响蚂蚁微贷公司的市场竞争优势。

（二）企业数据纠纷案例引发的法律思考

1. 个人信息与企业数据的界限模糊不清

案例一是国内首例涉及互联网用户数据信息的不正当竞争纠纷案件，因涉及互联网用户个人数据信息的商业化利用及互联网新技术手段和新商业模式的评判使得本案兼具技术查明、法律适用及利益平衡三重难题。本案虽以当时有效的《反不正当竞争法》为法律依据，但亦充分考虑了当时《反不正当竞争法》（送审稿）及当时本领域专家对于《反不正当竞争法》修订的相关意见。同时，虽然《网络安全法》在裁判当时尚未生效，但其中关于保护个人信息的相关规定亦为本案所吸纳。此外，本案在审理时还查阅了当时其他国家和地区关于个人用户信息保护以及用户数据信息商业化利用的相关规定及案例，特别是经合组织《隐私保护和个人数据跨境流通指南》、欧洲委员会《个人信息自动化处理中的个人保护公约》、欧盟《统一数据保护条例》、美国《正当信息通则》等，亦从比较法的视角总结提炼涉及用户数据信息商业化使用时的基本商业道德和行业惯例。但法院在当时并未明确界定用户个人信息和企业数据，而是把互联网用户信息等同于企业的数据，运用《反不正当竞争法》为依据作出判决，稍显不合理，笔者认为应对个人信息和企业数据的区别及认定加以区分，才能作出更加公正的裁判。

2. 企业数据的权利属性及保护方式模糊不清

案例二中对于企业数据的权利属性并未明确，法院保护权利的方式同样也是运用《反不正当竞争法》，随着信息技术与互联网的不断发展，数据在不同企业、不同行业中应用的范围越来越广泛，发挥的作用也越来越强，并且同样的数据如果运用在不同的场景或领域，发挥的作用也可能会不同。另外，在当今共享经济和大数据快速发展的时代，数据对于各个企业来说既是普遍的又是稀缺的，这使得越来越多的企业倾向于把数据作为财产权利来保护，使企业在市场竞争中保持领先的竞争地位。数据资源的稀缺性呈现出具有财产权专属性、不可随意移转性、不可无利益的交易性等样态。不同企业对数据资源的利用、加工、处理、保护等方式的差异，以及市场变化、场景适用、产业政策等因素，将直接影响数据价值的增值速度、效度及强度。① 因此，对于企业数据及其财产权利的法律地位以及如何通过制定相关的法律法规将企业数据作为新型财产权利的一种，而不再通过《反不正当竞争法》加以间接保护对于我国相关法律法规的制定来说是非常具有紧迫性的。

三、企业数据的法律界定及司法保护方式

（一）明确“个人信息”和“企业数据”的界限及区分

信息是数据的含义，数据是信息的载体。众多互联网巨头企业的数据形成其实依赖于源源不断地与各种用户交互的用户个人信息，通过对用户个人信息的筛选、分类、匿名化、使用等方式形成对企业分析市场和发现战略机会的重要工具，同时在共享经济体制下，用户个人信息并不是只存在于某一个企业的大数据库中，而是会以同样的形式、同样的内容分别存在于多个企业的大数据库中。所以，“个人信息”和“企业数据”之间有着紧密的联系，但是两者却不能简单画等号，综观我国目前的立法，《民法典》《刑法》《行政法》《网络安全法》《消费者权益保护法》等，更多的是侧重对“个人信息”的保护，而没有一个具体明确的法条是与保护“企业数据”有关的。因为个人与企业民事主体的不同属性，所以对于“企业数据”的保护是不能运用“个人信息”的相关法律法规去同样保护的，但是目前我国在面对共享经济时代给法律制度提出的新要求，仍然沿用了将“企业数据”保护视为“个人信息”保护的传统法律保护模式。

目前，我国有一部分学者认为“企业数据”不同于“个人信息”，“企业数据”是“个人信息”的一种表现方式，“企业数据”是企业通过收集“个人信息”后运用企业计算机的算法对“个人信息”进行过滤、筛选、分类、处理最终以各种数据的形式呈现出来。② 但是，还有一部分学者认为，在共享经济时代，“企业数据”是用户个人的客观事实的数字化记录，它是独立的，是企业原

① 参见徐汉明、孙逸啸、吴云民：《数据财产权的法律保护研究》，载《经济社会体制比较》2020 年第 4 期。

② 参见程啸：《论大数据时代的个人数据权利》，载《中国社会科学》2018 年第 3 期。

生的，不依赖于“个人信息”，它的载体是计算机符号，并且可以被他人所识别和感知，“个人信息”是“企业数据”所表达出来的内容，它的表现形式具有多样性，企业可以通过不同的方式呈现出来。[①] 笔者认为，“企业数据”和“个人信息”是不一样的概念，两者在信息技术上并不能混为一谈，故两者在法律概念上也不应该视为同一事物，两者应当是形式和内容的关系，即“企业数据”是“个人信息”的载体，而“个人信息”是“企业数据”对外所呈现出来的内容，被他人所感知和接收。我国的互联网巨头企业普遍掌握了对各自用户所有的个人交互信息进行收集，并通过企业内部的计算机和网络算法，对所收集的“个人信息”进行筛选分类整理，分析不同用户的诸如近期需求、兴趣爱好、消费能力、消费习惯等技术，将企业的产品或服务精准推送给用户，以此来更有效地盈利，所以“企业数据”是各大企业间竞争的主要手段，对其的保护应更偏向于商业化，应是一种具有财产权属性的权利，不同于“个人信息”的保护，其兼具财产权属性和人格权属性，更偏向于私密性，注重个人隐私。

（二）企业数据权利的法律属性及内容

当前我国学术界对于企业数据权利的法律属性的说法众口不一，其中有人格权说、财产权说、知识产权说、商业秘密说等，不同的学术观点之间虽然看似分歧明显，但实际上大多数是由于学者分析的角度不同所导致的。不同学说之间的争论本无可厚非，但从权利救济的角度来看，对企业数据权利的不同定性将会对私法救济产生显著影响。因此，企业数据权利的法律属性之争不仅只是学说分歧而已，更涉及实体权利的救济问题。但遗憾的是，迄今为止我国学界对于企业数据权利的属性远未达成共识。笔者认为，对于人格权一说，企业数据不同于个人信息，个人信息具有浓厚的人格权色彩，是专属于个人的绝对权利，任何人不得侵犯，而在共享经济时代，同一组企业数据并未专属于某一个企业，其他企业在收集个人信息整理后也许会得出同样的一组数据，故数据对于企业来说并非绝对权利，不适用人格权一说；对于知识产权一说，我国法律规定中的知识产权更强调创新性，但是企业数据却没有很强的创新性，更多时候是对与之交互的用户个人信息进行过滤整理并分类，只是简单的计算机大数据处理步骤，并没有涉及对数据的创造，故不适用知识产权说；对于商业秘密一说，由于企业数据是对个人信息的合法收集后享有的占有、使用、处分、收益等权利，信息的原始产生者是

---

① 参见李爱君：《数据权利属性与法律特征》，载《东方法学》2018 年第 3 期。

个人，并非企业，不符合商业秘密的第一构成要件，即不能从公开渠道直接获取，故不能适用商业秘密说。笔者更倾向于将企业数据认定为兼具人格权和财产权的权利属性，因为在当今共享经济时代，企业掌握了不同用户的数据，可以做到精准地向用户推送自家的产品或服务，以此来获得收益、赚取利润，符合财产权的权利属性，同时用户的信息与用户个人不能完全地割裂开来，用户信息仍是专属于用户个人的，仍是受法律保护的，而企业数据的形成实则是对用户信息的“深加工”，企业对自己“深加工”的数据也有一定的控制权，具有一定的人格权的权利属性。

另外，当前我国学术界对于企业数据权利的内容也存在两个不同方面的看法。一方面，有些学者认为企业数据权利应同时包含数据人格权与数据财产权两个方面的内容，“数据人格权包括知情同意权、查阅权、更正权、删除权、可携权、封存权；数据财产权包括控制权、使用权、收益权、处分权”。[①] 因此，企业数据权利的内容中人格权和财产权是完全可以分开讨论的。另一方面，有些学者认为，“由于人格权是从属于自然人主体的不可转移的权利，因而数据权属所讨论的问题主要是指数据财产权的归属”。[②] 因此，企业数据权利的内容中是不包括人格权的内容的。笔者倾向于将企业数据认定为兼具人格权和财产权的权利属性，因此企业数据的人格权与财产权内容是难以被截然分开的。随着共享经济时代大数据技术的逐步发展，企业针对大量用户信息的收集、整理和分析后形成的数据在企业间竞争中已经呈现出了明显的财产价值，但这一财产价值主要是由于企业投入的资金、人力、物力及其他资源所获得的产品和服务的价值增值，而企业对于其拥有的大量数据还享受占有、管理、收益、处分等权利，因此企业数据权利的内容从客观上来讲应当是同时具备人格权和财产权的相关权利内容的。

（三）当今学者对于企业数据权利保护的三种学说

1. 赋权保护说

持此类观点的学者主张，应当制定相应的法律法规来保护企业数据的财产权利，一方面，应当区分个人信息与企业数据，通过立法的形式给企业数据下定义，不能将企业数据与个人信息混为一谈；另一方面，参照现有立法对个人信息的人格权和财产权均有说明，对于企业数据的立法，也应从数据经营权和数据财

---

① 张黎：《大数据视角下数据权的体系建构研究》，载《图书馆》2020 年第 4 期。

② 王卫、张孟君、王晶：《数据交易与数据保护的均衡问题研究》，载《图书馆》2020 年第 2 期。

产权去具体制定。数据经营权类似于特许经营权，是对于企业数据财产经营的特别限制，相当于拥有数据财产的企业所获得的一种营业资质或营业地位；数据财产权则是对企业在收集、整理、分析用户数据后形成的数据或数据产品所享有占有、使用、管理、收益、转让等所有者权益。[①]

2. 行为规制说

持此类观点的学者认为，应当通过相应的法律法规来明确数据生产者、数据加工者和数据使用者三者之间的权利义务关系，以确立数据自由获取和自由流通，数据共享和数据区分等数据交易的基本秩序。[②] 他们主张通过《合同法》《侵权责任法》《反不正当竞争法》等路径来实现对企业收集数据、整理数据、分析数据、形成数据、使用数据的行为进行调整。此类学者认为企业数据因其自身的特殊性，不同于一般的无体物，不能等同于知识产权法律中的专利、实用新型、商业秘密等无体物。因为在共享经济时代，一组数据大多数时候是由多个主体所共有的，企业数据形成后并不具有排他性，而是有其特有的公共属性，应当由全社会共同享有并使用。

3. 分类保护说

持此类观点的学者认为，由于企业数据在本质上和个人信息是不同的，企业数据并不具有绝对的物权和排他性的保护性权利，如果将企业数据简单归为一类，会妨碍共享经济时代下企业间的数据流通、数据交换、数据交易、数据共享，对于企业数据应分性质、分情况、分场景来进行保护。[③] 持该观点的学者认为，可以将企业数据分为公开、半公开和非公开数据三种类型，运用现行的法律法规可以对其进行保护，如对于企业公开的数据，可以参照《反不正当竞争法》中有关不得实施混淆行为、不得进行虚假宣传等规定予以保护；对于企业半公开的数据则可以采取类似于企业数据库的特殊保护方式；对于企业非公开的数据，可以参照《反不正当竞争法》中关于侵犯商业秘密的规定，笔者看到 2020 年最高人民法院出台的关于商业秘密的司法解释[④]中，第 1 条规定："与技术有关的结构、原料、组分、配方、材料、样品、样式、植物新品种繁殖材料、工艺、方

---

① 参见龙卫球：《数据新型财产构建及其体系研究》，载《政法论坛》2017 年第 4 期。

② 参见李雅男：《数据保护行为规制路径的实现》，载《学术交流》2018 年第 7 期。

③ 参见丁晓东：《论企业数据权益的法律保护》，载《法律科学》2020 年第 2 期。

④ 《最高人民法院关于审理侵犯商业秘密民事案件适用法律若干问题的规定》，最高人民法院，法释〔2020〕7 号，2020 年 9 月 10 日。

法或其步骤、算法、数据、计算机程序及其有关文档等信息，人民法院可以认定构成反不正当竞争法第九条第四款所称的技术信息。与经营活动有关的创意、管理、销售、财务、计划、样本、招投标材料、客户信息、数据等信息，人民法院可以认定构成反不正当竞争法第九条第四款所称的经营信息。”将数据归类为技术信息和经营信息，也是我国对企业数据的最新定义，将企业非公开数据作为商业秘密可以更有效地予以保护。

四、我国企业数据权利保护的立法现状

我国目前并没有对于企业数据权利保护的专门法律法规，更多的是运用《反不正当竞争法》来间接地保护企业数据权利，或者是将企业数据保护与个人信息保护相混同，比照个人信息保护的相关法律去保护企业数据，在立法上并没有明确区分个人信息与企业数据的不同概念。笔者通过查找有关法律法规，发现我国目前现有的如《计算机信息系统安全保护条例》《互联网信息服务管理办法》等一系列法律法规，其中都没有对企业数据保护的相关规定，是因为长久以来在人们的认知中，企业数据和个人信息是相同的概念，这使得企业数据权利的保护一直游离于法律的边界之外。另外，由于受到传统法律中关于个人信息安全保护观念的影响，立法者考虑的企业数据安全仅仅只是企业内部计算机系统及其运行的安全，而忽视了企业数据安全和数据财产权利的相关法律保护。

近年来，我国对于信息保护方面的立法得到了逐步的完善，但都是关于个人信息保护方面的，企业数据信息保护方面的立法却几乎没有。2009 年的《侵权责任法》中，首次将个人的隐私权写入其中，明确了个人隐私权的法律地位，开启了我国的个人信息保护政策。伴随着《侵权责任法》《刑法修正案（七）》新增加了非法获取公民个人信息罪和出售、非法提供公民个人信息罪，明确了非法获取或提供公民个人信息将有可能涉及刑事犯罪。2012 年的《关于加强网络信息保护的决定》中，则是对网络服务者在提供服务时获取的个人信息应当遵循合法、正当、必要的原则，明示收集、使用信息的目的、方式和范围，并经被收集者同意，不得违反法律、法规的规定和双方的约定收集、使用信息。2013 年，我国修订《消费者权益保护法》，其中第 29 条突出强调了经营者对消费者个人信息在收集和使用时应遵循的原则，并且不能随意泄露或丢失。2016 年，我国制定了《网络安全法》，这是迄今为止关于公民个人信息保护最为全面的立法，它明确规定网络运营商应当建立健全用户信息保护制度。最后，笔者注意到 2017 年修订的《民法总则》中，在第五章“民事权利”中首次提出对数据、网络虚

拟财产的保护，从而在立法层面初步将数据财产权益纳入了法律规范体系，但是随后 2020 年出台的《民法典》中却没有出现对数据财产权益保护的具体规则，这是笔者觉得可惜的地方，只能等待法律的进一步完善。

五、结语

企业数据作为共享经济社会中重要的新型财产权利客体，成为企业间激烈竞争的重要工具，可以说谁掌握更多的数据则在竞争中就越能处于领先的地位，这使得更多的企业开始对各自在为用户出售产品和提供服务的同时所收集的各种信息通过分析后形成的数据安全越来越重视，更多企业的技术部门开始对存在于企业数据库和互联网空间中的企业数据采取加密保护等措施，防止被他人不正当地获取。但共享经济时代的互联网空间是相当开放的，任何企业都不能在技术上做到真正的私密性，所以更需要通过有效的法律制度去对企业数据的财产权利予以保护。我国目前虽然没有针对企业数据权利保护的专门的法律法规，但越来越多的专家、学者对此进行探讨和研究，构建与之相适应的学术体系、话语体系、传播体系与法律制度体系，来适应共享经济社会和大数据时代的飞速发展，加速推动物权现代化，进而推进数字经济法治体系和法治能力现代化。

企业数据保护路径研究

◎陈雯雯*

内容提要：大数据时代，企业数据所蕴含的巨大的经济价值和其所聚合的多重功能日益凸显。我国目前的法律框架主要是通过知识产权法、反不正当竞争法对企业数据进行保护。然而现有的法律制度在保护对象和力度上都无法满足企业数据保护的需要，与现实需求并不具有完全适配性。对此，有学者提出了企业数据财产化的路径。笔者认为实现财产化路径具备可能性，但传统的财产权的构建无法解决财产权排他性和数据非竞争性、非排他性之间的矛盾。对企业数据保护制度的设计应当注重平衡各方的利益，以促进数据开放共享为原则，同时保护企业数据的私益。

关键词：企业数据　财产化　数据库特殊权利　分类保护

随着科技产业不断变革，数据成为信息时代至关重要的生产要素。按照其产生或持有的主体进行划分，可以分为个人数据、企业数据、政府数据。我国《民法典》第 127 条规定："法律对数据、网络虚拟财产的保护有规定的，依照其规定。"明确表示要对数据进行保护，但具体的保护方式界定模糊，依赖于法律的另行规定。在我国当前的立法中，对个人数据的保护多有着墨，然而对作为数据重要组成部分的企业数据的保护与规制，与其在大数据时代所占据的重要地位并不相称。

一、企业数据保护的现行制度

（一）著作权法的运用

企业通常主张其数据构成著作权法上的汇编作品以寻求著作权法上的保护，

* 陈雯雯，江南大学法学院硕士研究生。

以此排除第三人的妨害。这种做法固然能起到一定程度上的保护作用，但这种保护限定在有独创性的编排和选择上，而非构成汇编作品的数据本身，仅仅包括构成汇编作品的那部分数据，且其保护的对象是其展现独创性的抽象部分。学者李扬指出："只保护数据库的结构如同只保护一个装水的空瓶子，却不保护瓶子中的水，但对于数据库的开发和制作者来说，瓶子里的水才是最重要的。"①

著作权保护的前提是企业数据构成汇编作品，成为作品的前提是"独创性"。独创性的认定在传统领域也并非易事，更勿论数据的编排。此外，数据的收集倾向于全面性。著作权保护的可能性与数据的广泛性和量级是成反比的。②数据收集得越全面，可供编排和选择的余地就越小，独创性越难以实现。于企业而言数据资源是其生存和竞争的基础，为寻求著作权的保护而牺牲数据的广阔性无疑是惜指失掌。

（二）专利法的运用

为大数据申请计算机程序专利保护是企业保护数据的另一种方式。但是并非所有的计算机程序都可以受到专利的保护，其范围相当有限。《专利审查指南》第九章指出："如果一项权利要求仅仅涉及一种算法或数学计算规则，或者计算机程序本身或仅仅记录在载体……上的计算机程序，或者游戏的规则和方法等，则该权利要求属于智力活动的规则和方法，不属于专利保护的客体。"同时专利权的保护更强调技术性特征，只有构成技术方案才是专利保护的客体。然而大数据的相关程序往往只能被认定为规则性的算法，技术属性的认定存在困难和障碍。佰腾专利网资料显示，实践中我国大数据领域专利目前主要应用于计算机设备和数据处理设备，单纯的商业方法等并不在此限。

（三）反不正当竞争法的运用

企业援引反不正当竞争法主要分为两个角度：一是商业秘密，二是一般条款。

商业秘密保护相比著作权和专利权，其优势在于对构成商业秘密部分的原初数据本身进行了保护。但商业秘密保护无法对抗私人主体对数据的侵犯，也无法对抗通过合法合理的技术手段（如还原工程）获取数据。保护的原初数据覆盖范围也相当有限，仅仅只能对企业未公开的数据进行保护，对于已经公开的处在

① 李扬：《试论数据库的法律保护》，载《法商研究》2002 年第 1 期。
② 徐实：《企业数据保护的知识产权路径及其突破》，载《东方法学》2018 年第 5 期。

公共领域的数据则束手无策。

一般条款是近些年来互联网案件中经常援引的条款。我国的《反不正当竞争法》通过列举的方式对不正当的竞争行为进行了规定，但是并未对互联网行业的不正当竞争行为作出规定。许多企业对于无法援引著作权、专利权和商业秘密保护的数据，主张纳入第 2 条一般条款中的“合法权益”予以保护。但这种保护具有极大的不确定性，必须严格地将数据秩序转化为竞争秩序才行，因此不能完全覆盖数据保护的独特要求。①

（四）合同法的运用

合同法保护的局限性彰明较著。要求双方处在合同关系之中，也即预先设有成立或推定成立的合同。合同法提供的救济仅仅停留在债的保护层面，对排他性的、第三方进行的权益侵害则无计可施。

（五）刑法的运用

我国刑法对于数据的保护体系主要围绕个人数据、涉及国家秘密的数据展开，刑法用多个专条规定、多种行为类型对这两类对象给予了较为周密的保护，但企业数据则是保护弱项。② 我国刑法在犯罪对象、犯罪手段方面对企业数据的保护均有缺位。对企业数据主要是以非法获取计算机系统数据罪与破坏计算机信息系统罪为媒介展开保护。显然，这两个罪名并非专门为企业数据所设，其内涵是否能涵盖大数据也仍然存在疑问。刑法对于企业数据的保护已然不合时宜，适当的调整也是大势所趋。

除上述提到的法律保护方式外，企业也通过技术自助，即不断发展自身技术，增强对数据资源的监管力度，以免受到第三方的侵害。

二、企业数据财产权证成

如前所述，无论是知识产权的路径还是刑法的规制，目前在法律框架下对于企业数据的保护主要是依托汇编作品、专利、商业秘密等既有的制度，颇有旧瓶装新酒的意味。在这种框架下，侧重于对涉及智力成果的数据算法进行保护，而对于原初数据集合的保护问道于盲。企业数据是技术革新产生的新事物，现有的

---

① 徐实：《企业数据保护的知识产权路径及其突破》，载《东方法学》2018 年第 5 期。

② 唐稷尧：《大数据时代中国刑法对企业数据权的保护与规制论纲》，载《山东警察学院学报》2019 年第 3 期。

法律框架已然无法适应新的矛盾。在这一背景下，许多学者开始寻求对企业数据的直接保护依据——企业数据财产权。企业数据财产权是企业通过法律对其数据产品的赋权，直接获得保护其数据的一种全新的独立的合法根据。① 实现企业数据的财产权化，必须厘清企业数据的性质。

（一）企业数据具有成为财产权客体的可能性

无体物可以作为财产权意义上的财产，这在学界已经逐渐达成了共识。但并非所有的无体物都能够成为财产。财产是一个历史范畴，过去历史上的财产和新时代的财产有着巨大的差异，财产的范畴呈现包容性，在不断地扩大。

马克思提出：没有一个物可以是价值而不是使用物品。如果物没有用，那么其中包含的劳动也就没有用，不能算作劳动，因此不形成价值。企业数据所包含的劳动和有用性不言自明。有学者提出数据是在计算机网络上流通的在二进制基础上以 0 和 1 组合而表现的比特形式，无法独立存在，本身不具有独立经济价值。② 笔者认为，二进制是数据表达的载体，而并非其本身。数据实体本身依附于数据存储载体，这与将头脑中的想法以写作的方式呈现并无二致。采取二进制表现形式是计算机发展的要求，是满足数据共享和便利性的必然选择。由此否认其独立的经济价值大谬不然。

美国经济学家康芒斯提出："财产是对于稀少或预期稀少的自然物质供个人使用而加以专擅管制的要求权。"③ 可见稀有性也是财产不可或缺的条件。有学者认为数据表现为以 0 和 1 为数码的"数字串"，这种"数字串"无穷无尽，并不具有稀有性。实质上，这仍然是对载体和数据本身的一种混淆。不同融合形式的"数字串"背后的算法才是其稀缺性所在。大数据时代，数据是企业竞争力的体现，正是因为其稀缺性才会成为竞相追逐的目标。可见，企业数据因其稀缺性、有用性以及所凝结的劳动能够成为财产权的客体。

（二）企业数据的权属关系

按照《现代汉语词典》中的定义，财产是指"拥有的……金钱、物资、房屋、土地等物质财富……如国家财产、私人财产等"④。"拥有的"这一表述体现出"财产"本身就是带有权属意义的物。财产作为财产权的客体，当我们表达

---

① 参见龙卫球：《再论企业数据保护的财产化路径》，载《东方法学》2018 年第 3 期。

② 参见梅夏英：《数据的法律属性及其民法定位》，载《民主与法制》2016 年第 42 期。

③ ［美］康芒斯：《经济制度学》，赵睿译，华夏出版社 2013 年版。

④ 中国社会科学院语言研究所词典编辑室编：《现代汉语词典》，商务印书馆 2002 年版。

“财产”这一概念时，实际上已经表达了主体和客体之间的权属关系。当企业数据作为财产，其权属关系十分复杂。

有学者将企业数据划分为公开数据、半公开数据与非公开数据。①

公开数据是处于公共领域的数据，任何人都可以获取以及使用。对于公共产品，大部分学者都认为不应该将其财产化。建立支配性的财产权是将客体利益分配给特定的人，同时对特定人以外的其他主体将产生排他性的手段。在公共产品上建立排他性的支配权，势必会缩减公共领域的空间。而互联网的发展本意就是为了加快信息的互换与传播，可见这种舍本逐末的策略并不可取。此外财产权的主要功能在于保障财产安全，而这一功能的实现有赖于公示原则。对财产权进行公示，一方面体现财产的权属关系，明确权利主体的权利。另一方面也对义务主体的行为进行指引。对私有领域的财产，因其具备权利外观往往不需要进行程序上的公示。企业数据处于公共领域且缺乏可供识别的标志，不具有权利外观。即使赋予公共领域的企业数据财产权，并完成权利登记等公示手段，一旦企业数据进入公共领域，仍会因其具有广泛性的特点无法在数据上提供可供识别的显著特征。这就意味着除了权利人以外的其他主体，在获取公共领域的数据之前首先要消耗大量成本确认该数据是否处于财产权的保护之下，这种负累是无法忍受的。同时，公开领域的企业数据往往包含了大量的个人数据，虽然实践中往往以“匿名化”作为数据权属划分的标准，但界定其权属仍然存在很多困难。

半公开的数据是指企业所拥有的数据是半公开的，只有部分人可以访问和获取。欧盟“数据库指令”赋予了数据库特殊权利保护。对于内容和编排达到独特性要求的数据可以用版权进行保护，对于内容和编排尚不具备独特性的数据则赋予其特殊权利保护。该指令第 7 条第 1 款规定：“成员国应当为数据库制作者提供防止提取或再利用数据库全部内容或以数量或质量衡量的实质性部分的权利，如果该数据库从质量上或数量上反映了在获取、校验或提供内容方面的巨大投资。”由此可见，对于缺乏独创性的数据即使是欧盟也没有赋予其绝对的排他性权利。特殊权利的适用条件仅限于实质性的数据，对于非实质性部分的数据并不禁止提取或重复地使用，理由是以免妨碍数据的自由流通。

企业的非公开数据显然是最符合“财产”定义的。我们说到财产时，总是表述这是 A 的财产或这是 B 的财产。如前文所述，“财产”二字本身就带有权属

① 参见丁晓东：《论企业数据权益的法律保护——基于数据法律性质的分析》，载《西北政法大学学报》2020 年第 2 期。

意义。脱离于主体，“财产”就失去其意义，实际上等同于“物”。企业数据能够成为财产权的客体——财产。但并非所有的企业数据都能够成为“财产”，只有具有明确权属关系时，讨论“财产”才有意义。对于公开领域的企业数据，很难去定义这是属于何人的“财产”。而非公开的数据其权属相对比较易于认定。当前，非公开的企业数据主要是依靠商业秘密进行保护。如前所述，商业秘密的保护力度较弱，无法对抗私人主体和利用还原工程等方式获取数据的主体。从法律保护的手段上来看，对商业秘密的保护区别于对财产权的保护，并不赋予商业秘密绝对性和排他性的权利。① 商业秘密保护目的在于企业数据的流通性和公共性以及其背后蕴含的竞争秩序。

在赋予企业非公开数据权方面，存在一些值得思考的问题。一方面，同公开领域的企业数据一样，非公开的企业数据往往也包含着一些个人数据。赋予企业绝对的排他权利似乎会对个人数据造成侵害。笔者认为，在非公开领域企业获取的个人数据往往来自用户的授权。用户注册、使用企业平台时授权企业的个人数据信息与用户个人在公共领域发布的数据并不相同。只要企业合法获取用户的个人数据，其作为企业非公开数据的一部分就应当得到整体保护。一旦企业将该非公开的数据转变为公开时，对该数据的保护就不再适用财产权规则，不再具有排他性。

另一方面，赋予企业非公开数据财产权保护是否应当覆盖非公开数据的非实质性部分。笔者认为，首先要区分非实质性部分数据的性质。对于企业付出劳动所获得的某些数据，即使其并未构成企业数据的实质性部分，仍需要获得保护。洛克劳动财产理论指出“我的劳动使它们脱离原来所处的共同状态，确定了我对它们的财产权”。② 但对于基础数据，基础数据的公有属性是多数学者坚持的观点。对于非实质性部分的基础数据不需要提供财产权的保护。理由是具有受到侵害的可能性是法律进行保护的前提，无损害则无侵权。对于基础数据的提取或使用并不会对企业造成损害。

（三）构建企业数据财产权的困境

绝对性和排他性是财产权的典型特征。有学者认为相比作为有体物的传统财产而言，企业数据具有非排他性与非竞争性。非排他性指的是某个个体使用数据

---

① 丁晓东：《论企业数据权益的法律保护——基于数据法律性质的分析》，载《西北政法大学学报》2020 年第 2 期。

② ［英］洛克：《政府论》，杨宇冠、李立译，中国政法大学出版社 2018 年版。

资源，无法排斥其他个体的使用。非竞争性是某个个体使用数据资源并不妨碍其他个体的使用。[①] 基于这两个特点的存在，赋予企业数据财产权存在障碍。

欧盟“数据库指令”中的特殊权利规定，虽然对数据库中实质性部分提供了保护，但其前言第46条规定：“阻止未经授权提取或再利用数据库全部作品、数据、材料或是执行部分权利的存在不应为这些作品、数据和材料自身创设新的权利。”这条规定将对数据库的特殊权利和数据库内容的权利进行分离[②]，也就意味着如果其他主体通过数据库以外获得数据库内包含的相同数据，数据库的特殊权利享有者将束手无策。

关于公开领域的企业数据不宜赋予财产权保护的内容前文已述。对于非公开领域的企业数据权就保护企业数据的视角而言似乎有赋予其财产权的必要性。但由于数据本身非独占性的特点，并不会因为被某一特定主体收集之后就排除被其他主体收集的可能性。[③] 基于仅讨论非公开企业数据，反向工程还原数据就不在考虑的范畴内（企业数据尚未公开，不具备反向还原的可能性）。但如果其他主体通过努力和投入获取非公开领域的企业数据，则很难认定其侵犯了企业的权利。如果赋予非公开领域数据财产权，则要认定该种行为属于侵权行为，笔者认为此种做法并不妥当。欧盟数据库的“内容”与“库”相分离的特殊权利设置也有此种考量。

三、企业数据保护制度设计

（一）企业数据分类保护

有学者在未区分不同类型企业数据的基础之上，不加分类地赋予所有企业数据同等的法律保护。如前文所述，公开程度不同的企业数据由于其功能、目的和应用场景不同，应当进行不同程度和不同方式的保护。赋予公开数据与非公开数据同等的保护，则会造成公开数据保护程度过高或非公开数据保护程度过低等无法平衡的局面。此外，企业数据的分类方式并不局限于公开、半公开、非公开三类，数据的敏感程度和来源地等也可以成为区别保护的依据。

---

① 石丹：《大数据时代数据权属及其保护路径研究》，载《西安交通大学学报（社会科学版）》2018年第3期。

② 胡坚：《数据库保护制度的里程碑——欧盟“数据库指令”评析》，载《科技进步与对策》2005年第9期。

③ 程啸：《论大数据时代的个人数据权利》，载《中国社会科学》2018年第3期。

（二）平衡公益与私益

平衡公益与私益主要是平衡好社会公共利益与企业数据保护，企业数据发展与企业数据保护之间的关系。

企业对数据的收集、整理以及分析能够赋予数据商业价值，为企业创造经济利益，这也是企业不断革新技术，发展自身的内驱动力。但企业数据的保护功能并不能局限于追求企业私益。这是因为企业数据保护在功能上具有多重聚合的特点。① 学者龙卫球指出企业数据保护同时承载着社会经济、信息社会、公共管理、信息安全的功能。由于这些功能的聚合性，对企业数据的保护就不能只单单立足于企业的视角。对企业数据进行保护的同时，也应当进行必要的制约，保护国家信息社会的安全和发展。

同时应当谨防“数据垄断”的出现。与传统的财产权保护不同，为促进技术的发展、开放与共享，对企业数据的保护应当是以公有保护为原则，私有保护为例外。对企业数据的保护如果不能促进企业数据的发展，提高人民的福祉，则这种保护就没有存在的必要。

有学者指出，可以通过对企业数据的权利设定限定条款，如著作权上的合理使用制度。② 笔者认为，同样可以参考著作权和欧盟数据库的特殊权利，赋予企业数据权利一定的期限，从而平衡数据发展与企业私益的需要。此外，设计激励企业数据共享的制度也是避免企业数据垄断的一种方式。

（三）协调个人数据与企业数据

个人数据权利优于企业数据权利已经成为共识。企业数据保护应当遵循这一原则，在设计上为个人数据提供充分的空间。实务中，不少企业是利用主张个人数据权而进一步保护企业数据。从这一角度来看，个人数据权与企业数据权并非是完全冲突的。个人数据权也并非是完全绝对的财产权，其同样具有公共属性和流通性，对个人数据权的保护同样不得过分限制企业对其收集、使用和扩散。

---

① 参见龙卫球：《再论企业数据保护的财产化路径》，载《东方法学》2018 年第 3 期。

② 参见石丹：《大数据时代数据权属及其保护路径研究》，载《西安交通大学学报（社会科学版）》2018 年第 3 期。

企业数据司法保护应衡平企业经济利益、用户隐私权、公众知情权三方权益

◎孙小云*

内容提要：数字经济快速发展，商业领域中数据的收集、处理、传输、销售等日益频繁。企业在商业运行中产生了富有经济利益的企业数据，企业数据的商业使用会涉及个人用户的隐私权以及公众知情权。司法保护应根据具体情况衡平三者权益。

关键词：企业数据　不正当竞争　隐私权

一、新的商业业态下，企业数据的经济价值日益凸显

企业在经营主营业务时会产生大量的数据，不论是实体企业还是互联网企业，传统行业还是新兴行业，线上企业还是线下企业，都会掌握大量的客户数据。随着云计算、大数据的高速发展，部分企业出于提高企业经营效能，为客户提供精准服务，节能减排等多种目的不断提升企业运用大数据的能力以提高经营的效能，利用现有掌握的大数据转化为企业的生产力，更有企业将数据开发为产品推向市场。从早先的德国沃尔玛超市对数据进行统计发现尿不湿和啤酒的同步购买概率较高，推断由父亲购买尿不湿的比例较高，随即推行了尿不湿与啤酒的优惠套餐，依靠大数据挖掘了客户的需求，促进了啤酒的销售。霍尼韦尔旗下Go Direct飞行效率服务软件通过融合来自航空公司和飞行员各方面的信息，如飞行计划、气象预报、导航变化、飞机性能等，为航空公司准确估算目标航班所需

* 孙小云，江苏金汇人律师事务所执业律师。

的备份油量，依靠精准加油系统，航空公司每年燃油消耗量可以减少1%-5%①。离普通人更近距离的大数据，如百度搜索引擎以及淘宝网可以根据个人用户的搜索历史记录进行产品推介，广告精准投放，架起供需双方的桥梁。

大数据收集、分析、传输、存储、应用、销售以及销毁已经成为当今商业活动的重要组成部分，企业能够对其商业活动中所掌握、形成的海量数据通过不同角度的复杂运算来挖掘客户需求，发现商业机会，节约企业成本，发现行业动向，降低经营风险。企业所掌握的大量用户数据以及其特殊的算法、切入角度的分析也成为企业核心竞争力，势必成为竞争型企业所争夺的资源。企业开发数据需要耗费大量的人力财力物力以及科技投入，在海量数据的分析基础上形成结论。但是，数据与知识产权不同，数据复制比较容易，如果不给予企业开发的数据较好的保护，会打击企业开发数据的积极性，如何以法律手段保护企业数据是数字经济快速发展进程中对法学界提出的挑战。

企业运作中产生的富有经济价值的数据从法律的角度上到底是什么，受何种法律的保护，保护的程度如何，企业的公开数据是否其他企业有收集的权利，其收集是否会触犯法律的禁止性规定，都是在这个新生事物不断发展、争夺的情况下亟待解决的问题。

二、国内立法对企业数据保护的相关规定

企业数据信息来源于网络用户在使用网站、APP等情形下提供的个人数据信息，或者是企业在与个人或者其他主体进行交易时形成的数据，数据不同于一般的有体物或者是无形资产，有体物以及无形资产有着明确的权利归属，权利义务具体明确，权利边界清晰，权利人有权要求义务人为或者不为某种行为以维护权利人对于物之支配。数据不同于以上的有体物以及无形资产，一方面，企业数据基于众多的用户提供的个人信息组合而成，个人仍然可以提供给其他企业相同的数据，所以数据不具有排他性。另一方面，有些数据企业选择将其以公开化的方式公布，不论是在网上公布还是通过媒体或者财报的形式对外公布，个人或者其他企业都可以通过公开抓取的方式获得。不能简单地认为数据是财产或者是权利。但是，不能否认的是，符合特定目的安排下的数据具有经济价值，产生经济效益，可以对数据进行占有、使用、收益、处分。企业数据采集、处理会涉及用

---

① 于莽：《规·据——大数据合规运用之道》，知识产权出版社有限公司2019年版，第14页。

户的个人隐私，企业数据的开发会涉及企业的经济利益。企业数据的保护不可避免地面临保护企业经济利益、用户个人信息保护、公众获取相关信息权利的衡平问题。

国内个人信息保护相关法律规定：

1.《侵权责任法》

第2条　侵害民事权益，应当依照本法承担侵权责任。

本法所称民事权益，包括生命权、健康权、姓名权、名誉权、荣誉权、肖像权、隐私权、婚姻自主权、监护权、所有权、用益物权、担保物权、著作权、专利权、商标专用权、发现权、股权、继承权等人身、财产权益。

第36条第1款　网络用户、网络服务提供者利用网络侵害他人民事权益的，应当承担侵权责任。

2.《关于审理利用信息网络侵害人身权益民事纠纷案件适用法律若干问题的规定》

第9条　网络用户或者网络服务提供者，根据国家机关依职权制作的文书和公开实施的职权行为等信息来源所发布的信息，有下列情形之一，侵害他人人身权益，被侵权人请求侵权人承担侵权责任的，人民法院应予支持：

（一）网络用户或者网络服务提供者发布的信息与前述信息来源内容不符；

（二）网络用户或者网络服务提供者以添加侮辱性内容、诽谤性信息、不当标题或者通过增删信息、调整结构、改变顺序等方式致人误解；

（三）前述信息来源已被公开更正，但网络用户拒绝更正或者网络服务提供者不予更正；

（四）前述信息来源已被公开更正，网络用户或者网络服务提供者仍然发布更正之前的信息。

3.《民法典》

第111条　自然人的个人信息受法律保护。任何组织和个人需要获取他人个人信息的，应当依法取得并确保信息安全，不得非法收集、使用、加工、传输他人个人信息，不得非法买卖、提供或者公开他人个人信息。

[2016年公布的《民法总则（草案）》将“数据信息”归入知识产权，最终发布实施的《民法总则》删除了上述条文，在第127条中规定了法律对数据、网络虚拟财产的保护有规定的，依照其规定。]

4.《刑法修正案（七）》

第253条之一第1款　首次规定了“国家机关或者金融、电信、交通、教育、医疗等单位的工作人员，违反国家规定，将本单位在履行职责或者提供服务过程中获得的公民个人信息，出售或者非法提供给他人，情节严重的，处三年以下有期徒刑或者拘役，并处或者单处罚金”。

刑法修正案（九）将犯罪主体由国家机关、金融、电信、交通、教育、医疗等单位及其工作人员扩展至一般主体及单位，获取方式不限，对于通过履行职责或者提供服务以外的其他方式合法获取公民个人信息后，又将该信息出售、非法提供给他人的行为，纳入刑法打击范围。①

通过网络收集公民个人信息并出售给他人的行为也会纳入刑法的打击范围。

5.《网络安全法》

第41条 网络运营者收集、使用个人信息，应当遵循合法、正当、必要的原则，公开收集、使用规则，明示收集、使用信息的目的、方式和范围，并经被收集者同意。

网络运营者不得收集与其提供的服务无关的个人信息，不得违反法律、行政法规的规定和双方的约定收集、使用个人信息，并应当依照法律、行政法规的规定和与用户的约定，处理其保存的个人信息。

第42条 ……未经被收集者同意，不得向他人提供个人信息。但是，经过处理无法识别特定个人且不能复原的除外。

第43条 个人发现网络运营者违反法律、行政法规的规定或者双方的约定收集、使用其个人信息的，有权要求网络运营者删除其个人信息……

三、企业数据保护的实例

案例1：谷歌诉冈萨雷斯被遗忘权案②

1998年，西班牙《先锋报》刊登了西班牙公民冈萨雷斯因无力偿还债务而遭拍卖房产的公告。2010年，冈萨雷斯发现，如果在谷歌网页上输入他的名字，会出现指向《先锋报》关于其房产拍卖的网页链接。冈萨雷斯认为，相关债务问题很多年前就已经解决了，这些信息与其目前的状况已经没有关系了。冈萨雷斯向西班牙数据保护局（AEPD）投诉，要求《先锋报》删除或更改其网页上的相关信息，要求谷歌删除或更改搜索结果中显示的相关链接结果。

---

① 于莽：《规·据——大数据合规运用之道》，知识产权出版社有限公司2019年版，第14页。

② 欧盟法院EU：Case C-131/12。

西班牙数据保护局认为，拍卖信息是劳动和社会保障部为了广泛通知竞拍者参加拍卖而发布的，《先锋报》发布该消息是合法的，冈萨雷斯无权要求删除或更改。但网络搜索引擎是数据处理者，如果其对数据的定位和传播侵害了公民数据受保护的基本权利，就应当将这些数据从搜索结果中删除。AEPD 命令谷歌将上述与冈萨雷斯相关的信息从搜索结果中删除。

谷歌向西班牙国家高等法院提起了诉讼，欧盟法院应西班牙高等法院的请求，结合本案对《欧盟数据保护指令》的相关条款进行了解释。法院认为：第一，尽管没有更改数据，搜索引擎的行为构成数据处理，其对于人们发现冈萨雷斯的信息起到了决定性作用，在隐私和个人数据保护方面发挥着决定性作用。第二，搜索引擎对隐私和个人数据影响重大，如果没有搜索引擎，个人的私生活信息不会或者很难聚合起来，不能只考虑搜索引擎企业的经济利益，还要考虑网络用户获得信息权与信息主体权利之间的平衡。1995 年《欧盟数据保护指令》侧重保护信息主体隐私，即使没有事先要求发布者删除信息，冈萨雷斯也有权要求搜索引擎删除链接。第三，信息主体的被遗忘权和搜索引擎企业的经济利益以及公众获取信息权利相冲突。如果考虑到信息主体在公共生活中扮演的角色，认为有必要在搜索结果中显示相关信息以保障公众获取该信息的权利时，信息主体无权要求删除该链接。拍卖信息已经过去 12 年了，没有特殊原因需要维护社会公众对此时间信息的获取权、知情权。适用该条款时，信息主体需要证明搜索的信息不应当在和其名字联系到一起，而无须证明这些链接会给其造成伤害。

从该案例来看，搜索引擎从各大网站、报刊上定位、索引相关报道会侵犯个人隐私权。首先，法院认为搜索引擎对网上已有的信息进行定位、索引，让其他公众得知该信息构成了数据的处理，是数据信息的掌控者。其次，搜索内容倘若涉及个人信息，且该信息没有必要为公众所获知以保证大众对某个或者某些领域的知情权，公众有权了解的必要信息，如搜索结果指向信息主体曾是性侵罪犯，该信息定位索引就会被认为确保公众的知情权，以确保人身安全。索引的信息在公众所需了解的必要范围之外，该数据信息的抓取、处理、显示就会延伸到个人的隐私领域，鉴于欧洲实行个人隐私强保护，企业的经济利益让位于个人隐私权，信息主体有权要求搜索引擎删除该信息。

案例 2：北京微梦创科网络技术有限公司诉北京淘友天下技术有限公司、北京淘友天下科技发展有限公司不正当竞争纠纷案（新浪诉脉脉）[①]

微梦公司经营的新浪微博，既是社交媒体网络平台，也是向第三方应用软件提供接口的开放平台。二被告经营的脉脉软件是一款移动端的人脉社交应用软件，上线之初因为和新浪微博合作，用户可以通过新浪微博账号和个人手机号注册登录脉脉软件，用户注册时还要向脉脉上传个人手机通讯录联系人，脉脉根据与微梦公司的合作可以获得新浪微博用户的 ID 头像、昵称、好友关系、标签、性别等信息。微梦公司后来发现，脉脉用户的一度人脉中，大量非脉脉用户直接显示有新浪微博用户头像、名称、职业、教育等信息。后双方终止合作，但非脉脉用户的新浪微博用户信息没有在合理时间内被删除。微梦公司提起本案诉讼，主张二被告存在四项不正当竞争行为：一是非法抓取、使用新浪微博用户职业、教育等信息；二是非法获取并使用脉脉注册用户手机通讯录联系人与新浪微博用户的对应关系；三是模仿新浪微博加 V 认证机制及展现方式；四是发表言论诋毁微梦公司商誉。微梦公司为此主张停止不正当竞争行为、消除影响、赔偿 1000 万元经济损失等。二被告否认存在上述不正当竞争行为。二淘友公司共同经营脉脉软件及脉脉网站，双方签订《开发者协议》通过微博平台 Open API 进行合作，合作期自 2013 年 9 月 11 日至 2014 年 8 月 15 日。合作期间内，二淘友公司超出合作权限获取并使用新浪微博用户的职业信息、教育信息；双方合作结束后，二淘友公司对从新浪微博获取的非脉脉用户的信息进行了清理，但截至 2014 年 9 月，脉脉软件中仍显示部分非脉脉用户的新浪微博用户信息。二淘友公司未经新浪微博的授权及新浪微博用户的同意，展示了脉脉用户手机通讯录联系人与新浪微博用户的对应关系。

北京市海淀区人民法院于 2016 年 4 月 26 日作出民事判决：（1）本判决生效之日起，被告北京淘友天下技术有限公司、北京淘友天下科技发展有限公司停止涉案不正当竞争行为；（2）本判决生效之日起 30 日内，被告北京淘友天下技术有限公司、北京淘友天下科技发展有限公司共同在脉脉网站首页、脉脉客户端软件首页连续 48 小时刊登声明，就本案不正当竞争行为为原告北京微梦创科网络技术有限公司消除影响（声明内容须经本院审核，逾期不履行，本院将根据原告北京微梦创科网络技术有限公司申请，在相关媒体公布判决主要内容，费用由被告北京淘友天下技术有限公司、北京淘友天下科技发展有限公司承担）；（3）本

① 北京知识产权法院（2016）京 73 民终 588 号民事判决书。

判决生效之日起10日内，被告北京淘友天下技术有限公司、北京淘友天下科技发展有限公司共同赔偿原告北京微梦创科网络技术有限公司经济损失200万元及合理费用208998元；（4）驳回原告北京微梦创科网络技术有限公司的其他诉讼请求。

二淘友公司向北京知识产权法院提起上诉，二审法院对部分事实进行了纠正，于2016年12月30日作出民事判决：驳回上诉，维持原判。法院生效裁判认为：互联网中第三方应用通过开放平台，如Open API模式获取用户信息时，应坚持“用户授权”+“平台授权”+“用户授权”的三重授权原则。本案二淘友公司与微梦公司通过新浪微博平台Open API进行合作，二淘友公司未经新浪微博用户的同意，且未取得新浪微博的授权，获取并使用新浪微博用户的职业信息、教育信息，破坏了微梦公司的竞争优势和互联网行业的公平竞争秩序，构成《反不正当竞争法》第2条规定的不正当竞争行为。

以上案例是2016年度北京法院发布知识产权司法保护十大案例之六，是全国首例社交网络平台不正当竞争纠纷案，也是将消费者权益保护作为判断经营者行为正当性依据的典型案件。二淘友公司违背了新浪微博和脉脉的《开发者协议》合同义务：“2.5.1　开发者应用或者服务需要手机用户数据的，必须事先获得用户的同意，应当收集为仅供程序运行及功能实现目的而必要的用户数据。开发者应当告知用户相关数据的收集目的、范围及使用方式。2.5.5　约定未经用户同意，开发者不得使用手机用户的隐私信息数据及其他微梦公司认为属于敏感信息范畴的数据。2.5.10　如果微梦公司认为开发者使用用户数据的方式会损害微博平台用户体验，微梦公司有权要求开发者删除相关数据并不得再以该方式使用用户数据。2.5.15　一旦开发者停止使用开放平台或者微梦公司基于任何原因终止对开发者在微博开放平台的服务，开发者必须立即删除全部从微博开放平台中获得的数据”。①

企业大数据收集的前提是对信息主体的知情权以及选择权的充分尊重。大数据时代企业合法获取用户信息、注重用户信息保护是衡量经营者行为正当性的重要依据。用户有权在充分表达自由意志的情况下选择向他人提供自己的信息或不提供信息，也有权充分了解他人使用自己信息的方式、范围，并对不合理的用户信息使用行为予以拒绝。

用户信息是互联网经营者重要的经营资源，是互联网获得竞争优势的基石。

---

① 马民虎：《网络法典型案例评析》，中国民主法制出版社2019年版，第201页。

当企业经济利益与用户信息发生冲突时，企业获取个人信息的正当性、合法性、必要性就会纳入考量。如果没有取得个人用户同意，并对数据收集的目的、范围使用方法进行说明，获取客户的同意，法律会更倾向于保护个人信息权益。

案例 3：徐强破坏计算机信息系统案①

为了加强对分期付款的工程机械设备的管理，中联重科股份有限公司（以下简称中联重科）投入使用了中联重科物联网 GPS 信息服务系统，该套计算机信息系统由中联重科物联网远程监控平台、GPS 终端、控制器和显示器等构成，该系统具备自动采集、处理、存储、回传、显示数据和自动控制设备的功能，其中，控制器、GPS 终端和显示器由中联重科在工程机械设备的生产制造过程中安装到每台设备上。

中联重科对“按揭销售”的泵车设备均安装了中联重科物联网 GPS 信息服务系统，并在产品买卖合同中明确约定“如买受人出现违反合同约定的行为，出卖人有权采取停机、锁机等措施”以及“在买受人付清全部货款前，产品所有权归出卖人所有。即使在买受人已经获得机动车辆登记文件的情况下，买受人未付清全部货款前，产品所有权仍归出卖人所有”的条款。然后由中联重科总部的远程监控维护平台对泵车进行监控，如发现客户有拖欠、赖账等情况，就会通过远程监控系统进行“锁机”，泵车接收到“锁机”指令后依然能发动，但不能作业。2014 年 5 月间，被告人徐强使用“GPS 干扰器”先后为钟某某、龚某某、张某某名下或管理的五台中联重科泵车解除锁定。

2014 年 4 月初，钟某某发现其购得的牌号为贵 A774××的泵车即将被中联重科锁机后，安排徐某某帮忙打听解锁人。徐某某遂联系龚某某告知钟某某泵车需解锁一事。龚某某表示同意后，即通过电话联系被告人徐强给泵车解锁。2014 年 5 月 18 日，被告人徐强携带“GPS 干扰器”与龚某某一起来到贵阳市清镇市，由被告人徐强将“GPS 干扰器”上的信号线连接到泵车右侧电控柜，再将“GPS 干扰器”通电后使用干扰器成功为牌号为贵 A774××的泵车解锁。事后，钟某某向龚某某支付了解锁费用人民币 40000 元，龚某某亦按约定将其中人民币 9600 元支付给徐某某作为介绍费。当日及次日，龚某某还带着被告人徐强为其管理的其妹夫黄某从中联重科及长沙中联重科二手设备销售有限公司以分期付款方式购得的牌号分别为湘 AB03××、湘 AA69××、湘 AA69××的三台泵车进行永久解锁。

① 2015 年 12 月 17 日作出（2015）岳刑初字第 652 号刑事判决书，2016 年 8 月 9 日作出（2016）湘 01 刑终 58 号刑事裁定。

事后，龚某某向被告人徐强支付四台泵车的解锁费用共计人民币 30000 元。

2014 年 5 月间，张某某从中联重科以按揭贷款的方式购买泵车一台，因拖欠货款被中联重科使用物联网系统将泵车锁定，无法正常作业。张某某遂通过电话联系到被告人徐强为其泵车解锁。2014 年 5 月 17 日，被告人徐强携带“GPS 干扰器”来到湖北襄阳市，采用上述同样的方式为张某某名下牌号为鄂 FE77××的泵车解锁。事后，张某某向被告人徐强支付解锁费用人民币 15000 元。

经鉴定，中联重科的上述牌号为贵 A774××、湘 AB03××、湘 AA69××、湘 AA69××泵车 GPS 终端被拆除及控制程序被修改后，中联重科物联网 GPS 信息服务系统无法对泵车进行实时监控和远程锁车。

2014 年 11 月 7 日，被告人徐强主动到公安机关投案。在法院审理过程中，被告人徐强退缴了违法所得人民币 45000 元。湖南省长沙市岳麓区人民法院于 2015 年 12 月 17 日作出（2015）岳刑初字第 652 号刑事判决：“一、被告人徐强犯破坏计算机信息系统罪，判处有期徒刑二年六个月。二、追缴被告人徐强的违法所得人民币四万五千元，上缴国库。”被告人徐强不服，提出上诉。湖南省长沙市中级人民法院于 2016 年 8 月 9 日作出（2016）湘 01 刑终 58 号刑事裁定：驳回上诉，维持原判。该裁定已发生法律效力。

企业通过在机器设备上设置传感器等联通物联网系统，实现设备与系统数据的交互，通过物联网产生各项数据达到监控工程机器设备的目的，徐强通过 GPS 干扰器切断了企业数据与机器设备的数据交互，按照《最高人民法院、最高人民检察院关于办理危害计算机信息系统安全刑事案件应用法律若干问题的解释》第 11 条规定，“计算机信息系统”和“计算机系统”，是指具备自动处理数据功能的系统，包括计算机、网络设备、通信设备、自动化控制设备等。被告人徐强利用“GPS 干扰器”对中联重科物联网 GPS 信息服务系统进行修改、干扰，造成该系统无法对涉案泵车进行实时监控和远程锁车，是对计算机信息系统功能进行破坏，造成计算机信息系统不能正常运行的行为，且后果特别严重。根据《刑法》第 286 条的规定，被告人徐强构成破坏计算机信息系统罪。对于企业数据的破坏，可以通过刑法进行规制。

四、结语

中国尚未通过立法对企业数据的法律属性进行明确的规定，但是，从《民法典》《侵权法》《关于审理利用信息网络侵害人身权益民事纠纷案件适用法律若干问题的规定》《刑法》等法律法规对个人信息保护以及隐私权做出了规定，

《网络安全法》对网络经营者对企业收集数据做出了明确规定以保护个人信息，从国内外的司法实践来看，搜索引擎对原来存在信息的索引、定位，倘若该信息不存在被公众检索了解的必要，而显示在检索项之下的，会涉及侵犯他人的隐私权，在权衡企业经济利益、个人隐私权、公众知情权之下，法院保护个人隐私权判令谷歌删除相关索引链接。在领英诉 HIQ 禁令的案例①中，可以看到法官提出的一个很好的问题是，在个人信息是向全网公示的，即通过谷歌等搜索引擎都是可以检索到的情况下，HIQ 有权收集该种信息，用户在选择向全网公布时具有不确定性。在未取得个人许可，未明示数据处理的范围、形式下，HIQ 是否当然有权处理该种数据。公开不等于放开。微博诉脉脉案件，由于脉脉未经用户同意收集了通讯录并关联了微博账号，侵犯了用户的知情权、选择权，侵害了用户的合法权利，脉脉在取得该种数据时具有不合法性，用户的隐私权优先于企业的经济利益，企业不能利用技术手段、信息不对称、漠视用户的隐私权而赚取经济利益。在某些情况下，刻意切断企业数据与设备的联系将会承担刑事责任。

① 马民虎：《网络法典型案例评析》，中国民主法制出版社 2019 年版，第 191 页。

主题三

数据产业发展的制度保障与企业数据合规

我国数据专利制度的构建

——以人工智能学习用数据保护为视角

◎孙青山　叶雨潇*

内容提要：学习用数据对人工智能的性能有决定性影响。知识产权保护是促进人工智能数据产业发展的重要手段。我国现有知识产权体系下的著作权、专利权及商业秘密制度，对于人工智能学习用数据进行保护时均面临困境。有必要建立数据专利制度，作为专利法上第四种专利类型。在授权标准上，数据专利应当具有新颖性、独特性和实用性。对数据专利权利独占性的限制力度更大，保护期限较短，强制许可范围更大，以促进数据的传播与应用。

关键词：人工智能　数据　专利　新颖性　独特性　实用性

一、学习用数据知识产权保护的必要性

（一）学习用数据对人工智能的性能有决定性影响

人工智能（AI）经历过三次发展浪潮：由"图灵测试"① 开启的第一次发展浪潮，以语音识别为代表的第二次发展浪潮，以及大数据携手深度学习的第三次发展浪潮。在第二次发展浪潮中，统计学算法和深度学习技术极大地提高了语音识别的准确度，数据开始在 AI 中发挥重要的作用。人工智能开启第三次发展浪

* 孙青山，中南大学法学院博士研究生；叶雨潇，中南大学法学院本科生。

① "图灵测试"其实是一个"模仿游戏"，由英国计算机之父——图灵提出。在掩盖身份的情况下，测试者分别与电脑和人进行交流，假如测试者通过交流无法区分哪一个是电脑就算通过测试，这台计算机就被认为拥有人工智能。

潮，绝大部分要归功于深度学习，而大数据又是深度学习的基石。① AlphaGo 在围棋上大胜各路高手，取胜的关键在于人工智能在对数百万张棋谱进行深度学习之后，达到了人类所不及的境界。在这个过程中，深度学习的算法固然是取胜的关键，但是用人类高手对局的棋谱以及自我对弈的棋谱所制成的数据也扮演了至关重要的角色。换言之，没有高质量的学习数据是难以形成深度学习模型的。日本学者冈本义则也指出“对于供 AI 学习用的数据，能否收集到多数品质良好的信息，直接关系到 AI 的性能”。②

深度学习算法可以分为有监督学习和无监督学习两种，有监督学习是指训练的样本带有标签，而无监督学习在训练过程中样本没有标签。③ 通俗来说，监督学习就是指人在输入样本后，人工智能可以根据样本进行判断，无须人类的帮助。比如，小时候父母会告知我们什么是池塘、什么是火车，长大以后，我们无须父母的帮助，就能自己进行判断。无监督学习是指人类无须输入样本，人工智能可以自行判断和分类。比如，没有人告诉我们什么是“美丽”，但我们自己仍然会把一些人或事物划入“美丽”的范畴。但是，在现行的学习模式下，“虽有无监督学习，半监督学习，强化学习等多种机器学习方法的研究，但现在，以学习数据来说，监督学习中的数据学习效果是最佳的。”在监督学习仍为效果最佳的学习方式的背景下，一方面，我们还要进行多种学习方式的研究；另一方面，势必要提高数据质量，扩大数据的使用范围。

（二）知识产权保护是促进 AI 数据产业发展的重要手段

人工智能又被称为“第四次产业革命”，未来的各个领域都会受到人工智能的影响，而学习用数据又对人工智能的性能有决定性作用，所以有必要针对学习用数据构建合理的法律制度来促进其发展。AI 数据提供者尽管并未直接参与 AI 程序的设计或者使用，但是为 AI 程序运行及结果产生提供了基础性原料，应当作为利益相关者参与外部利益分享机制。④ 知识产权制度，尤其是专利制度在促

---

① 参见李开复：《人工智能》，文化发展出版社 2017 年版，第 47–100 页。

② 参见岡本義則：《人工知能（AI）の学習用データに関する知的財産の保護载》，载《パテント》2017 年第 10 期。

③ 参见殷瑞刚、魏帅、李晗、于洪：《深度学习中的无监督学习方法综述》，载《计算机系统应用》2016 年第 8 期。

④ 参见刘强、马欢军：《人工智能创作物外部利益分享机制研究》，载《贵州师范大学学报（社会科学版）》2018 年第 3 期。

进产业的蓬勃发展方面有着悠久的历史，正如吴汉东教授所说："专利制度可以促进发明创造，推动技术进步，已成不争的事实。"①

现在许多国家都已经注意到数据对 AI 的重要作用，并且希望通过知识产权制度对数据加以保护。英国学者瑞恩·艾伯特（Ryan Abbott）指出："大数据和人工智能的使用正在颠覆创新方式，对知识产权制度造成巨大挑战。"②

以日本为例，该国 2017 年和 2018 年的知识产权推进计划都将学习用数据的知识产权保护作为重点内容，《知识产权推进计划 2017》中提出了六点构建促进数据利用的知识产权制度的建议：支持数据利用的相关契约；构建完整的数据流通基础；确保公正的竞争秩序；宣传数据结构的专利审查相关事例；为促进数据利用，讨论相关权利的限制；厘清确保数据利用的竞争力。③《知识产权推进计划 2018》又进一步指出，加强数据和人工智能等新型信息财产的知识产权保护仍然是重点战略，具体做法是：普及不正当竞争防止法；官民合作推动信息信托认证计划及示范；制定数据政策和数据管理计划；利用信息和通信技术，建立可广泛获取、共享和利用数据的农业数据库。④ 通过观察最近两年日本的知识产权推进计划，可以看出，日本对学习用数据的知识产权保护计划有如下几个特点：首先，AI 学习用数据的保护以防止不正当竞争为中心，这是以商业秘密保护为主的模式；其次，学习用数据的知识产权保护的目标是促进数据的获取、共享和利用；最后，在商业秘密的保护模式之外还应当建立其他形式的知识产权保护制度。

需要指出的是，并非所有可用于人工智能学习的数据都要以知识产权保护为目标。学习用数据的知识产权保护的目的是鼓励人们制作优质的数据，而对非人工制作的、自动收集的普通数据不在本文的讨论范围之内，需要知识产权制度保护的数据需要具备一定的条件，将在下文讨论。

---

① 参见吴汉东：《知识产权法》，法律出版社 2014 年版，第 130 页。

② See Ryan Abbott, Hal the Inventor. Big Data and Its Use by Artificial Intelligence[A]. Hamid Ekbia, Michael Mattioli, Cassidy Sugimoto. Big Data is Not a Monolith[C]. Cambridge, Mass., United States: MIT Press, 2016: 187-198.

③ 《知的財産推進計画 2017》. http:// www. kan tei. go. jp/jp/singi/titeki2/.

④ 《知的財産推進計画 2018》. http://www. kantei. go. jp/jp/singi/titeki2/index. html.

二、我国现有知识产权体系下 AI 学习用数据的保护困境

（一）AI 学习用数据的著作权保护困境

著作权所保护的客体是作品，按照《著作权法实施条例》的规定，作品需要满足独创性和可复制性两个条件。可复制性是指作品可以被某种机械设备感知，并以某种有形物质载体复制。学习用数据作为电子数据可以满足可复制性标准，若要获得著作权还要满足独创性的要求。我国的法律并没有解释何为“独创性”，我国的司法实践与理论界通常认为“独创性”的含义是“独立创作完成”，包含了独立完成和创造性两层含义。[①] 实际上“独立完成”并不能构成著作权保护的实质条件，创造性才是独创性的本质内容。强调独立完成即可受到著作权保护其实是美国判例中曾出现过的“额头上的汗水法则”，该法则强调只要付出了劳动即可受到著作权的保护，这一法则在后来的 Feist 一案中被废止。[②] 美国最高法院认为：“独创性意味着作品应该是作者独立完成，并且至少应该具备最低程度的创造性。”[③] 加拿大最高法院在 CCH Canadian v. Law Society of Upper Canada 案中认为，“产生该作品所需要的技能和判断力，绝不能是微不足道的，以至于可以被定性为纯粹的机械练习”。[④] 我国的司法实践也否认投入劳动和资金就可以取得版权，在“王继明诉王强华、中国大百科全书出版社侵犯著作权纠纷案”中，[⑤] 法院认为：“虽然原告投入了劳动和资金，但是这不是著作权法规定的具有独创性的智力创作。”

从我国以及美国的司法实践可以看出，仅仅是投入了时间、资金和劳动的

---

① 参见冯晓青、冯晔：《试论著作权法中作品独创性的界定》，载《华东政法大学学报》1999 年第 5 期。

② Rural 公司是美国一个州的电话公司，垄断了所在州的电话服务，Feist 公司在未取得 Rural 公司同意的情况下复制了其电话号码目录，Rural 公司认为 Feist 公司侵犯了其电话号码簿的版权，此案的前两审法院都认为 Rural 公司在出版目录时付出了劳动和投资，可以取得版权。

③ See Edward Lee. Digital Originality. Vanderbilt Journal of Entertain－ment & Technology Law. vol. 4，2014.

④ See Rex M. Shoyama. Intelligent Agents. Authors，Makers，and Owners of Computer-Generated Works in Canadian Copyright Law. Canadian Journal of Law and Technology. vol. 2，2005.

⑤ 原告花费四年时间，收集全国出版报刊发行单位等信息后完成《全国万家出版发行名录》，原告认为其取得了名录的著作权。

"独立完成"并不能取得著作权的保护，还应该具备一定高度的"创造性"。创造性指的是在作品创作过程中反映作者的个性，能够为文化多样性作出贡献的智力劳动。著作权制度的目的是促进文化繁荣，没有"创造性"的"独立完成"显然无法实现这一目的。

根据是否具有独创性，AI 学习用数据可以被分为受著作权保护的数据和不受著作权保护的数据两种类型。具备独创性的数据包括两种情况，第一种情况是数据本身已经构成文字、音乐、绘画作品。比如，美国加州大学的绘画 AI "AARON"可以生成素描和油画，[①] 要完成绘画 AI 模型必然要对绘画作品进行学习，此时的数据就是绘画作品。第二种情况是汇编作品，由于整理或者编排数据的方式具备独创性受到著作权保护。我国学者指出"通过对数据的加工和处理，尤其是对数据的选择和编排体现数据处理者的创造性，在符合汇编作品独创性标准的前提下，可承认数据的汇编具有可版权性"。[②] 对于电话号码等事实材料则不能受到著作权保护（即使电话号码簿在编排上具有独创性并且构成汇编作品，保护范围也不延及电话号码本身）。这类事实性材料的收集虽然投入了资金、时间或者劳动等要素，可以"独立完成"，但是并没有投入智力劳动，是通过固定的方法和规律收集得到的，不具备创造性。比如，人脸识别 AI，要对大量的人像图片数据进行学习，这类人像图片数据通常通过自动采集得到，目的是全面地展现人类面部的信息，这与摄影作品在创作时加入审美性构思是不同的，仅仅是机械的劳动，并无独创性表达。

现实中，目标是创作作品的 AI 并非主流，因为 AI 针对的往往是机械性、重复性的工作。在这种背景下，著作权能保护的数据非常有限。值得注意的是，即使学习数据能够受到著作权保护，AI 学习用数据获得创作模式并生成新作品，或者利用作品所体现的技术方案制造实物产品，并不侵犯原作品的著作权，因为创作模式和技术方案属于思想观念不受著作权保护。专利制度可以保护数据背后所蕴含的技术方案。因此，著作权保护力度不及专利制度。

（二）AI 学习用数据的专利保护困境

著作权制度有助于文化繁荣，而专利制度则对工业的发展有促进作用，从这个角度来看，用专利制度保护 AI 学习用数据更为合适。但是我国现有的专利制度保

---

① See Ana Ramalho. Will robots rule the (artistic) world? A proposed model for the legal status of creations by artificial intelligence systems. Journal of Internet Law. vol.5, 2017.

② 参见金耀、曹伟：《数据可版权性之理论探析》，载《中国版权》2017 年第 6 期。

护 AI 学习用数据将面临两个方面的困境。一方面,专利保护的数据范围有限,我国专利制度所保护的三种客体很难容纳 AI 学习用数据;另一方面,虽然部分数据可以受到专利保护,但是起不到激励数据制作的作用。

在现有专利制度下,AI 学习用数据仅在一种情况下可以受到专利保护——当 AI 模型的学习对象为专利成果时。比如,技术项目网站"AllPriorArt. com"和它的姊妹网站"AllTheClaims. com"应用了自动生成专利申请和说明的技术。[①] 像这种撰写专利申请书的 AI 模型必然涉及对专利数据的学习，由于专利制度保护的是表达形式背后所蕴含的技术方案，将专利说明书的文字和图片制作成 AI 学习用数据并不影响技术方案的表达，可以受到专利保护。

"数据是对事实、活动的数字化记录，信息是数据表达出来的内容。"[②] 如果数据表现出的不是专利成果信息，其他类型的数据就不能取得专利权保护，因为事实数据和记录活动的数据不属于发明、实用新型和外观设计三种专利客体中的一种，也不满足授予专利的实质三要件。由此可见，我国的专利制度所能保护的 AI 学习用数据的范围极小。事实性数据和科学活动数据也有专利保护的需要，如药品的实验数据，由于不能取得专利保护，只能在专利权之外给予单独的知识产权保护[③]。

虽然现有专利制度也能保护部分数据，但是仅仅保护其中蕴含的技术方案，数据制作人并不因为将专利产品制作成数据而获得专利保护。专利权保护的是技术方案的发明者，并不是将技术方案制作成数据的人，无法取得垄断性权利，也就谈不上激励数据产业发展了。可以看出，虽然部分数据可以受到专利权保护，但是并不能起到激励数据制作的效果。

(三) AI 学习用数据的商业秘密保护困境

在我国现有的知识产权体系中，只有商业秘密能够给予 AI 学习用数据全面的保护。有学者指出，"社会需要鼓励收集有用的信息，促进它们被有效地利用，由此付出的实质性投资，包括人力、财力和时间，应该受到某些法律制度的保护，对此反不正当竞争法已经足够规制不正当竞争的行为。"[④] 根据《反不正当

---

① See Erica Fraser . Computers as Inventors-Legal And Policy Implications of Artificial Intelligence On Patentt Law,2017,21(1):12-25.

② 参见李爱君:《数据权利属性与法律特征》，载《东方法学》2018 年第 3 期。

③ 参见《药品注册管理办法》第 20 条。

④ 参见何怀文:《著作权侵权的判定规则研究》，知识产权出版社 2012 年版，第 27 页。

竞争法》第9条第3款的规定，商业秘密是不为公众所知悉、具有商业价值并经权利人采取相应保密措施的技术信息和经营信息。本条指出，商业秘密保护的对象有两个：技术信息和经营信息。所谓技术信息和经营信息，我国《关于禁止侵犯商业秘密行为的若干规定》中规定：技术信息和经营信息，包括设计、程序、产品配方、制作工艺、制作方法、管理诀窍、客户名单、货源情报、产销策略、招投标中的标底及标书内容等信息。从我国的现有规定来看，学习用数据对于人工智能最终学习完成的模型起到了重要作用，应当属于技术信息。根据我国的法律规定，取得商业秘密权有三个要件：保密措施、未公开性和实用性，另外商业秘密的保护是自动取得的，只要满足法律规定即可受到保护。由此来看，对于未公开的学习用数据，持有者如果对具有商业价值的学习用数据采取了保密措施，就可以取得反不正当竞争法的保护。

对于AI学习用数据的保护来说，商业秘密的保护存在明显的缺陷。首先，属于商业秘密范畴的数据必须对其采取保密措施，而AI社会需要大量的数据进行深度学习，非公开的保护模式会阻碍AI社会的发展。其次，商业秘密不设保护期限，满足商业秘密条件的数据可以无限期地受到保护，这与AI快速更新的特点相矛盾，不利于AI发展。最后，对商业秘密的保护容易造成社会资源的浪费，因为数据不公开容易造成相同数据的重复收集。

（四）小结

AI学习用数据在我国现有的知识产权体系下，反不正当竞争法给予的商业秘密保护最为有效，但是由于商业秘密非公开性的保护使得数据不能被大范围地运用，会阻碍AI社会的发展。商业秘密虽然可以保护个人的劳动成果，但是却不能满足公共利益的需要。我国的专利制度和著作权制度只能保护一小部分的AI学习用数据，也存在保护的困境。用知识产权制度保护AI学习用数据的目的是促进数据产业发展，现有规定均无法实现这一目的，所以有必要用一种全新的思路构建保护模式。

三、我国数据专利制度的构建

为了促进数据产业的发展，有必要对AI学习用数据提供专利保护。考虑到目前发明、实用新型和外观设计专利在保护客体及专利“三性”等方面的要求并不契合学习数据的保护，建议在专利法中新增第四种专利——数据专利。日本学者冈本义则提出对于AI学习用数据的专利授权应当满足新颖性、学习可能性、学习有效性，以及记载充分四方面要件。结合我国专利制度特点，笔者提出，在保护客体方面，以数据（尤其是AI学习用数据）为主要对象，在授权标准方面，受到保护的数据应当具备新颖性、实用性和独特性。数据专利在我国专利制度中是前所未有的制度探索，有必要在AI技术发展背景下进行充分探讨，并在合适的时机进行立法。

（一）制度定位与制度目的

数据专利制度定位于专利制度的组成部分，作为发明专利、实用新型专利及外观设计专利之外的第四种专利客体。这一方面可以符合专利制度对智力成果用公开换取保护的基本原理，[①] 也有利于利用专利文献公开制度对于学习用数据加以公开；另一方面也有利于提高学习用数据保护力度，避免著作权法、商业秘密保护相对较弱的不足之处（不能对抗他人的独立创作或者独立开发行为），激励对数据的提供和挖掘利用。

美国总统林肯曾言："专利制度给天才之火添加利益之薪"，这是对专利制度激励理论的经典概括。各国专利法的立法目的均包含两个层面，一是确认和保障权利人依法享有专利权，因为专利权是国家授予的一种垄断性专有权，是对专利权所有人的新发明的尊重。[②] 二是以此为激励手段促进科学技术的进步，这是更深层次的追求。[③] 比如，日本1990年《专利法》第30条规定：专利制度是通过加强对专利的保护来鼓励发明创新，从而为工业的发展作出贡献。美国1789年《宪法》中的"专利条款"也有类似的表述，"确保发明人就其发明有一定期限的排他性权利，以促进实用技术的进步"。我国《专利法》第1条规定的立法目的，也包含了保障专利权人权利和促进科学技术进步这两个层面的意思。[④]

数据专利定位于专利制度的第四种客体，一方面，要保护数据制作人的合法权益，以鼓励数据的制作；另一方面，促进产业的进步是更为重要的目的，这就要求授予数据制作人专利权要把握一定的尺度，有保护也要有限制。从AI学习用数据的角度来说，一方面，要通过赋予数据制作人垄断性的权利，鼓励制作更

---

① 参见季冬梅：《从激励理论出发谈专利损害赔偿计算规则》，载《研究生法学》2017年第3期。

② Colin R Davies. An Evolutionary Step In Intellectual Property Rights – Artificial intelligence and intellectual property.computer law & security review.vol 6,2011.

③ 参见杨利华：《专利激励论的理性思考》，载《知识产权》2009年第109期。

④ 《专利法》第1条：为了保护专利权人的合法权益，鼓励发明创造，推动发明创造的应用，提高创新能力，促进科学技术进步和经济社会发展，制定本法。

多优质的数据；另一方面，也要适当限制数据制作人的权利，让数据能够被更多人利用，从而推动 AI 产业的进步。

（二）数据专利授权的实质要件

在保护客体方面，数据专利保护的对象是能够为计算机程序所读取的数据资料，并且能够生成相应的数据读取结果。其中，包括能够以著作权保护的作品和以专利权保护的专利成果，也包括不受著作权和专利权保护的事实数据。受到专利保护的数据与受到商业秘密保护的数据在内容上是相互排斥的，因为专利保护的根本要求是将智力成果公开。专利权是一种独占使用的垄断性权利，因此对专利保护的时间长度与范围宽度上要有合理的设计，否则太长的保护期限和过于广泛的授权会使得即使是常见的数据也不能被自由使用，有可能既起不到激励作用，也不能推动产业进步。[①] 合理的保护宽度要求数据取得专利保护必须具备一定的条件，参照现有专利法保护的三种客体，笔者认为，取得数据专利权需要满足新颖性、独特性和实用性三个实质性要件。

首先，数据应当具有新颖性。新颖性是专利保护客体所共有的要求，专利保护之所以要求新颖性，是因为如果一项技术方案早已为人所知，则不需要以公开为代价来换取垄断[②]。新颖性需要满足两个条件，一是要不属于现有技术或者现有外观设计，二是要没有抵触申请。现有技术和现有外观设计的判断标准是在申请日之前是否公开。对于已经公开的技术或者设计会丧失新颖性。抵触申请，是指没有任何单位或者个人就同样的发明、实用新型或者外观设计在申请日以前向国务院专利行政部门提出过申请，并记载在申请日以后公布的专利申请文件或者公告的专利文件中。数据也要具备新颖性，数据的新颖性标准应该是不属于现有数据和没有抵触申请。为了使审查标准更加明确，建议专利部门建立数据库，数据库内存在的数据便是“现有数据”。

其次，数据应当具备独特性。独特性表现为数据的制作具备一定的难度，对 AI 学习用数据而言，数据对 AI 的性能提升必须是非基础性的。发明创造被授予专利权必须具备一定的创造性高度，这样才能达到实现产业进步的目的，按照连续发明理论[③]，如果一项复杂技术的每一个细小组成部分都可以分别获得专利的

---

① 参见陈啸：《对专利授权的重新审视》，载《知识产权》2016 年第 11 期。

② 参见刘强：《3D 打印与知识产权法》，知识产权出版社 2017 年版，第 88 页。

③ 连续发明理论强调，每个发明都是建立在在先发明基础之上的，反过来也是后续发明的基础。

话，在整体上对技术进行改进的激励就会受到损害，这时容易拒绝给真正的发明以专利保护。[①] 由于数据通常是现实的记录，难以体现创造性，为了实现激励数据制作的目的，参照连续发明的理论，应当要求数据具备较高的独特性。以翻译AI为例，虽然某些常规语句数据不属于现有数据，但是大量的常规语句可以通过设计固定的语法结构来得到准确的结果。对诸如成语、谚语、专有词汇的特殊翻译，则可能基于统计学算法对数据加以整理，通过检索的方式得到。如果缺乏在翻译中比较优质的数据，那么翻译 AI 在面对非常规语法时必然手足无措。所以，数据需要具备一定的独特性才可以取得数据专利。在现实中，AI 学习用数据的来源可能是通过某些设备或者 AI 学习完成的模型自动收集而来，或者通过设计随机的模拟器来实现，这种数据不具备独特性。

最后，数据应当具备实用性。在我国的专利法中，实用性是指该发明或者实用新型能够制造或者使用，并且能够产生积极效果。美国对实用性的要求包括三个层面：操作实用性、有益实用性和特定实用性。[②] 我国与美国关于实用性均要求发明创造的可操作性和有益实用性。数据专利和其他类型专利有相同之处，即数据专利也要求能够使用，并且产生积极的效果。对于 AI 学习用数据来说，数据应当具备被人工智能学习的可能性，并且学习的方向是符合法律规定，不损害社会公共秩序和伦理道德。

（三）数据专利权的使用和限制规则

数据专利权人在取得专利权后可以自己使用，可以允许他人使用，也可以将数据专利权转让给他人。数据专利权人可以许可他人运用其数据并收取专利使用费。专利权可以转让，数据专利也不例外。在转让数据专利时，可以参考我国法律法规关于专利转让的规定来制定数据专利转让的规范。

对数据给予专利保护其根本目的在于推动数据产业的进步。获得专利保护的数据虽然具备一定的独特性，但是从丰富人类知识成果宝库的角度来看，其作用始终要弱于现有三种专利客体，所以对其权利的限制力度要更大，如给予较短的保护期限，更大范围的强制许可等。

对于 AI 学习用数据而言，由于 AI 加速了社会的发展，数据的更新速度也会越来越快，如果数据专利的期限过长，新的数据也没有办法进入生产领域，对于数据的保护也就会从保护创新变为保护落后。在我国仅有的药品实验数据可以取

① 参见石必胜：《专利创造性的经济学分析》，载《知识产权》2012 年第 4 期。

② 参见李新芝：《美国专利实用性审查标准研究》，载《知识产权》2017 年第 8 期。

得类似专利保护的垄断性权利，我国药品实验数据有 6 年的保护期，有学者认为这个保护期过长。[①] 我国现阶段专利法的三种客体最短的保护时效也有 10 年，针对数据更新速度快的特点，对数据专利的专利期限建议为 3—5 年。

如果数据不付诸实践，其对社会发展的作用几乎可以忽略不计，所以数据专利在获得后没有实施也应该被强制许可。但由于数据专利本身存续时间较短，获得专利后 1—2 年没有实施宜进行强制许可。对于构成垄断和关乎公共利益的行业，其需要强制许可的理由和专利权相差无几，都是为了人类能够更好地发展而进行的强制实施，这方面的规定可以参考我国其他类型的专利。

四、结语

发展 AI 已经是世界各国的共同目标，现有的 AI 技术非常依赖数据，为了更好地促进 AI 产业的发展，有必要给予 AI 学习用数据知识产权保护。我国现有的知识产权制度下商业秘密的保护形式是不利于 AI 产业发展的，而著作权法和专利法对 AI 学习用数据的保护范围极小，并且无法起到激励数据产业发展的作用，也不利于促进 AI 产业的发展。所以有必要在现有专利制度下构建第四种专利客体——数据专利，来鼓励数据制作与共享，希望这些有关研究能在未来中国 AI 的发展过程中起到作用。

---

① 参见周婧：《药品试验数据的保护与限制》，载《知识产权》2017 年第 3 期。

企业数据司法保护的途径与判例研究

——以蚂蚁金服诉企查查商业诋毁纠纷案件为例

◎陆克思雨*

内容提要：企业数据的司法保护，首先，需要明确企业数据的内涵，厘清相关概念和对应的法律属性，并能够正确辨析企业数据的不同类型，从而对企业数据中的数据产品、公共性质的企业数据进行区别保护。在审查互联网征信企业行为时，应遵循数据来源合法原则、注重信息时效原则、保障信息质量原则、敏感信息校验原则。其次，司法机关应考虑大数据领域立法尚不完善、大数据征信行业还处于起步阶段，相关技术能力尚未成熟，在侵权赔偿责任的承担上应当宽严适当。最后，大数据征信服务型企业与被征信企业之间的间接竞争性关系，同样需要运用《反不正当竞争法》的内在逻辑进行审查。

关键词：企业数据　赔偿标准　不正当竞争

2019年5月5日至6日，企查查平台反复向其VIP用户推送一条内容为“蚂蚁金服进入清算程序”的变更信息通知，引发大小媒体广泛报道。这条信息后被证实是虚假和误导性消息，而关于蚂蚁金服公司的经营状况和“蚂蚁花呗”产品运营的错误信息已经蔓延开来，与主要搜索引擎相关的搜索结果数量接近2000万，对“蚂蚁花呗”产品的声誉造成了损失。

基于该事件，浙江蚂蚁小微金融服务集团股份有限公司（以下简称蚂蚁金服集团）、重庆市蚂蚁小微小额贷款有限公司（以下简称蚂蚁微贷公司）对苏州朗动网络科技有限公司（以下简称朗动公司）提起诉讼，该案由杭州铁路运输法院受理。

---

* 陆克思雨，江南大学法学院硕士研究生。

2020年4月26日，杭州铁路运输法院对此案作出判决：一审认定被告朗动公司（企查查）被诉行为构成不正当竞争，判决被告在相关媒体刊登声明为原告消除影响，并赔偿原告各项损失共60万元。①

本案由于案情复杂，争议点多，判决书的内容超过了3万字，被业界称为“大数据企业不正当竞争第一案”。在这个案件中，杭州铁路运输法院首次系统地解释了大数据公司的运营责任和护理义务，并据此作出了裁判。面对大数据领域相关法律并不健全的现状，该案判决结果对于大数据企业完善内部合规制度、预防经营风险，极具借鉴意义。

一、案情经过

蚂蚁金服集团及旗下公司经营的“支付宝”应用家喻户晓，而搭载在支付宝应用中的“花呗”产品是蚂蚁金服集团旗下主要的消费金融产品之一，具体由蚂蚁金服公司（系蚂蚁金服集团的全资子公司）及其合作机构提供消费金融服务；朗动公司系国内知名企业信息查询工具和平台企查查的经营者。2019年5月5日至6日，企查查平台向其付费VIP用户多次推送蚂蚁金服公司的虚假或误导性的清算变动信息通知和监控日报。

根据公证书记载：“访问企查查网站，使用扫码登录功能进行登录。登录后点击‘消息中心’，显示‘消息种类’、‘内容详情’、‘更新时间’等内容，其中，消息种类为‘监控日报2019-5-6’的内容详情为‘您监控的蚂蚁金服公司……发生了两条变更’，更新时间‘2019-5-6 8:51’。点击‘监控日报’进入相应页面，页面显示‘今天共2家企业发生了2条变动’，具体为‘工商变更0条’、‘司法诉讼0条’、‘经营风险1条’、‘经营状况1条’。其中‘经营风险’信息显示为蚂蚁金服公司，变更类型为‘经营风险’、风险级别为‘警示信息’、变更/新增类型为‘清算信息’、变动日期为‘2019-5-5’、变更/新增内容为‘新增清算组成员应君’。”然而，事实上，国家企业信用信息公示系统虽然公示了蚂蚁金服公司的清算组成员为车宣呈（负责人）、胡水清及应君三人，但这些信息已公示数年之久，而非2019年5月5日新增或变更的信息，且目前国家企业信用信息公示系统显示蚂蚁金服公司的经营状况为正常。

该不实信息作为重磅新闻和热点素材催生了大量媒体报道，报道内容聚焦在“蚂蚁金服旗下的互联网小贷公司之一的重庆市蚂蚁小微小额贷款有限公司开始

① 参见浙江省杭州市铁路运输法院（2019）浙8601民初1594号民事判决书。

清算”“‘花呗’不能正常经营”等。同时，这则消息推送也引发了政府主管部门对蚂蚁金服公司和“花呗”产品经营情况的高度关注和急切询问，并责令原告进行报备。原告蚂蚁金服集团和蚂蚁金服公司认为，其良好商业信誉和“蚂蚁花呗”的产品声誉遭受了难以弥补的损失，朗动公司实施了商业诋毁行为。

二、企业数据的内涵及法律属性

（一）企业数据的内涵

网络上对于企业数据的定义是：“企业数据泛指所有与企业经营相关的信息、资料，包括公司概况、产品信息、经营数据、研究成果等，其中不乏涉及商业机密。”通常所说的企业数据是指狭义的企业数据，一般只包含公司概况介绍，包括公司经营范围、联系方式、企业规模等，通常是公开的数据。

企业数据的获取渠道分为集中式和分布式。集中式指一般由统一的政府部门发布，如市场监管部门数据、统计局数据，具有权威性和全面性，但数据内容比较粗略，缺乏精细度。分布式是由商业公司透过下属部门通过各种手段分散获取并统一整理，一般能使数据的精细度和准确度达到一定要求。本文案例中涉及的蚂蚁金服“清算信息”是朗动公司集中式获取的。朗动公司作为从事企业征信信息服务的互联网征信机构，发布企业征信信息是其提供服务的基本形式。朗动公司企查查发布的数据来源于国家企业信用信息公示系统、中国裁判文书网、中国执行信息公开网、国家知识产权局、商标局、版权局，在本案中，其针对国际企业信用信息公示系统更新的清算信息进行了集中抓取和推送。

商业性企业数据，是商业公司负责收集、加工整理并发布的，是作为有价商品进行开发的，所属权归商业公司所有，并由商业公司负责发布销售，其目的是为其他有需求的商业公司提供潜在客户的获取渠道，帮助其他企业开发有效客户，为中小企业提供数据服务。一般商业数据所覆盖的信息包括企业名称、法人代表、注册日期、企业联系人、联系地址、邮政编码、联系电话、手机、传真、邮件地址、企业规模、经营范围、注册资金、年营业额、网址等。本案中涉及的“清算信息”与相关企业的经营状况有关，属于企业经营风险信息，因此也属于商业性企业数据的范围。

企业数据的发布形式多种多样，通常是以 Excel 表格形式储存，或者以数据库方式提供，也有以黄页书籍作为载体。具有实力的数据提供公司也会独立开发客户管理软件对企业以数据进行智能化的管理作为商业个体之间的一个桥梁，企业数据对于数据登载的企业和数据获取者均有作用。被登载的企业可以扩大企业自身的知名度、坐等商机、推广产品及品牌、增加潜在商业活动。而直接购买并使用企业数据的企业则可以加强自身商业洞悉能力，直接寻找到潜在客户，加强与其他相关企业的交流与合作，侦悉行业动向，开拓销售渠道。本文案例中的朗动公司便是提供这类数据的公司。朗动公司作为从事企业征信业务的征信机构，其运营的企查查平台，是提供企业征信信息查询的大数据平台，主要功能在于运用信息技术手段对公共数据领域海量、分散的企业信息进行整合加工，形成企业征信信息的数据集合，并通过提供免费和付费查询功能，向用户开放，实现经济利益。

（二）企业数据的法律属性①

对于“数据”的法律属性，学界主要有四种学说观点：物权说、信息产权说、知识产权说和商业秘密说。而对于企业数据的法律属性进行界定，又要将不同类型的企业数据加以区别。

一种是企业数据中的数据产品。数据产品，是指企业通过对数据的收集、筛选、分析后所得到的产物（如数据库、数据报告、检索报告等）。针对数据产品的法律属性界定，通常的说法是财产权说、商业秘密说，后者是多数观点。而数据产品是否属于商业秘密，不能必然地予以肯定或者否定，在实践中需要结合每个数据产品的实际情况进行分析。比较一致的观点是，企业在获得数据产品过程中往往投入了大量人力、技术、管理成本，数据产品是企业投资后得到的工作成果，该种工作成果一般具有财产属性。

另一种是公共数据性质的企业数据。对于企业在日常经营活动中或者前往政府部门办理相关事务时产生的数据，政府部门在履行职务活动中收到的这类数据，如公司纳税情况、资产状况等，这类数据权利主体也是企业本身。企业数据有别于个人数据，原因在于个人数据受到保护，一般不予公开；而企业数据除去一些具有商业价值、需要对其采取保密措施的半公开/非公开数据外，一般都应公开。而企业数据有一点与个人数据相同，就是这些企业数据经过相应的脱敏处理后，经政府部门分析编制后所得到的数据与个人数据一样，其权利归属于政府部门。本文案例中的“清算信息”从数据来源上看，是公共性质的企业数据。由于企查查公示的数据来源为国家企业信用信息公示系统，是政府机关依照法律

---

① 吴丽雯：《企业大数据法律属性及保护路径研究》，厦门大学2019年硕士学位论文。

规定在履行职能过程中采集、制作、生产或者获取，并通过一定形式记录、保存的数据资源，所以是公共数据。

三、企业数据的保护现状——判例研究

在大数据领域立法尚未完善的情况下，我国目前保护企业数据的法律依据主要有三个：

一是基于《反不正当竞争法》第 2 条一般条款中的“合法权益”，以抽象的不正当竞争行为名义，对于非法侵入、使用企业数据等行为加以排除和进行救济。

二是被告行为如果构成《反不正当竞争法》第 9 条规定的侵犯商业秘密，则权利人可以以侵犯商业秘密为案由进行诉讼。

三是《民法典》第 127 条对数据、网络虚拟财产的保护进行了概括性的规定。权利人可以以本条为辅助理由向法院进行诉讼。

（一）数据产品的保护

对于企业数据中的数据产品保护的司法判例，淘宝（中国）软件有限公司诉安徽美景信息科技有限公司不正当竞争一案①可以作为参考。淘宝公司通过“生意参谋”面向淘宝网、天猫商家提供可定制、个性化、一站式的商务决策体验平台，为商家的店铺运营提供数据化参考。“生意参谋”提供的数据内容是淘宝公司经用户同意，在记录、采集用户于淘宝电商平台（包括淘宝、天猫）上进行浏览、搜索、收藏、加购、交易等活动所留下的痕迹而形成的海量原始数据基础上采取脱敏处理，在剔除涉及个人信息、用户隐私后再经过深度处理、分析、整合，加工形成的诸如指数型、统计型、预测型的衍生数据。同时，淘宝公司通过“生意参谋”，为商家的店铺经营、行业发展、品牌竞争等提供相关的数据分析与服务并收取费用，已形成特定稳定的商业模式，给其带来较大的商业利益。在该案中，淘宝公司开发的大数据产品（“生意参谋”）虽来源于原始网络数据，但经过淘宝公司的深度挖掘、算法过滤、匿名化处理后已不再仅仅是普通用户信息的集合，而是独立于原始网络数据并具备预测分析、智能决策功能的数据产品。“生意参谋”数据产品的数据内容是由淘宝公司长期投入人力、物力积累而成，该数据产品的应用能够帮助淘宝公司提升经营水平，从而为其带来相当

① 参见浙江省杭州市铁路运输法院（2017）浙 8601 民初 4034 号民事判决书。

的商业利益及市场竞争优势，故淘宝公司对其开发的数据产品应当享有财产性权益。淘宝公司认为美景公司通过“咕咕互助平台”软件、“咕咕生意参谋众筹”网站实施了以下侵犯淘宝公司正当权益的行为，理由为：

1. 在“咕咕生意参谋众筹”网站上推广“咕咕互助平台”软件，教唆、引诱已订购淘宝公司“生意参谋”产品的淘宝用户下载“咕咕互助平台”客户端，通过该软件相互分享、共用子账户；

2. 组织已订购淘宝公司“生意参谋”产品的淘宝用户在“咕咕互助平台”客户端上“出租”其“生意参谋”产品子账户获取佣金；

3. 组织“咕咕互助平台”用户租用淘宝公司“生意参谋”产品子账户，并为其通过远程登录“出租者”电脑等方式使用“出租者”的子账户查看“生意参谋”产品数据内容提供技术帮助，并从中牟利。淘宝公司认为美景公司侵害其拥有的数据产品的正当利益，涉及不正当竞争，并提起诉讼要求美景公司停止侵权行为并赔偿经济损失。

基于淘宝公司对其数据产品享有竞争性财产权益，该案中一审及二审法院均认可淘宝公司的诉讼主张，认为：“网络运营者对于其开发的大数据产品，应当享有自己独立的财产性权益。随着互联网科技的迅猛发展，网络大数据产品虽然表现为无形资源，但可以为运营者所实际控制和使用，网络大数据产品应用于市场能为网络运营者带来相应的经济利益。随着网络大数据产品市场价值的日益凸显，网络大数据产品自身已成为市场交易的对象，已实质性具备了商品的交换价值。对于网络运营者而言，网络大数据产品已成为其拥有的一项重要的财产权益。”

由此可见，司法实践中已经认可数据产品具有其财产性，数据产品是经营者的重要财产权益。而在实践中发生的纠纷通常是企业与企业两个主体之间，大多都是以对方涉及不正当竞争为由来提起诉讼，但是是否涉及不正当竞争，由法院通过对案件中是否存在侵权行为、双方是否存在竞争关系等事实行为来进行判定。

（二）公共数据的保护

对于公共数据性质的企业数据的保护，则可以参考本文案例。

1. 本案中，争议焦点一，关于被诉不正当竞争行为的法律适用问题，审判法院认为：根据《反不正当竞争法》第 11 条的规定，商业诋毁行为是指经营者编造、传播虚假信息或误导性信息，损害竞争对手的商业信誉或商品声誉的行为。朗动公司作为从事企业征信信息服务的互联网征信机构，发布企业征信信息是其提供服务的基本形式，朗动公司针对清算信息进行了集中抓取和推送，该行为并非单独针对蚂蚁金服公司，朗动公司的行为在主观上没有故意损害蚂蚁金服集团、蚂蚁金服公司利益，以增强自身竞争优势的主观故意，因此不构成商业诋毁。对于蚂蚁金服公司认为朗动公司构成不正当竞争，法院认为：适用《反不正当竞争法》第 2 条的前提是对于某一不正当竞争行为无法根据《反不正当竞争法》第二章规定的具体竞争行为进行法律评价，法律对该种竞争行为未做特别规定。对于朗动公司的行为能否适用反不正当竞争法一般条款进行评价的问题，法院认为，本案涉及大数据生态系统中，公共数据使用者与数据原始主体之间因数据使用质量引发的纠纷，涉及大数据商业模式下公共数据使用行为的正当性问题，并非《反不正当竞争法》第二章规定的具体竞争行为，对于公共数据使用行为是否存在不正当性，并且是否损害了数据原始主体竞争性权益的问题，可以依据《反不正当竞争法》第 2 条进行评价。

2. 争议焦点二，朗动公司的行为是否构成不正当竞争。法院依据《反不正当竞争法》第 2 条，从原告是否享有反不正当竞争法所保护的权益，被诉行为客观上是否具有不正当性、主观上是否具有过错，双方当事人是否属于竞争关系以及被诉行为是否给原告造成损害五个方面予以分析和判断。

（1）两原告是否具有反不正当竞争法保护的竞争性权益。从商业模式上看，朗动公司构建了以企业数据为内容的大数据生态系统。朗动公司运营的企查查平台，是提供企业征信信息查询的大数据平台，运用信息技术手段对公共数据领域海量、分散的企业信息进行整合加工，形成企业征信信息的数据集合，并通过提供免费和付费查询功能，向用户开放，实现经济利益。大数据的采集、加工和交易过程，涉及原始数据主体、数据提供者、数据使用者和数据消费者各方利益。蚂蚁金服公司作为原始数据主体，朗动公司作为数据提供者同处于企查查大数据平台构建的数据生态系统中。

从数据来源上看，朗动公司的企业数据来源于公共数据。公共数据作为促进经济发展的重要生产要素，应当鼓励市场主体积极利用并深入挖掘数据价值。但同时，对公共数据的利用应当合法、正当，不得损害国家利益、社会利益和其他主体合法权益，特别是不能损害数据原始主体的合法权益。朗动公司通过国家企业信用信息公示系统抓取的企业信息，虽然本身来源于公共数据，但是信息的发布和推送行为应当保持与蚂蚁金服公司企业信息的一致性，即客观公正地反映企业信息，不应因数据来源的公共属性，而损害数据原始主体的商业利益。

从征信数据的特点上看，企查查平台提供的企业数据信息直接指向原始数据主体。基于征信大数据生态系统中数据与数据源之间的联系并未切断的特殊性，企查查平台提供的企业信息查询功能与原始数据主体之间具有唯一的对应关系。这种对应关系，将对蚂蚁金服公司的市场竞争利益带来影响，并集中体现在公司商誉权上。商誉是经营者在经营过程中通过经营行为累积的社会整体评价，具有财产属性，良好的声誉能够为经营者带来经济利益和竞争优势。

（2）被诉行为是否具有正当性。判断一项行为是否具有正当性，应当从市场竞争秩序、商业道德、利益平衡等基本原则出发，结合相关行业准则、行为手段、损害后果等因素对其性质予以综合评判。

首先，朗动公司的行为违反了征信业法定义务和大数据行业规则。《征信管理条例》规定，征信机构应当采取合理措施，保障其提供信息的准确性。国家标准化管理委员出台了国家标准，明确数据产品和服务提供中对于数据准确性和一致性的要求。国家网信办及各行业协会也先后出台了行业自律性文件，进一步明确了数据准确性是大数据行业发展的商业道德；数据采集过程应严格控制数据质量，确保数据符合质量要求；在此过程中数据提供者应注意对数据来源进行甄别和验证，保证数据的合法性、真实性和有效性等相关要求。法院经过庭审调查查明，朗动公司发布的清算信息从信息来源、清算主体、清算时间上均与客观实际不相符，且推送内容中存在误导性行为：一是将推送时间表述为“变动时间”，二是在发布和推送方式上以“变更/新增信息”的方式进行推送，在推送标题上表述为新增清算组成员。因此，朗动公司的信息发布和推送行为因违反数据质量的相关法规和行业标准具有不正当性。而发布公开声明和置顶媒体报道的行为，从发布内容和澄清事件的目的看，不应认定为具有不正当性。

其次，朗动公司的行为损害了其他经营者和消费者的合法利益。本案中，企查查平台用户和其他数据消费者，基于对企查查平台发布信息的信任，在看到企查查针对蚂蚁微贷公司清算信息的推送行为，将可能陷入错误认识的风险之下，并直接影响消费者的选择意愿，降低消费者对蚂蚁金服公司的社会评价。因此，朗动公司的行为损害了经营者的声誉，造成了市场参与者和关联方的信息误导，可能损害各方参与者的合法利益。

最后，朗动公司的行为损害了以信用为基础的市场竞争秩序。朗动公司作为从事企业征信业务的互联网征信机构，在享有征信数据带来的经济利益的同时，还应当对数据质量负有一定的注意义务，征信数据的质量不但影响互联网征信机构自身的竞争能力，还因为数据本身对数据主体的商誉影响，而影响数据主体的竞争优势。朗动公司针对蚂蚁微贷公司推送企业信息的行为，在数据存在偏差的情况下，将给蚂蚁金服公司带来商誉上的损害，并且影响其的市场竞争优势。

（3）朗动公司是否具有主观过错。朗动公司作为大数据企业征信平台经营者，其相关注意义务是评价主观过错的考量因素。由于互联网征信行业仍处于发展的起步阶段，相关行业规范尚未成熟，应当以鼓励数据共享流通、兼顾各方利益为原则，并正视海量数据处理的技术困境，合理确定注意义务。一方面，由于受到数据共享范围、获取成本的限制及数据有效抓取技术的局限，在司法裁判上不宜对互联网征信企业赋予过高的注意义务，对于普通的信息偏差，应当允许其通过事后救济进行修正。但另一方面，互联网征信企业应当通过技术的革新和完善，确保数据真实、及时、准确，才能为市场主体的投资行为提供可信赖的、具有公信力的企业信息。

（4）双方是否存在竞争关系。法院认为，反不正当竞争法意义上的竞争关系包括直接竞争关系与间接竞争关系，反不正当竞争法维护具有直接竞争关系的竞争者之间的正当竞争，也维护整个市场的竞争秩序。特别是在互联网经济领域，商业运营模式较传统经济有较大变化，行业界限区分日益模糊，竞争方式主要表现为通过争夺消费者注意力获取竞争优势，实现经营利益，即使经营者之间不存在直接的竞争关系，经营者也因破坏其他经营者的竞争优势与其产生了竞争关系。作为大数据企业征信机构的朗动公司对其发布的数据应当进行审慎审查，以确保其发布数据的质量。数据质量决定了朗动公司与蚂蚁微贷公司在竞争利益损害上的因果关系。同时，由于蚂蚁金服集团就蚂蚁微贷公司的良好信誉享有共同利益，因此在本案中蚂蚁金服集团、蚂蚁微贷公司与朗动公司存在竞争关系。

（5）被诉行为是否给两原告造成损害后果。原告提供的公证证据显示，在搜索引擎中涉及“蚂蚁金服清算”“蚂蚁微贷清算”信息已达到千万条。蚂蚁金服集团、蚂蚁微贷公司作为从事互联网金融业务的互联网企业，涉及清算等负面性经营信息极易引发金融风险，危及企业经营甚至影响互联网金融产业。因此，朗动公司采取容易引人误解的方式推送涉及蚂蚁微贷公司清算信息的行为，造成了蚂蚁金服集团、蚂蚁微贷公司商誉上的损失。

综上，依据《反不正当竞争法》第 2 条、第 17 条、《侵权责任法》第 15 条及《民事诉讼法》第 64 条第 1 款之规定，法院判决如下：

1. 被告苏州朗动网络科技有限公司在判决生效之日起一个月内在企查查网站首页、苏州朗动网络科技有限公司新浪官方微博连续十日，及《法制日报》显著位置连续三日刊登声明以消除影响（声明内容需经法院审核，逾期未履行，法院将依原告浙江蚂蚁小微金融服务集团股份有限公司、重庆市蚂蚁小微小额贷款有限公司申请，在《人民法院报》上刊登）。

2. 被告苏州朗动网络科技有限公司在本判决生效之日起十日内赔偿原告浙江蚂蚁小微金融服务集团股份有限公司、重庆市蚂蚁小微小额贷款有限公司经济损失 60 万元（包括为制止侵权行为所支付的合理开支）。

3. 驳回原告浙江蚂蚁小微金融服务集团股份有限公司、重庆市蚂蚁小微小额贷款有限公司的其他诉讼请求。

四、总结：企业数据保护的司法途径

在对企业数据谋求司法保护前，首先需要明确企业数据的内涵，厘清相关概念和对应的法律属性，并能够正确辨析企业数据的不同类型，从而对企业数据中的数据产品、公共性质的企业数据进行区别保护。具体而言，对于数据产品，司法机关首先应当明确其财产性质，确定其权益归属，并能够正确合理地将《反不正当竞争法》及相关民法条文、信息管理条例付诸实施，才能够切实有效地保护权属企业的权益；而对于公共数据性质的企业数据，司法机关主要应当对大数据征信行业的企业行为进行规制。在审查互联网征信企业行为时，应以四项基本原则为裁判依据：其一，数据来源合法原则，即确保数据是从合法、权威的平台获取；其二，注重信息时效原则，即保证数据更新的及时性和准确性；其三，保障信息质量原则，即保障信息的真实、准确和完整；其四，敏感信息校验原则，即涉及企业清算、破产等重大负面信用信息，互联网征信机构应当建立差别化的技术处理原则，提高数据推送质量，避免信息推送失误。此外，司法机关应考虑大数据领域立法尚不完善、大数据征信行业还处于起步阶段，相关技术能力尚未成熟，因此在侵权赔偿责任的承担上应当宽严适当。值得一提的是，大数据征信服务型企业与被征信企业之间的间接竞争性关系，也是不容忽视的一点，要运用《反不正当竞争法》的内在逻辑进行审查。

企业大数据的取得及其保护与规制

◎许　超　孙春凤*

内容提要：大数据时代，数据的使用价值、经济价值正被逐步挖掘，企业数据的取得居于数据产业链的最前端，在数据产业中发挥着基础作用。当前，企业数据还没有得到法律的有效保护，权益边界的确定存在争议。本文从对企业数据取得的方式切入，从企业数据保护的合理性、必要性及其与个人权利和公共利益维护平衡的角度，对企业数据取得的合规性方案及相关问题的解决提出设想。

关键词：企业数据　数据取得　数据权利　法律规制

数据指以电子化方式存储的信息。互联网技术的应用，为人与人之间的联系开辟了一个新的空间，在这个虚拟的世界里，每一个个体都被解构以数据的形式进行呈现，互联网世界是一个以数据为基础的世界，同时也是庞大的大数据资源库。此后，物联网技术的产生，将这种联系扩展至物与物、人与物，数据的来源和类型更为丰富，数据量也更为庞大、浩瀚。与传统人工相比，依托计算机技术开展的数据收集、运算更为便捷、快速和准确，由此大数据应运而生。

数据本质上是一种信息，是一种重要的资源，是企业商业决策的重要依据，对数据交易市场的健康发展起着至关重要的作用。在大数据时代，数据是创造财富的重要资源，掌握的数据资源越多，在数据市场的交易中就越有优势。当前，对于大数据法律问题的研究主要集中在数据的利用环节，对于企业数据权利属性问题的研究不够深入，主要针对在企业数据权利与用户个人数据权利边界的界定、与其他竞争者之间权属确定上，企业数据本身的权利属性仍然未予明确，具体权能的内容依旧模糊，这也是导致当前企业数据权利能够肆意倾轧个体数据权利以及数据企业之间数据纷争不断的根本原因。本文将围绕企业数据的取得及其

* 许超，无锡市新吴区法院知识产权庭法官；孙春凤，无锡市新吴区人民法院法官助理。

法律规制进行探讨。

一、企业数据取得的方式

企业数据包括与企业生产经营相关的数据，还包括企业通过数据平台依法收集、挖掘处理利用和交易的数据。① 企业数据的取得可以来自企业自身，也可以来自外部渠道。就内部而言，主要有企业数据化的档案、交易、企业内部信息化管理系统以及企业物联网络等产生的数据。就外部而言，包括互联网、物联网的大数据，如智能家用电器、办公设备等，这些联网设备中各式各样的音频采集器、视频采集器，多样的虚拟感官系统（视觉、听觉、嗅觉等），以及企业所面对的政府、协会、其他公共组织等产生的公共大数据。

来自企业自身的数据，其产生的来源一般为企业自身或与之有合同关系的相对方，收集和处分的主体都是企业自身，相应的权属关系较为简单和清晰，或者有自主约定加以明确，一般不存在争议。来源于外部的数据，由于涉及其他的数据来源主体，以及对其他企业收集数据的再开发等，在权利的归属上容易发生扯皮、引发争议，在权利的利用上容易侵害个人乃至公共利益。

二、赋予企业数据权利的合理性、必要性

（一）基于劳动肯定赋予企业数据权利

企业数据的取得方式包括收集原始数据、提取分析基础数据。通过收集原始数据形成的数据被称为原生数据，指并没有经过任何加工，直接产生于客体的数据，如网络浏览记录、消费记录、定位记录等，此类数据仅仅是单个数据的集合，企业通过对数据的收集、存储形成了庞大的数据汇总，在这些数据的汇总中能够展现出集群特征、反映出整体趋势，甚至被进一步挖掘出深度信息，可以说聚合效应赋予了原生数据价值。衍生数据是对原生数据的再加工，在聚合原生数据的基础上，提取分析数据，使原生数据进一步产生新的数据，是对企业数据价值的直接提升。企业原生数据、衍生数据价值的产生蕴含了收集、筛选、提取、分析等基本劳动，即使依靠网络爬虫等现代技术手段和先进的算法通过直接进行数据的抓取和演算获得的数据，由于爬虫程序、算法的设计同样凝结了人类的智力劳动，依然能够体现出企业数据的劳动属性。企业数据并非原始资源，而要经

---

① 洪韵华：《大数据时代云财务在企业管理中的有效应用研究》，载《中国注册会计师》2019 年第 3 期。

过企业的一系列加工整理，是处理后的成果，因此本质上是一种劳动产出，属于劳动成果，相应的权利应当由劳动者享有，据此应当赋予企业对其产出的数据享有相应的权利。

传统的农业社会，劳动者和其收获之间可以直接建立所有关系，劳动与所得之间的关系清晰明了，权利判断也简单易行。然而，在信息技术时代，农业社会的劳动财产权理论已经无法用以确认企业数据的归属。数据不是自然资源，其来源于人类社会生活，企业数据的收集、加工所依托的碎片化信息，涉及大量的个体，即数据的源头，两者之间的权利界限并不清晰。此外，企业数据的收集、利用不能侵犯个体权利，要避免侵犯个人隐私，还要不妨碍出于公共利益对数据进行利用，因此，在基于劳动的付出来赋予企业数据权利的同时，要严格考虑其与个体权利以及公共利益之间的边界。

（二）基于价值激励赋予企业数据权利

大数据价值的实现与其共享的功能密不可分，大数据打破了传统信息互相割裂的局面，企业大数据的收集、开发仅仅依靠某个企业“闭门造车”“单打独斗”已经无法实现，但企业进行数据收集、开发后，对相应的“数据成果”不加以保护，任其暴露在原始甚至蛮荒的地带，其他企业都可以对此进行窃取抢夺，企业就会失去数据收集、开发的积极性，甚至转而加入窃取、抢夺的阵营，这对于大数据资源整体的开发将形成重大的打击与阻碍。这是需要在大数据产业发展过程中予以解决的问题，要通过赋予企业数据权利，使得企业“数据成果”具备占有、控制和使用上的从属性，处于一种排他性的保护状态下，让“数据成果”的权利主体能够自由地进行支配，并从中获得应有的利益，从而激励企业不断开发和利用大数据的积极性。

不同于传统的物权领域，对数据的使用并不需要通过转移占有的方式实现，大数据所具有的共享功能，足以使得相应的数据在不改变本身样态和内容的情况下被另一个主体占有和使用。当一项数据进入流通领域，则任何主体都无法再实现对其独占，尽管数据本身可能不会被改变，但对于开发者来说，却会产生难以挽回的经济利益减损。因此，对企业数据的保护可以参考知识产权制度，给予数据企业财产上的垄断地位，限制他人对相应数据资源的使用，包括内容的限制、使用方式和期限的限制等。

三、企业数据权利与个人利益、公共利益之间的平衡

当我们享受大数据带来的信息推送、信息搜索方便、快捷的好处的同时，我

们的日常生活也变得不堪其扰，如很多人每天会接到莫名其妙的电话，而且往往是每次一登记个人信息就会接到相应的电话，如一拿到房子，就会有大量的房产装修公司、房产中介给你打电话；一开通股票账户，就会有各种资金公司、股票专家荐股电话爬满你的通信记录。很多人因此产生了这样一种明显且直观的感受，即很多数据处于一种近乎失控的状态，数据原始的产生者对于与自身相关的数据缺乏主动支配和被动保留的权利，数据窥视、数据窃取、数据强占的行为藏匿于生活的各个角落，严重损害了个体生活、工作的安全感，甚至容易引发公共安全危机。

（一）企业数据取得与个人数据权利的保护

个人的原始数据是企业数据的重要来源之一，在人们看不见的地方已经逐渐形成了一个庞大的数据库，无时无刻不在影响甚至支配着人们的生活，但是人们对于这个数据库“是什么样的”“有什么内容”“能够起到什么作用”“会有什么影响”等这样的问题是缺乏足够认知的。以近期清华大学法学院教授针对小区安装人脸识别系统维权事件为例，该教授通过多种途径在多个平台发起了呼吁，得到的还是大多数人的沉默。面对相对陌生、抽象以及表层看起来具有“便利”“先进”等这样利好的事物，沉默确实符合大众的心理，这背后也反映出人们对于人脸识别这样的大数据收集系统背后潜藏的安全隐患缺乏清晰和必要的认知，这是导致企业数据能够随意侵犯个人权利的重要原因之一。很多企业数据的取得正是利用了个人技术认知上的劣势，在进行数据收集时并不向被收集方告知相应的风险，甚至利用数据的无形性对收集行为也不加以告知，在未经人们同意的情况下擅自进行数据收集。

还有一些是利用其优势、垄断地位，通过强制获得授权的方式进行了数据取得，以现在层出不穷的 APP 为例，许多 APP 的安装和使用必须接受其使用条款并开放手机中一系列的应用授权。出于无相关替代软件，或者同类型软件均设置同样要求，致使用户不得不同意相应的安装要求等原因，这些 APP 依托手机时刻“潜伏”在用户身边，成为数据挖掘的“先锋队”，严重引发个人信息和隐私的泄露。谷歌、脸书等世界知名企业就多次因为违法获取公民数据被科以巨额罚款。

采用上述窃取等非法手段以及强制授权、强制注册、网络信息暴力搜索等方式进行数据收集存在侵犯他人财产性利益的法律风险。此外，由于在利用过程中涉及的主体不断被拓宽，其潜藏的法律风险也将随之扩大，甚至达到失控的状态。从源头加强对数据收集的管控，有利于防范法律风险的发生。

（二）企业数据权利的过度保护损害公共利益

大数据时代，数据的核心价值是“开放、共享”，有学者担心如果对企业数据过度保护，则可能形成“数据垄断”和“数据孤岛”，损害社会公共利益。①一方面，一些数据内容本身涉及公共利益，如果仅由企业掌握无疑会对公共安全乃至国家安全产生不利的影响；另一方面，当企业在取得数据后进行囤积、封锁，进而形成垄断，则相应的数据不再透明，可能会引发例如“大数据杀熟”等现象，损害消费者利益。因此，合理界定企业数据权利的边界，对企业数据权利进行适度保护十分重要，既要防止企业数据权利的行使过分挤占公共资源，威胁公共安全、国家安全，也要防止企业数据形成垄断，倾轧个人的合法权益。

四、企业数据取得合规的要件

当数据权利受到侵犯，个人真正要实施维权，不光需要投入大量的人力、财力，而且由于数据收集、应用的隐蔽性和无形性，举证往往非常困难，公共利益的维护则更加缺乏主动性和积极性，因此，企业数据的取得更应当在源头上加以规范。从近几年国际国内的一些案例可以看出，如何规范合理的数据收集方式已经成为各国越来越重视的问题。《民法典》第 1034 条至第 1039 条基本沿用了《网络安全法》的规定：一方面，要求信息处理者在处理（包括收集、存储、使用、加工、传输、提供、公开等）个人信息时需要征得该自然人或者其监护人的同意，并在已明示的处理信息目的、方式和范围内进行信息处理。另一方面，明确赋予信息处理者保证信息安全、不得对外泄露的义务。根据相应的规定，企业数据的取得必须符合以下几个要件：

1. 数据取得的必要性。应当明确需要取得数据的理由及用途，并由数据提供方确定其自愿提供的数据类型、内容，而非强制要求数据提供方提供全部数据。作为一个企业来说，法律并未赋予其任意获得他人信息的权利，但是在日常生活中，即使是去小餐馆吃饭也会有店员跟你说办会员卡可以有优惠，然后要求你填写一堆个人资料。但实际上这些资料和吃饭毫无关系，并且商户在取得个人信息后根本不会采取任何措施对这些个人信息进行保密管理，而很多软件开发公司就会利用这些方式获取大量的个人资料，导致个人信息泄露，而很多信息发现

① 陈俊华：《大数据时代数据开放共享中的数据权利化问题研究》，载《图书与情报》2018 年第 4 期。

泄露后无法像密码一样进行修改，如身份证信息，这就会对个人造成无法弥补的损害。

2. 数据取得的自愿性。在很多时候，信息的填写往往都是数据取得方设置好的，作为数据的提供方完全没有选择的余地，不论愿意与否。例如，网上下载的 APP 在使用前必须要先填写一大堆个人信息，否则就无法使用或者下载，而且根本没有协商和修改的途径。数据取得必须征得数据提供方的认可，不得捆绑要求数据提供方提供非必要的数据。

3. 数据取得的免责声明。在现实中，很多数据取得方会直接要求数据提供方签署格式化的免责声明，而这些免责声明会以通过烦琐的语言及蚊蚁般的文字令数据提供方完全不可能去细致地了解免责条款的内容，也根本不知道数据取得方是通过何种方式在使用其提供的数据。是否认可对数据取得方免责，应当由数据提供方进行确认，而不是由数据取得方在格式协议中强制要求数据提供方对于数据取得方的一切行为免除法律责任。

五、问题的解决

随着数据产业的日益繁荣，与数据有关的问题也越来越多，有欺瞒消费者的“大数据杀熟”① 问题，有利用资源与技术优势进行信息掠夺的“数据鸿沟”②问题，还有“数据正义”③ “算法歧视”④ 等方面的问题。在互联互通时代，网络已经广泛地渗透到人们的日常生活中，人们也越来越依赖于数据网络。在保护数据权利的同时，不能忽略这些问题的解决。无论是数据企业间的数据竞争与交易问题，还是企业平台与用户之间数据权利界限问题，又或者是公共利益的实现问题，都需要纳入企业数据权利构建考虑范围。要解决上述问题，就需要：

---

① 大数据杀熟是指同样的商品或服务，老客户看到的价格反而比新客户要贵出许多的现象。

② 数字鸿沟是指在全球数字化进程中，不同国家、地区、行业、企业、社区之间，由于对信息、网络技术的拥有程度、应用程度以及创新能力的差别而造成的信息落差及贫富进一步两极分化的趋势。

③ 数据正义尽管作为一个发展中的理念，数据正义的含义远未定型，但“反数据歧视”和“数据透明”必然是题中之义。

④ 智能算法本质上是“以数学形式或计算机代码表达的意见”。算法并非完全客观的，其中可能暗藏歧视。智能算法的设计目的、数据运用、结果表征等都是开发者、设计者的主观价值选择，他们可能会把自己持有的偏见嵌入智能算法之中。

1. 加强法律规范。规范互联网企业数据取得行为，保护企业、个人等的合法权益，具体包括：（1）根据企业特点规范其可以获得的信息范围。（2）对于需要取得敏感信息的企业，应当要求企业提供证据证明自己具有相应的措施及能力对取得的信息进行有效的保密。（3）在企业面临取得的数据可能失控的情况下，应当按照法定程序进行销毁。（4）对于非法取得的个人信息，或因自身过错导致个人信息泄露的，除了应当加倍赔偿他人损失外，还应对企业科以惩罚性的罚款。

2. 加强行政监督。由专门的行政部门对企业的信息获取行为从审核、日常监督、违法行为处理等方面进行全面监督。对于不能合法、合理采集数据的企业、个人予以处罚，禁止从事相关行业。对于发现个人信息泄密的情况，应当提供相应的救济途径，方便受害者维护自身权益，切实保护个人信息。

3. 加强法治宣传。通过司法、行政执法等多方面宣传，让人们能够了解到个人信息的保密对于自身的重要性，增强企业、个人对于自身信息、数据的保护意识，避免自身合法权益受到不法侵害。

从法释〔2020〕10号浅谈与知识产权刑事犯罪相关的侵犯商业秘密罪

◎唐艳艳*

内容提要：随着我国知识产权保护力度的加大，与知识产权相关的刑事犯罪也逐渐引起了大家的重视。知产刑事保护的理念：秩序与私权并重。知识产权刑法保护应当以被诉行为足以构成民事侵权为前提。自2020年9月14日起施行的最高人民法院和最高人民检察院发布的《关于办理侵犯知识产权刑事案件具体应用法律若干问题的解释（三）》（法释〔2020〕10号），降低了侵犯商业秘密的入罪标准，扩充了入罪情形，将因侵犯商业秘密违法所得数额、因侵犯商业秘密导致权利人破产、倒闭等情形纳入入罪门槛，并将入罪数额从“五十万元以上”调整至“三十万元以上”，也明确了不能适用缓刑的范围，但是对于如何认定商业秘密的秘密点问题并没有明确规定。

关键词：刑事犯罪　商业秘密　知识产权保护

据统计，知识产权类刑事犯罪在各类刑事犯罪中的案件总量仅为1%—3%，我国刑法第三章第七节规定了知识产权领域的七种罪名，其分别为：“假冒注册商标罪”“销售假冒注册商标的商品罪”“非法制造、销售非法制造的注册商标标识罪”“假冒专利罪”“侵犯著作权罪”“销售侵权复制品罪”“侵犯商业秘密罪”，但是目前知识产权犯罪判缓刑的处罚力度不够。

在保护知识产权呼声越来越高的趋势下，从惩处侵犯知识产权犯罪的实际需要出发，中共中央、国务院2015年印发的《关于深化体制机制改革　加快实施创新驱动发展战略的若干意见》明确提出：完善知识产权保护相关法律，研究降

* 唐艳艳，汇业律师事务所律师。

低侵权行为追究刑事责任门槛。2019 年 11 月，中共中央办公厅、国务院办公厅《关于强化知识产权保护的意见》进一步明确加强刑事司法保护，推进刑事法律和司法解释的修订完善。加大刑事打击力度，研究降低侵犯知识产权犯罪入罪标准，提高量刑处罚力度，修改罪状表述，推动解决涉案侵权物品处置等问题。因此最高人民法院、最高人民检察院《关于办理侵犯知识产权刑事案件具体应用法律若干问题的解释（三）》（下称法释〔2020〕10 号）颁布实施。本文仅涉及侵犯商业秘密罪的有关内容。

法释〔2020〕10 号一共有 12 条，涉及侵犯商业秘密罪的主要内容有：具体规定了关于盗窃商业秘密的方式，降低了侵犯商业秘密罪的定罪量刑标准，明确了构成“造成特别严重后果”的量刑金额，根据不同行为的社会危害程度，确定了损失认定问题，并严格限制了适用缓刑的条件，提高了罚金的数额，对罚金所确定的金额也有了依据。

一、具体明确规定了盗窃商业秘密的其他方式及其他不正当手段的方式

侵犯商业秘密罪，是指以盗窃、利诱、胁迫、披露、擅自使用（包括自己使用和允许他人使用）或其他不正当手段，侵犯商业秘密，给商业秘密的权利人造成重大损失的行为。因商业秘密具有极强的隐蔽性，涉案人员一般是权利人的员工或与权利人有合作，因此法释〔2020〕10 号对于盗窃的认定进行扩大解释，“盗窃”，是指通过窃取商业秘密的载体而获取商业秘密，采取非法复制、未经授权或者超越授权使用计算机信息系统等方式窃取商业秘密的，应当认定为《刑法》第 219 条第 1 款第 1 项规定的“盗窃”。对“其他不正当手段”的手段和方式予以明确：以贿赂、欺诈、电子侵入等方式获取权利人的商业秘密的，应当认定为《刑法》第 219 条第 1 款第 1 项规定的“其他不正当手段”。

二、降低了侵犯商业秘密罪的定罪量刑标准，并首次将导致商业秘密权利人破产列入入罪标准，扩充了入罪情形

最高人民法院、最高人民检察院《关于办理侵犯知识产权刑事案件具体应用法律若干问题的解释》的相关规定，实施《刑法》第 219 条规定的行为之一，给商业秘密的权利人造成损失数额在 50 万元以上的，属于“给商业秘密的权利

人造成重大损失”，应当以侵犯商业秘密罪判处 3 年以下有期徒刑或者拘役，并处或者单处罚金。在 2020 年 9 月 14 日之前，侵犯商业秘密罪的入罪金额是 50 万元以上。

在 2020 年 1 月 15 日签署的《中美经贸协议》的相关条款（第 1.7 条、第 1.27 条）规定，商业秘密里面不应设置损失的门槛，法释〔2020〕10 号部分落实了《中美经贸协议》第 1.4 条、第 1.7 条、第 1.8 条有关商业秘密的约定，降低了入罪金额，这体现了在知识经济的大数据时代，对商业秘密加强保护的时代性需求。

据此，法释〔2020〕10 号第 4 条，将入罪数额从“五十万元以上”调整至“三十万元以上”，降低了侵犯商业秘密罪的入罪数额，有利于更好地维护知识产权权利人的合法权益，并首次将直接导致商业秘密的权利人因重大经营困难而破产、倒闭的，也列入入罪的一个标准，扩充了入罪情形，加大了对商业秘密权利人的司法保护力度。

三、根据不同行为的社会危害程度，规定了不同的“重大损失”认定标准，对损失或违法所得计算方式做了非常细致的分类规定

侵犯商业秘密罪必须以给商业秘密的权利人造成“重大损失”为要件。关于重大损失的计算，之前的法律和司法解释均无明确规定，司法实践的做法主要有：

1. 损失说，即以权利人商业秘密被侵犯后利润的减少计算重大损失；
2. 获利说，即以侵权人因侵权所获得的利益计算重大损失；
3. 成本说，即以商业秘密（技术秘密）的研发成本计算重大损失；
4. 价值说，即以商业秘密本身的市场价或同类商业秘密的市场价计算重大损失；
5. 以商业秘密许可使用费计算重大损失。

此次法释〔2020〕10 号第 5 条明确规定了损失或者违法所得额的计算方式，实施《刑法》第 219 条规定的行为造成的损失数额或者违法所得数额，可以按照下列方式认定：

1. 以不正当手段获取权利人的商业秘密，尚未披露、使用或者允许他人使用的，损失数额可以根据该项商业秘密的合理许可使用费确定。
2. 以不正当手段获取权利人的商业秘密后，披露、使用或者允许他人使用

的，损失数额可以根据权利人因被侵权造成销售利润的损失确定，但该损失数额低于商业秘密合理许可使用费的，根据合理许可使用费确定。

3. 违反约定、权利人有关保守商业秘密的要求，披露、使用或者允许他人使用其所掌握的商业秘密的，损失数额可以根据权利人因被侵权造成销售利润的损失确定。

4. 明知商业秘密是不正当手段获取或者是违反约定、权利人有关保守商业秘密的要求披露、使用、允许使用，仍获取、使用或者披露的，损失数额可以根据权利人因被侵权造成销售利润的损失确定。

5. 因侵犯商业秘密行为导致商业秘密已为公众所知悉或者灭失的，损失数额可以根据该项商业秘密的商业价值确定。商业秘密的商业价值，可以根据该项商业秘密的研究开发成本、实施该项商业秘密的收益综合确定。

6. 因披露或者允许他人使用商业秘密而获得的财物或者其他财产性利益，应当认定为违法所得。

前款第 2 项、第 3 项、第 4 项规定的权利人因被侵权造成销售利润的损失，可以根据权利人因被侵权造成销售量减少的总数乘以权利人每件产品的合理利润确定；销售量减少的总数无法确定的，可以根据侵权产品销售量乘以权利人每件产品的合理利润确定；权利人因被侵权造成销售量减少的总数和每件产品的合理利润均无法确定的，可以根据侵权产品销售量乘以每件侵权产品的合理利润确定。商业秘密系用于服务等其他经营活动的，损失数额可以根据权利人因被侵权而减少的合理利润确定。

商业秘密的权利人为减轻对商业运营、商业计划的损失或者重新恢复计算机信息系统安全、其他系统安全而支出的补救费用，应当计入给商业秘密的权利人造成的损失。鉴于以盗窃等不正当手段获取商业秘密的行为往往更加隐蔽、卑劣，社会危害性大，规定对此类行为可以按照商业秘密的合理许可使用费确定权利人的损失，不再要求将商业秘密用于生产经营造成实际损失。对于违约型侵犯商业秘密的行为，由于行为人对商业秘密的占有是合法的，危害性相对小于非法获取行为，在入罪门槛上应有所区别，损失数额应当按照使用商业秘密造成权利人销售利润的损失计算。

四、对于缓刑的适用限制了适用条件

目前关于知识产权刑事保护现状有以下两种观点：

1. 一种观点认为知识产权本质上是私权，应该由私法（民法）调整，对知识产权保护存在泛刑事化的倾向，即保护范围过于宽泛，进入知识产权刑事保护的门槛过低。

2. 在目前侵权情形比较严重的情况下，执法机关、司法机关特别是审判机关在部分案件办理中存在失之于宽、失之于软，缓刑滥用的情形。

针对缓刑滥用的情形，法释〔2020〕10 号明确规定了从重处罚和不适用缓刑的具体情形，重点打击以侵犯知识产权为业和因侵犯知识产权受过处罚后再次犯罪的情形，充分发挥刑罚惩治和预防犯罪的功能；同时规定了从轻处罚的情形，有利于化解社会矛盾。

五、针对罚金刑计算也有了具体计算适用标准

在此之前，本法第 10 条规定侵犯商业秘密的，监督检查部门应当责令停止违法行为，监督检查部门应当责令停止违法行为，可以根据情节处以 1 万元以上 20 万元以下的罚款。此次法释〔2020〕10 号第 10 条　对于侵犯知识产权犯罪的，应当综合考虑犯罪违法所得数额、非法经营数额、给权利人造成的损失数额、侵权假冒物品数量及社会危害性等情节，依法判处罚金。对于罚金的确定也有了明确可以依据的计算方式：

1. 对于罚金数额的确定，应当综合考虑犯罪违法所得数额、非法经营数额、给权利人造成的损失数额、侵权假冒物品数量及社会危害性等情节，依法判处罚金。

2. 罚金数额一般在违法所得数额的一倍以上五倍以下确定。

3. 违法所得数额无法查清的，罚金数额一般按照非法经营数额的百分之五十以上一倍以下确定。

4. 违法所得数额和非法经营数额均无法查清，判处三年以下有期徒刑、拘役、管制或者单处罚金的，一般在三万元以上一百万元以下确定罚金数额；判处三年以上有期徒刑的，一般在十五万元以上五百万元以下确定罚金数额。

六、侵犯商业秘密罪可否提起附带民事诉讼

对于商业秘密权利人遭受的财产损失，可以通过附带民事诉讼途径维权。《刑事诉讼法》第 99 条规定：被害人由于被告人的犯罪行为而遭受物质损失的，在刑事诉讼过程中，有权提起附带民事诉讼。侵犯商业秘密罪侵犯的主要是商业秘密权人的财产权利，商业秘密权利人当然会遭受经济损失，经济损失就是物质损失，故商业秘密权利人依法有权提起附带民事诉讼。刊登在《最高人民法院公

报》2006年第12期的西安中院审结的被告人裴国良侵犯西安重型机械研究所商业秘密案，对西安重型机械研究所提起的附带民事诉讼。西安中院判决被告人裴国良及附带民事诉讼被告人中冶连铸技术工程股份有限公司连带赔偿民事诉讼原告人西安重型机械研究所经济损失1782万元。

七、关于侵害商业秘密犯罪秘密点的确定

商业秘密包括技术信息和经营信息，对于技术信息，往往属于专门性问题，有必要进行鉴定，而经营信息可以根据商业秘密的基本原理及双方提交的相关证据资料并结合日常生活经验、常识加以判断，商业秘密权利人的信息是否是商业秘密，侵权人的信息和商业秘密权利人的信息是否实质相同，商业秘密是由权利人自己采取保密措施保护的权利，不具有排他独占权，其本身界限相对模糊，因此秘密点的确定，是商业秘密诉讼的首要步骤，是探究该商业秘密是否符合法律构成要件的前提。商业秘密案件需要权利人合理地划定其所主张商业秘密的具体权利边界，一味地扩大或限缩范围都不是好的选择。但是在此次法释〔2020〕10号，对于秘密点并没有明确规定。

八、结语

知识产权刑事司法保护是知识产权保护中最具有强制力和威慑力的方式。在司法实践中，随着社会经济的发展，知识产权犯罪新类型案件不断涌现，知识产权刑事案件，特别是侵犯商业秘密案件，因商业秘密具有极强的隐蔽性，侵犯商业秘密的举证工作较难。一方面表现为权利人的不配合，另一方面要将技术信息送相关部门进行鉴定，以明确是否属于商业秘密。随着法释〔2020〕10号解释的发布，商业秘密保护将更为强化与合理，同时也应当注意慎刑原则，避免刑事手段不当介入企业正常竞争活动。

运用 Telnet 命令远程取证在侵害计算机软件著作权纠纷中的认证规则

——以磊若软件公司案件为视角

◎刘　伟　刘博文*

内容提要：磊若软件公司等计算机软件著作权人提供运用 Telnet 命令远程取得的证据，能够证明侵权事实存在具有高度盖然性时，人民法院应当合理分配举证责任，不应一味要求权利人继续举证，而应将举证责任分配给被控侵权者，要求被控侵权者提供相反证据，被控侵权者举证不能的承担不利法律后果。

关键词：远程取证　举证责任　高度盖然性

专业从事计算机行业的人士，可能不知道磊若软件公司，但是对其旗下的 Serv-U 系列 FTP 服务器端软件①，可谓是耳熟能详。高等学校计算机应用规划教材中讲到 FTP 服务器，必然会以 Serv-U 软件作为例子②。近几年来，磊若软件公司在上海、浙江、江苏、湖北、云南等地就侵犯计算机软件著作权开展系列维权诉讼，有支持的③，也有被驳回的（包括驳回起诉④和驳回诉讼请求⑤）。支持

---

* 刘伟，无锡市新吴区人民法院党组成员，机关党委副书记，四级高级法官；刘博文，无锡市新吴区人民法院知识产权庭三级法官。

① FTP 服务器软件是指互联网上提供存储空间的软件，专门用来进行文件传输服务的软件，安装后可以允许用户根据权限进行文件的上传和下载。

② Serv-U 软件是一款非常流行的 FTP 服务器端软件。它之所以流行是因为它的易用性，可以在短时间内迅速地组建功能强大的 FTP 服务器。参见《Windows Server 2003 系统管理（第三版）》，清华大学出版社 2010 年版，第 261 页。

③ 参见（2014）沪一中民五（知）终字第 45 号民事判决书、（2015）鄂武汉中知终字第 00004 号民事判决书、（2014）苏知民终字第 0176 号民事判决书。

④ 参见（2013）云高民三终字第 99 号民事判决书。

⑤ 参见（2013）青知民初字第 36 号民事判决书。

的自不必说，驳回起诉的理由如“原告主体不适格”，驳回诉讼请求的理由如“Telnet 命令远程公证取证的仅是一行字符，不能认定服务器上安装有案涉计算机软件”等。诉讼结果的不同，从裁判结果看，就 Telnet 命令远程取证的认证规则，不同的理解会产生不同的结果。本文撇开案件事实不同的问题，仅就系列案件中 Telnet 命令远程取证的认证规则如何确定进行探讨。

在侵害计算机软件著作权纠纷案件中，计算机软件著作权人需要提供以下三方面的证据：（1）主体及权利证据，也即原告为涉案软件的著作权人，有权提起诉讼；（2）侵权证据，也即被告是否未经许可使用了涉案软件；（3）损失证据，也即如果构成侵权，赔偿数额如何确定。在磊若软件公司系列案件中，证据（1）方面的举证虽然有一定争议，但是多数已经形成基本相同的裁判尺度，但是针对证据（2）争议较大。磊若软件公司在系列维权案件中，提供的侵权证据，都是通过 Telnet 命令远程取证并加以公证的形式进行固定取得的。针对此类证据如何认证，需要对此类证据本身的产生原理以及具体的证据规则进行分析，下面笔者就自身的认识对以上问题进行分析，以便于抛砖引玉，如果能够让更多的学者或者司法人员对此关注，则善莫大焉。

一、Telnet 命令远程取证

Telnet 协议是 TCP/IP 协议族中的一员，是 Internet 远程登录服务的标准协议和主要方式。它为用户提供了在本地计算机上完成远程主机工作的能力。在终端使用者的电脑上使用 Telnet 程序，用它连接到服务器。终端使用者可以在 Telnet 程序中输入命令，这些命令会在服务器上运行，就像直接在服务器的控制台上输入一样，在本地就可以控制服务器。要开始一个 Telnet 会话，必须输入用户名和密码来登录服务器。Telnet 是常用的远程控制 Web 服务器的方法①。

磊若软件公司的 Serv-U 服务器软件默认使用端口为 21，Telnet+网址+端口号 21，这条命令其本意是企图通过目标网址所处的主机的 21 号端口进行远程登录，即向目标网址所处的主机的 21 号端口发送了一个数据包，数据包的内容可以视为是一个远程登录申请，如果目标网址所处的主机的 21 号端口刚好是 Telnet 的使用端口，那接下来就是进行用户名和密码的验证。基于 TCP/IP 协议，主机中的每一个端口，同一时间只可能有一个占用者，因此该命令得出的结果具有唯

① http://baike.baidu.com/link? url=CoF_u0xgKrjAxgziYuWum53Nhk8W6ANWfjn4mOiN8SPMi4ePgzNqdRCf4W82tgeh7ZMMXLJgg29Pq705hIWw2a，最后访问时间：2020 年 8 月 21 日。

一性。

在笔者审理的原告磊若软件公司（Rhino Software，Inc.）与被告无锡奥特维科技有限公司侵害计算机软件著作权纠纷一案中[①]，磊若软件公司即使用上述手法：在公证处通过该处电脑上网，点击打开电脑桌面的“开始”项下的“运行”项，在第二页页面“打开”右边的空格中输入“telnet www.wxautowell.com[②]21”，再点击“确定”按键，电脑界面显示有“220 - Serv - U FTP Server v6.0 for WinSock ready……”字样。磊若软件公司以此为由，认为无锡奥特维科技有限公司使用了其 Serv-U6.0 版本软件。

二、磊若软件公司为何首选使用 Telnet 命令远程取证

如果需要知道目标网站是否使用了 Serv-U 软件，只有两种办法，一种就是通过实地勘验、证据保全的形式，看网站服务器上是否安装有 Serv-U 软件；另一种就是通过远程登录的方式，看网站服务器上是否安装有 Serv-U 软件。实地勘验又有两种方式，第一种是权利人自行通过派遣商业间谍或者其他途径获取目标网站服务器上是否安装有 Serv-U 软件，但是这种方式可能有一定人身危险性并且需要支付高昂的调查费；第二种是通过法院证据保全的形式，对目标网站服务器进行保全，这种形式进行保全证据往往比较直接，但是存在一定的不确定因素，如暴力抗法，在得到法院到服务器所在位置之前提前删除或者毁损服务器，无法准确获知服务器所在位置导致保全落空等。

微软等公司选择的就是通过证据保全的形式来固定证据。微软涉及的如 Windows、Offices 等办公软件都安装在计算机客户端，也就是用户直接使用的客户端电脑上，地点也位于办公场所内部，若要进行证据保全，无须远程登录，只要去场所检查并查封即可。但是这种取证方式高度依赖于黑客技术以及法院工作人员，存在很大的不确定性，人力成本也较高。

对于磊若软件公司来说，Serv-U 软件是安装在服务器上的，并不是安装在用户终端上的。可以有很多用户终端，但是服务器可能只有一台，故服务器的安置比普通用户的终端更为隐蔽和安全，因而实地勘验方式成本高、风险大。权利人自然而然就会选择第二种远程登录的方式取证。远程登录的方式非常便捷，只

---

① 参见（2014）新知民初字第 0041 号。

② 参见工业和信息化部 ICP/IP 地址/域名信息备案管理系统显示，www.wxautowell.com，主办单位为无锡奥特维科技有限公司。

需要权利人在公证处的电脑上远程登录目标网站，取得反馈信息后将整个过程以公证书形式记录下来，作为证据提交给法院即可。不需要付出很高的人力成本，不需要额外支付调查人员的雇用费用，不存在人身危险性，也不需要借助法院的外力，故被磊若软件公司广泛运用于其维权案件中。

三、如何认证 Telnet 命令远程取证所获得的证据

最高人民法院《关于适用〈中华人民共和国民事诉讼法〉的解释》（法释〔2015〕5 号）第 108 条规定："对负有举证证明责任的当事人提供的证据，人民法院经审查并结合相关事实，确信待证事实的存在具有高度可能性的，应当认定该事实存在。对一方当事人为反驳负有举证证明责任的当事人所主张事实而提供的证据，人民法院经审查并结合相关事实，认为待证事实真伪不明的，应当认定该事实不存在。法律对于待证事实所应达到的证明标准另有规定的，从其规定。"根据上述的法律规定，我国民事诉讼法确立的是高度盖然性的证明标准。所谓证明标准，是指在诉讼证明活动中，对于当事人之间争议的事实，法官根据证明的情况对该事实作出肯定或者否定性评价的最低要求[①]。所谓高度盖然性，即根据事物发展的高度概率进行判断的一种认识方法，是人们在对事物的认识达不到逻辑必然性条件时不得不采用的一种认识手段……具体而言，就是在证据无法达到确实充分的情况下，如果一方当事人提出的证据已经证明事实的发生具有高度盖然性，法官即可予以确认[②]。这个证明标准也是大陆法系国家和地区在民事诉讼中采取的普遍标准。

Telnet 命令是计算机程序中的正常命令，可以让用户在本地运行，登录到远程服务器，服务器再将运行结果返还本地。在磊若软件公司系列维权案件中，都是使用 Telnet 命令对目标服务器进行远程公证取证，如前述笔者审理的原告磊若软件公司（Rhino Software，Inc.）与被告无锡奥特维科技有限公司侵害计算机软件著作权纠纷一案。那么如何看待取得的输出结果"220-Serv-U FTP Server v6. 0（也可能是 6. 4 等其他数字）for WinSock ready……"呢，笔者向该技术领域的计算机专家进行咨询，专家称该输出结果可以直接认定服务器上安装有 Serv-U 软

① 参见沈德咏主编：《最高人民法院民事诉讼法司法解释理解与适用》，人民法院出版社 2015 年版，第 357 页。

② 参见韩象乾主编：《民事证据理论新探索》，中国人民公安大学出版社 2006 年版，第 386-387 页。

件，除非服务器技术人员对服务相关设置进行修改，修改后则不能反映服务器的真实状况，但是修改服务器会在电脑日志上保留相关记录。

专家证人[①]只可能帮助法官理解计算机的相关技术以及可能的技术结果，但是不能代替法官对案件事实进行认定。专家的答复已经很明确地表示，该输出结果基本可以证明服务器安装 Serv-U 软件，那么法官就会运用证据的证明标准，认定服务器安装 Serv-U 软件具有高度的盖然性。这个盖然性不是法官自己凭空想象的，而是根据计算机领域的专家提供的专业意见，结合法律规定作出的判断。同时，计算机专家也说了，不排除例外情况，因此认定“服务器安装有 Serv-U 软件”这个事实也并非不能推翻，而是需要被告提供证据，如服务器日志等对这个盖然性进行否认，此时举证责任已经转移到被控侵权人一方，如果被控侵权人并未提供充分证据推翻这个高度盖然性，那么法官就会依据 Telnet 命令的输出结果作出“服务器安装有 Serv-U 软件”这个事实的认定。

另外，还要提及一点的是 Telnet 命令远程取证的证据合法性问题。Telnet 命令被很多的网络黑客运用于远程目标电脑的攻击中。那么通过此类命令取得的证据是否属于不合法的证据呢？笔者认为，Telnet 命令远程取证的证据类似于偷拍偷录的证据，对此最高人民法院有明确的规定。根据《最高人民法院关于民事诉讼证据的若干规定》，“以侵害他人合法权益或者违反法律禁止性规定的方法取得的证据，不能作为认定案件事实的依据”，Telnet 命令远程取证的证据只要并未侵犯他人的合法权益，且并未违反法律禁止性规定的方法取得，就能够作为认定案件事实的依据，并不因为所谓的网络黑客使用 Telnet 命令而直接否定据此取得的证据。从上述案件来看，Telnet 命令远程取证的证据并未侵犯他人的合法权益，也未以违反法律禁止性规定的方法取得，因此取得的证据是合法的，对证据的合法性应当予以认可。

笔者在审理多起磊若软件公司的维权案件中，被控侵权人就上述 Telnet 命令远程取证提出了多种抗辩：（1）重定向技术改变输出结果，所谓的重定向（Redirect），就是通过各种方法将各种网络请求重新定个方向转到其他位置（如网页重定向、域名重定向、路由选择的变化也是对数据报文经由路径的一种重定

---

① 《民事诉讼法》第 79 条。

向）；[①]（2）安装“FileZilla”软件改变输出结果，“FileZilla”软件被誉为可媲美Serv-U FTP免费的服务器软件；（3）并未进行代码比对不能认定侵权，因被控侵权人使用的计算机软件与磊若公司的计算机软件的整体程序相同或实质性相似，才构成软件著作权侵权。如果磊若公司不能提供证明被控侵权人使用的Serv-U软件与磊若公司享有著作权的Serv-U软件的整体程序构成相同或实质性相似，则该侵权指控不能成立[②]。诸如此类的抗辩均在磊若案件的系列纠纷中被提及。

对此，关于抗辩（1）和抗辩（2），有观点认为，既然存在技术可能性，那么应当对此进行司法鉴定，也有观点认为磊若软件公司应当进一步举证，仅凭Telnet命令远程取证的证据不足以推翻上述技术的可能性，举证不能应由磊若软件公司承担举证责任。关于抗辩（3），有观点认为磊若软件公司应当提供软件源代码进行比对，法院也应当就此委托鉴定部门进行司法鉴定。

那么对上述抗辩法院应当如何处理？很简单，还是运用前文提及的高度盖然性标准，此时被告除了提出抗辩意见以外，还应当提供相反的证据让磊若公司提供的证据证明力降低，达不到高度盖然性的标准，从而推翻“服务器安装Serv-U软件”这个事实推理。例如，前述的抗辩（1）和抗辩（2），被控侵权人应当提供证据证明存在使用重定向技术这个事实或者安装“FileZilla”软件这个事实，这个事实可以提供服务器日志来证明，而服务器日志往往被保存在被控侵权人的服务器中，磊若公司无法取得，而被控侵权人可以方便地提供相反证据。如果能够提供服务器日志等证据，那么前面因磊若公司提供的证据而证明的高度盖然性的事实可能会变得真伪不明，如果磊若公司提供不出进一步证据证明服务器安装了Serv-U软件，那么人民法院应当认定该事实不存在。但是往往被控侵权人都仅是口头陈述或者抗辩，并不提供相反证据，那么承担不利法律后果也是应有之义。上述抗辩（3）也类似，被控侵权人也应当提供其服务器上安装的软件的代码，并与磊若公司的进行比对，而非由磊若公司提供，否则也应当承担不利的法律后果。

---

① 参见 http://baike.baidu.com/link?url=PtFI3a5NxKfd-666D-rSFUI0V7JM9x-iZbtLTm809_9nW6caNv-uhVU9aKoJvTRk6Vpl8zr5eCKRn7pFvdxNHK，最后访问时间：2020年8月24日。

② 参见 http://it.chinabyte.com/108/12570608.shtml，最后访问时间：2020年8月30日。

四、结语

采取何种证据认证规则运用于 Telnet 命令远程取证的证据上，会直接影响此类案件的审理结果。近几年来，加大知识产权保护的呼声越来越高，包括最高院在内相关组织也出台了一系列文件，要求提高知识产权保护水平。保护知识产权，不应当停留在口号上，而应当落实在行动上，落实到每一个案件中。合理分配举证责任，在磊若软件公司等权利人已经尽力举证，提供的证据也已经构成高度盖然性时，应当将举证责任分配给被控侵权者，由被控侵权者承担举证责任，举证不能承担败诉风险。这样的举证责任分配，既不违反证据规则，也能将加大知识产权的保护力度体现到每一个案件中，是妥善落实司法政策的体现。

“法院永远不会支持不劳而获的人。” Serv-U 软件的研发者为研发此软件投入的大量人力物力财力，并随着市场不断推广而受各大用户喜爱，我们不可能也不应当要求计算机软件的研发者有不求回报的精神，毕竟他们也需要生存，也需要进一步研发更好的软件，也应当依法享有获得报酬的权利。如果我们支持这种使用他人计算机软件而无须付费的情况继续蔓延，等待我们的将是技术的停滞。保护技术创新和技术成果永远在路上，如何用好“高度盖然性”这个证明标准来实现这个目的，也是需要法院人通过实现个案正义来体现的。

关于外资企业在跨境数据传输方面引发的数据隐私安全问题的研究

◎邵　鋆　吴　斌　严星阳　朱　颜*

内容提要：数字经济时代，在日益复杂的环境下，外资企业关于跨境数据传输引发的数据隐私安全问题较为突出，由此产生的跨境贸易风险也呈陡增的趋势。以欧盟和美国的数据保护体系为代表，不同国家或法律区域，具有加强数据主权保护的立法趋势，但标准参差不齐，为企业数据跨境传输的合规增添了难度。在中国境内的外资企业在参与经济全球化的过程中面临个人隐私保护及数据合规在内的新挑战，政府应该积极推动跨境数据传输规则制定和监管体制建立，企业应该寻求数据跨境传输的风险预防和评估工作专业服务的帮助。

关键词：企业数据跨境　隐私盾　数据安全　企业风险管理

大数据时代，数据已经成为社会发展的重要资源。数据资源需要在更多维的空间和更广阔的领域实现分享流动才能产生更高的价值。企业数据跨境传输对我国对外贸易的发展具有重大意义，数据的跨境流动直接影响了企业在电子商务、第三方支付、云计算、物流平台、软件服务等主营业务方面的成本、收益、商业规模、创新发展能力乃至企业商业模式全球化前景①。随着我国企业业务在全球范围内规模地逐步拓展，企业数据跨境传输受到来自外部环境的影响更加错综复杂。除了一直以来争论不断的用户隐私问题，企业数据跨境传输还越来越明显地

---

* 邵鋆，江苏拓鸿律师事务所律师；吴斌，江苏崇宁律师事务所律师；严星阳，江苏崇宁律师事务所律师；朱颜，实习人员。

① 许多奇：《论跨境数据流动规制企业双向合规的法治保障》，载《东方法学》2020年第2期。

涉及公共安全、情报监控、执法需求、产业竞争等方面的问题。近年来中国企业在境外因企业数据遭遇的当地官方的限制乃至封锁措施屡见不鲜，在目前的国际形势下，对企业数据跨境传输进行全面细致的风险管理变得极为必要。

一、欧盟与美国之间的企业数据跨境传输

欧盟法院于当地时间 7 月 16 日作出判决，由于美国的数据保护未达到欧盟标准，用于跨大西洋个人数据传输的《欧美隐私盾牌》协定无效。

《欧美隐私盾牌》协定于 2016 年正式通过。根据协定，用于商业目的的个人数据从欧洲传输到美国后，享受与在欧盟境内同样的数据保护标准。美方承诺将严格履行协定中的要求，保证国家安全部门不会对这些个人数据采取任意监控或大规模监控措施。截至目前，有超过 5000 家美国企业根据该协定传输并处理其欧洲用户的数据，在欧盟法院作出《欧美隐私盾牌》协定无效的判决后，这些企业与欧洲进行的跨境数字贸易都将严重受限。欧盟法院表示，此项判决的依据是，美国的国内法认为有关美国国家安全利益和执法等方面的要求具有优先性。也就是说，美国当局为美国国家安全目的获取了某些个人数据从欧盟向美国转移的权限，可能因此访问有关数据，但是同时既无对美国当局权力进行限制的规定，又无对可能成为目标的非美国人的个人信息安全的保障，从而导致美国违背“有关数据在美国受到与欧盟基本等同保护”的承诺。

（一）欧盟《一般数据保护法案》下的两种企业数据跨境传输框架

欧盟对数据向境外转移通常有两类框架①：一是传输到“与欧盟基本等同”的国家和地区，无须特别授权，此前的《欧美隐私盾牌》协定就直接将欧美之间的数据传输归于这一类。二是欧盟允许数据接收方在签署有关“标准合约条款”的条件下获取欧盟数据。欧洲法院的判决并未禁止欧盟数据通过这类框架向美国转移，所以欧盟法院的此次判决并不意味着欧美数据传输的终止，而是剥夺了美国向欧盟进行跨境企业数据传输的特殊待遇，欧美之间在社交网络等方面的日常数据转移可能不会受到显著影响。欧盟对数据向境外传输的另一种机制“标准合约条款”仍然有效，在此条款下，如果企业无法保证隐私安全，相应监管机

① 《欧盟公布〈欧美隐私盾牌〉协定部分内容》，载新华社，2016 年 5 月 28 日，http://news.xinhuanet.com/world/2016-03/01/c_1118200926.htm，最后访问时间：2020 年 9 月 2 日。

构将会暂停对外数据传输①。可以预见的是，欧盟法院关于“隐私盾”无效的判决，明确宣示了欧盟对于欧盟外部向欧盟内部跨境传输的企业数据治理趋严的决心，单就对于美国传输到欧盟的企业数据而言，未来欧盟国家主管部门将更加严格地审查“标准合约条款”的运行。

相比较于“隐私盾”，中国企业面向欧盟所进行的企业数据跨境传输与“标准合约条款”（英文缩写 SCCs）的关系要密切得多。中国不属于欧盟认定的个人数据保护满足“充分性”标准（recognition of adequacy）的国家，所以大部分中国企业依赖 SCCs 将原本位于欧盟的用户数据转移到国内。虽然目前基于 SCCs 的跨境数据转移方式仍然合法有效，但是欧盟法院判决和欧洲数据保护委员会对欧盟隐私盾协议被判无效的相关解答中，欧盟方提出了明确的要求：数据出口方和接收方要在数据转移前进行评估，考虑第三国的法律情况和企业在必要时采取的补充措施能否为被转移的个人数据提供同等于欧盟的隐私保护。另外，欧盟法院通过判决确认各国数据保护机构有权对跨境数据转移活动进行合规性检查并在确认违规的情况下有终止数据跨境转移的权利。

在我国外资企业依赖 SCCs 进行企业数据跨境传输的过程中，为了更好地降低数据传输的法律风险，可以适当地在标准合同条款中增加附加保障措施。欧盟法院指出，控制者和处理者可基于 SCCs 增加额外保障措施，以确保在第三国能充分保护个人数据和保障数据主体的权利。因此，企业可考虑在 SCCs 中附加一些规定以明确标准合同条款中未涉及或未解决的问题，尤其是关于政府访问个人数据要求的处理。

（二）着眼《数据安全管理办法（征求意见稿）》在企业数据跨境传输方面的对比

2019 年 5 月 28 日，国家互联网信息办公室会同相关部门研究起草了《数据安全管理办法（征求意见稿）》（以下简称《管理办法》），对网络运营者在数据收集、处理使用、安全监督管理三方面作出了具体要求。《管理办法》公开征求意见的翌日，人民网发表《监管部门亮剑 App 收集隐私》，表示大数据发展使设备智能化的同时也让个人隐私失去保护伞，《管理办法》的执行或许“可以让用户部分获得选择权”，而“相比用户端，《管理办法》对企业的影响可能更大”。

---

① Simon Henke：《中国网络安全法对企业数据跨境传输的规范及其影响：欧洲视角下的比较分析》，中国政法大学出版社 2018 年版。

横向对比《管理办法》和《一般数据保护条例》（GDPR）两部法案有关企业数据跨境传输的部分，GDPR 主要是站在用户一方，对作为用户数据收集方的企业提出了欧盟内部以及全球格局下的“数据隐私权”以及维护这一权利所建立起的法律保护框架。简单来说，GDPR 站在个人数据安全保护的框架内，企业数据跨境传输之所以与这个框架有所联系，仅仅是因为企业收集和持有了用户的个人数据。GDPR 在数据跨境传输方面所侧重的理念与司法部在 2019 年 6 月发布的《个人信息出境安全评估办法（征求意见稿）》更加接近——保障数据跨境传输中的个人信息安全，对网络运营者向境外提供在中华人民共和国境内运营时收集的个人信息进行安全评估。“隐私盾”无效的判决向全世界普及了 GDPR 对国际间数据转移所作的严格要求，即仅允许数据控制者将数据转移到欧洲经济区 EEA 以外的、当地法律已被欧盟批准为充分保护的国家或地区。GDPR 的目的更倾向于把数据放在有法律监管的地区，以便杜绝数据的滥用及其带来的一系列数据安全风险。中国目前尚未在获得欧盟“充分保护”认可的国家名单中。

而《管理办法》对企业数据跨境传输作出要求的目的就不同于 GDPR，《管理办法》更多的是针对作为数据的提供者和使用者的企业如何在企业跨境运营过程中做到合法有效地使用数据。《管理办法》第 28 条规定，网络运营者发布、共享、交易或向境外提供重要数据前，应当评估可能带来的安全风险，并报经行业主管监管部门同意；行业主管监管部门不明确的，经省级网信部门批准。向境外提供个人信息按有关规定执行。第 29 条规定，境内用户访问境内互联网的，其流量不得被路由到境外。另外，中国电子技术标准化研究院组织对 2017 版标准进行了针对性修订，2020 版标准（《信息安全技术个人信息安全规范》）已由国家市场监督管理总局、国家标准化管理委员会于 2020 年 8 月正式发布，实施时间为 2020 年 10 月 1 日，并替代 GB/T 35273—2017 版本国标。标准由全国信息安全标准化技术委员会（SAC/TC260）归口。在个人信息跨境传输的板块，只说明了“在中华人民共和国境内运营中收集和产生的个人信息向境外提供的，个人信息控制者应遵循国家相关规定和相关标准的要求”。

二、美国封锁 TikTok 事件中给予外资企业的数据跨境合规风险提示

时任美国总统特朗普于当地时间 2020 年 8 月 6 日签署两项行政命令，引用《国际紧急经济权力法》（IEEPA）及《国家紧急法》，禁止美国个人及实体与拥有短片分享平台 TikTok 的北京总公司字节跳动进行任何交易，同时禁止美国个人及实体与腾讯或其子公司进行任何涉及通信程式微信的交易，禁令于 45 天后

正式生效。特朗普在行政命令中指出，TikTok 和微信持续危害美国国家安全、外交及经济，必须采取有力行动以保障国家安全。特朗普早前另外公开定下限期，指明除非微软（Microsoft）或美国其他企业收购 TikTok，否则 TikTok 须于 9 月 15 日结束在美业务。

事实上，TikTok 在用户数据收集阶段就出现过合规问题。在 2020 年 8 月初，TikTok 就被曝出疑似曾使用 Google 禁止的做法追踪用户数据。《华尔街日报》（The Wall Street Journal）分析发现，TikTok 避开了 Google Android 操作系统的一项隐私保护原则，从数百万部移动设备上收集了唯一识别码，这些数据让该应用程序可在未让用户有退出选择的情况下在线追踪用户。手机安全专家表示，TikTok 通过一层不同寻常的额外加密来隐藏了这一做法，该做法似乎违反了 Google 限制应用程序追踪用户的政策，而且并未向 TikTok 用户披露。《华尔街日报》的测试显示，TikTok 已于 2019 年 11 月停止这种做法。

TikTok 收集的识别码称作 MAC 地址，通常被用于广告目的。一直以来，互联网企业在对平台用户行为进行数据分析后，再针对用户进行个性化的推荐信息推送，这些信息包括广告、新闻，或者购买链接，这已成为一种行业通行模式。个性化精准推送作为整个互联网行业最成熟的商业模式，也是互联网巨头的最大营收来源。值得一提的是，TikTok 所收集的 MAC 地址不能重置或更改，因此对广告驱动的应用程序用处很大，应用开发商和第三方分析公司可以通过 MAC 地址建立消费者行为档案，这些档案不受任何私隐措施影响，除非用户更换新手机。联邦贸易委员会（Federal Trade Commission，FTC）之前表示，根据保护 13 岁以下儿童的在线个人信息并规制运营商收集、使用和披露儿童个人信息的不当行为的另一部法案——《儿童在线私隐保护法》，MAC 地址被视为个人可识别信息。

由此可见，用户在定向推送过程中往往处于被动的地位，毫无知情权和选择权，在此种不知情的情况下就“授权”给手机应用方进行隐私调取，导致这类进行定向推送的手机应用其实一直都存在损害用户隐私信息安全的嫌疑，长久以来都存在争议。

工信部在 2020 年 7 月 24 日通报了今年第三批侵害用户权益行为的 58 款 APP，要求其在 7 月 30 日前完成整改落实工作。其中，由上海爱婴室商务服务股份有限公司研发的“VISTA 看天下”（版本 2.18.1）APP 存在私自收集个人信息、私自共享给第三方、强制用户使用定向推送功能、过度索取权限问题被通报。工信部称，此次检测中，部分移动应用分发平台管理主体责任缺位，未严格落实工信部相关要求，对上架 APP 审核把关不严。7 月 22 日，已对相关企业进行了集中约谈，后续将对问题突出、有令不行、整改不彻底的企业依法严厉处置。

除了国内近年来对于互联网企业以定向推送为目的的用户信息收集行为，GDPR 生效以来开出的首张罚单其实也与定向推送有关。2019 年 1 月，法国数据保护监管机构因认为 Google 向用户定向推送的广告及信息缺乏透明度，未得到用户有效许可，而依据 GDPR 向 Google 开出 5000 万欧元的罚单。GDPR 对于定向推送其实并没有特别针对性的规定，以法国数据保护机构对 Google 开出罚单一案为例，该项罚单的依据是 Google 未对定向推送这一过程进行透明化处理，也就是说没有告知用户其数据已被用于定向推送。此举同样显示出 GDPR 的规范角度侧重于对个体用户的影响。

TikTok 事件给予所有跨境企业的提示是，在企业数据传输阶段，企业数据的流动性特点被放大，决定了合规工作需要跨越企业各部门、公司边界，乃至跨越国界。其所涉及的用户隐私和国家安全问题，容易导致企业数据跨境传输的交叉风险。

三、我国外资企业数据跨境传输的现状与需求

（一）现有法律法规环境下我国企业数据跨境传输的困境

1. 各国企业数据传输管控的规则标准不一致

对于企业数据跨境传输的规制纷繁复杂，企业数据传输以出口方向为主的企业在应对各国或各地区的数据跨境限制性规定时往往无法做到全面地审计和尽调，从而使企业面临不小的风险。很多国内企业对于赔偿性惩罚的概念不甚熟悉，导致普遍性地忽视了企业数据跨境传输的合法合规问题，尤其是在欧盟、美国等长期以来具有尊重人权传统的国家和地区进行跨境传输活动时，这些国家或地区对于个人数据的保护具有长久扎实的研究和全面严苛的规制，企业采取了某种违反规定的商业模式，或者在产品或服务的设计中存在固有缺陷将会带来难以估量的违法成本。根据不完全统计，全球已有超过 135 个国家（地区）出台数据保护的法律法规，其中大多数涉及数据跨境传输的法律或政策。

欧盟以统一规则实施欧盟数字化单一市场战略，以数据保护高标准引导全球重建数据保护规则体系，通过《一般数据保护条例》和《非个人数据在欧盟境内自由流动框架条例》的设立实现统一规则在成员国层面的直接适用，消除成员

国数据保护规则的差异性，保障数据在欧盟范围内的自由流动，消除各成员国的数据本地化要求，以及通过充分性认定确定了欧盟外部数据跨境自由流动白名单国家。

瑞士将敏感数据存储列为研究和开发重点，每年投入新数据中心建造的资金高达 2 亿至 4 亿瑞士法郎，数据保护方面的高标准和稳定的政治和经济体系为瑞士的数据中心提供了理想的框架条件，使瑞士在数据存储和 IT 安全性方面处于世界领先地位。

美国以维护数字竞争优势和建立与强化其在全球数据贸易的管辖地位为主旨，构建数据跨境传输与限制政策，试图利用数字产业全球领导优势主导数据流向，《澄清境外数据的合法使用法案》（CLOUD）就是以“控制者原则”扩大美国执法机关调取海外数据的权力。

日本在国内数据保护的立法形式上参考欧盟，但通过更为弹性化的解释推动数据跨境自由流动，并以加强跨境数据流动政策灵活性为主导，同时与欧盟、APEC 等机制对接。

可以看出，各国数据跨境传输法律法规的主旨是在本国利益最大化的前提下合法推进数据跨境传输。虽然各国数据立法进度不同，但是各国数据主权的规定在总体趋势上是日趋严格的。数据跨境传输成为我国企业在国际贸易中的硬性业务需求，我国企业的企业数据跨境传输必须更加精准地满足各国数据跨境法律法规要求，才能够解决“水土不服”带来的发展隐患与风险。

2. 我国国内数据跨境传输规制尚不健全

跨境外资企业由于自身性质的原因，往往业务繁多，企业数据交互频繁，各类数据无法按照敏感和非敏感的标准做到完全有效地分流。到目前为止，《网络安全法》第 37 条是针对数据跨境传输作出的规定，即关键信息基础设施的运营者在中华人民共和国境内运营中收集和产生的个人信息和重要数据应当在境内存储。因业务需要，确需向境外提供的，应当按照国家网信部门会同国务院有关部门制定的办法进行安全评估；法律、行政法规另有规定的，依照其规定。此条明确了个人信息和重要数据的本地存储、出境评估等法律义务①；2020 年 5 月 28 日公布的《民法典》对个人信息的传输行为也作出相关要求，从民事权益角度对个人信息出境予以限制。国家网信办于 2019 年公布了《网络安全审查办法

① Simon Henke：《中国网络安全法对企业数据跨境传输的规范及其影响：欧洲视角下的比较分析》，中国政法大学出版社 2018 年版。

（征求意见稿）》《数据安全管理办法（征求意见稿）》《个人信息出境安全评估办法（征求意见稿）》等法规，这些文件侧重于构建起一个内部体系更加协调、外部辐射范围更为广泛的国家数据安全保障体系。草案仍然处于向社会各界征求意见的阶段，社会广泛讨论下指出了草案存在的各种问题和争议，如缺乏数据要素资源利用与数据安全协同治理的平衡考量、没有尝试构建引进来走出去的法治营商环境、草案在可操作性方面的立法技术问题等，亟待有关部门加速《数据安全法》及其下位配套制度的设计、规划、协调工作，推动数据安全治理“中国方案”不断完善。总体而言，统一客观、可操作性强的数据跨境传输法规仍处于缺位状态，目前的法律法规都无法适应数据跨境传输合规建设和多元化发展要求，数据出境和入境安全评估亦未落地实施，我国数据跨境传输法律体系尚不完善。

（二）我国企业数据跨境传输的多重合规需求

伴随着全球经济一体化和数字经济的快速发展，企业数据跨境传输的需求日益迫切，但与之相关的国家安全、个人数据保护等方面的问题和挑战也日益突出。跨境传输中的企业数据合规因此具有重要战略意义，短期来看，是企业进军国际市场，特别是开辟数据保护较为成熟的欧洲市场的敲门砖，也是中国企业融入国际贸易和服务的通行证。长期看，企业数据合规对数据安全的保障是企业的核心竞争力之一，更是企业的重要社会责任。

数据跨境传输合规相比传统的法律合规，操作难度更大。对于涉及企业数据跨境传输的国内企业来说，企业数据跨境传输牵涉跨境传输不同的商业主体，还牵涉不同传输环节下不同的监管主体、不同的法律规定监管。国内企业的信息保护观念相对起步较晚，较为落后，这使得国内企业数据跨境传输面临遗漏多重合规具体环节的风险。对于涉及跨境传输数据的中国企业来说，不仅需要做到国内的数据传输合规，还需要把握好数据传输目的地、传输地、数据控制者、处理者、数据主体的多重合规，做到境外的传输目的国或者传输国的法律合规。多重合规需要中国企业有专职人员关注国际各国的数据立法最新规定和动向，并实时顺应数据传输的使用法律，更新企业产品或服务。

（三）针对我国企业数据跨境传输问题的解决建议

2020 年 4 月 28 日发布的第 45 次《中国互联网络发展状况统计报告》[①] 显

---

① 第 45 次《中国互联网络发展状况统计报告》，http://www.gov.cn/xinwen/2020-04/28/content_5506903.htm，最后访问时间：2020 年 9 月 2 日。

示，截至2020年3月，我国网民规模为9.04亿，互联网普及率达64.5%，庞大的网民构成了中国蓬勃发展的消费市场，也为数字经济发展打下了坚实的用户基础。在数字经济新业态、新模式层出不穷的当下，涉及外资企业数据跨境传输的贸易环境会越来越纷繁复杂。

1. 政府对企业数据传输的监管和安全评估专门化、专业化

美国作为拥有最复杂信息网络的国家之一，不仅其网络体系规模庞大、区域广阔、层级众多，其网络概念、网络架构、网络计划更新速度也非常快，从而配套产生了极其复杂且技术性强的数据保护法律环境。近年来，美国组织了一些大规模的网络国家计划和战略，其中CNCI——《国家网络安全综合计划》就是美国构建国家网络空间安全防御协调机制中极为重要的一环。美国于2008年发布第54号总统令，旨在从国家层面建设一个综合的网络空间安全防御系统，核心即实施CNCI。根据CNCI，由美国国土安全部（DHS）内的美国国家反情报与安全中心（NCSC）协调和综合来自联邦调查局下属的国家网络空间调查联合任务组（NCIJTF）、国家安全局威胁行动中心（NSA NTOC和DHS US-CERT）、国防部下属的联合任务组——全球网络行动中心（JTF-GNO）、国防部下属的网络空间犯罪中心（DC3）和国家情报总监办公室下属的事件响应中心（IC-IRC）的信息，从而提供横跨各个中心的态势感知与分析，并报告美国在各个方面的网络和系统状态。

我国企业在进行企业数据跨境传输时，单打独斗自然无法与如美国这样的国家级的体系抗衡，仅仅在碰壁后企业个体寻求司法介入是远远不够的。政府需要将传统企业数据管理的制度和理念升级，进一步加强数字化建设，利用智能手段推进精细化监管，提升企业数据跨境传输领域多方活动的效率与效果。政府、外资企业乃至企业入驻的商业平台分别通过建设经济活动全流程反馈协商机制和开展制度创业活动，有助于推动政府与平台的合作监管由“共治”转向“共建”，以应对商事大数据更新快、变动频率高导致的商事经营监管新挑战。

商务部于2020年8月14日印发了《全面深化服务贸易创新发展试点总体方案》[①]，通知中提出，为了探索构建与我国数字经济创新发展相适应、与我国数字经济国际地位相匹配的数字营商环境。在条件相对较好的试点地区开展数据跨

---

① 《商务部关于印发全面深化服务贸易创新发展试点总体方案的通知》，http://coi.mofcom.gov.cn/article/ckts/ckzcfg/202008/20200802992607.shtml，最后访问时间：2020年9月2日。

境传输安全管理试点。在试点任务、具体举措及责任分工当中，数据跨境传输安全管理试点任务由中央网信办指导并制定政策保障措施，北京、上海、海南、雄安新区等试点地区负责推进。其中第 115 项举措要求，“支持试点开展数据跨境流动安全评估，建立数据保护能力认证、数据流通备份审查、跨境数据流动和交易风险评估等数据安全管理机制。鼓励有关试点地区参与数字规则国际合作，加大对数据的保护力度”。另外，第 75 项、第 76 项、第 78 项举措要求开通国际互联网数据专用通道，试图探索跨境数据流动分类监管模式，并且倡导试点地区积极开展数字营商环境相关问题研究，建立国内外数字营商环境动态跟踪机制。这是我国政府向企业数据跨境传输监管和安全评估专门化、专业化迈出的重大一步。

2. 企业强化数据跨境传输预案意识，建立数据传输专家法律服务模式

在某些企业的数据流风险审计调研中，很多企业并不明确知晓其正在进行的跨境贸易中包含的企业数据出境、入境、境外存储及数据中转地，更别提对企业数据经过的主要国家和地区的企业信息乃至个人信息法律法规展开尽调和研究。在企业跨境传输中调研各个国家和地区的“风险指数”是必要的。例如，在应对欧盟 GDPR 的规定时，外资企业可以充分考虑数据传输布局的调整，在欧盟成员国或者欧盟认可的“充分保护”国家建立数据中心或数据港，以为其数据境外存储与利用提供稳定和便利的条件，实现跨境业务和数据保护的平衡①。

国内外资企业对跨境数据流动风险认知存在的不足，还表现在各部门间存在认知差异、观点不统一、协同应对差、缺少科学决策依据等方面。尽管许多企业在时事新闻中逐渐认识到了企业跨境数据流动存在的风险，但是由于数据技术和业务模式的复杂，对企业跨境数据流动风险程度、原因和后果影响并不清晰。通过调研和分析发现②，业务部门和研发部门对跨境数据流动风险认知明显弱于法律部门、数据安全部门。然而，在企业跨境业务实践中通常是业务部门和研发部门主导着跨境业务的创新和实现，也就是说，前端部门业务与认知不匹配导致企业跨境数据流动风险管理的滞后和偏差。

随着跨境数据业务的创新发展，以及数据监管环境的持续变化，企业管理者

---

① 娄鹤、陈国彧：《中国企业个人数据跨境传输最佳法律实践探讨》，载《信息安全与通信保密》2019 年第 8 期。

② 惠志斌：《数据经济时代互联网企业跨境数据流动风险管理研究》，南京大学出版社 2018 年版。

迫切需要系统的风险评价体系以支持企业的决策。企业对数据流动风险管理定位不能够再单一地停留在法律合规的细分领域，需要提升到企业数据经济发展战略层面认识企业数据跨境传输风险管理①。对应到企业实践中，外资企业数据跨境传输活动在跨境贸易中较为频繁且形态复杂，需要一个面向企业跨境业务中数据流动的风险管理充当参谋和顾问甚至全程参与策划实践的专业性角色。在企业聘请专家的目的上，也可以不限于单纯法律层面上的诉讼与非诉业务，企业数据跨境传输前期的风险预防和评估工作以及传输路径和方式的设计工作，更加需要专业化的服务。

四、结语

随着数据价值与安全风险问题凸显，跨境数据流动安全和管理已成为各国科研和政府管理共同关注的焦点。政府需要在发展与监管机制构建中密切与企业的合作，外资企业也可以充分发挥主观能动性，针对企业数据跨境传输构建完备的应对体系，并与评估体系相互协同，为构筑互联网企业跨境数据流动全面风险管理体系提供方法指引，从容应对错综复杂的跨境贸易风险挑战。

---

① 惠志斌：《数据经济时代互联网企业跨境数据流动风险管理研究》，南京大学出版社2018年版。

“大数据”背景下网络爬虫技术法律规制若干问题研究

——以中国裁判文书网为例

◎郭冰妍　荣晨凯*

内容提要：“大数据”背景下为了准确而快速地获取信息，网络爬虫技术应运而生。网络爬虫技术在带来信息获取便利的同时，也带来诸多问题，司法实践与理论研究也已经开始关注对企业数据的保护。但以裁判文书为代表的公共数据无法从民事、刑事、行政等方面获得有效的保护，使得公共数据游离在规制体系之外，深受网络爬虫之害。面对网络爬虫，公共数据应通过完善检索途径，引入民事主体、开放有偿途径以及通过公益诉讼等方式来形成与网络爬虫的“对抗”。

关键词：网络爬虫　公共数据　裁判文书网　法律规制

一、问题提出

信息是网络时代核心的生产资料，是网络时代的命脉，如何快速且准确获取信息成为大数据时代的“刚需”。基于此种情况，“网络爬虫”技术飞速发展，但“网络爬虫”技术在带来搜索便利的同时也存在诸多问题，裁判文书网就是其中之一。2018 年 5 月最高人民法院信息中心主任许建峰在接受媒体采访时表示：“中国裁判文书网目前每天的访问量可以达到几千万的量级，其中还包括数据爬虫的攻击，我们的中心服务器承受着巨大压力。”不同于以企业数据为代表的“私数据”，公共数据由于其本身的公开性与便捷性更容易遭到爬取，同时由于相关法律的缺失，使对于公共数据的爬取变得“肆无忌惮”。因此，“网络爬虫”技术的法律规制成为亟待讨论解决的问题。

* 郭冰妍，江南大学硕士研究生；荣晨凯，江南大学硕士研究生。

二、论域界定

在本文正式进行讨论前，笔者首先就本文的论域进行限定，以明确本文所阐述的范围。

（一）网络爬虫

网络爬虫（web crawler，爬虫）是依照一定的规则，自动抓取万维网信息的程序或者脚本。[①] 网络爬虫技术广泛运用于搜索引擎中，百度、微博、知网等日常使用的网络工具背后都存在网络爬虫技术的运用。网络爬虫技术可以简单概括为：指定目标—检索信息—抓取信息—存储信息。

（二）裁判文书网

中国裁判文书网由最高人民法院于 2013 年建立，现已有近亿篇涵盖民事、刑事、行政、赔偿、执行等内容的裁判文书，访问次数已逾 400 亿次，承担着司法公开与司法监督的重要职责。

（三）公共数据

公共数据是指行使公权力的行政机关、司法机关以及事业单位，在履行公共管理和服务职能等过程中，所收集或对收集数据进行二次加工所产生的数据资源，涉及个人隐私、企业机密或国家安全的信息会经过筛选处理。[②]

三、对网络爬虫的法律规制

（一）著作权法规制

在中国裁判文书网用户协议中明确标明："未经允许，任何商业性网站不得建立本裁判文书库的镜像（包括全部和局部镜像）。"此条款内容上与著作权中的复制权、信息网络传播权相类似，进而思考，是否可以借助著作权中对于作品的保护，来实现对网络爬虫抓取裁判文书数据行为的规制。

我国《著作权法》第 5 条第 1 款明确将具有司法性质的文件排除适用，我国是成文法国家，裁判文书是法院司法活动的书面反映，虽然法院裁判不能像判例

---

① 杨定中、赵刚、王泰：《网络爬虫在 Web 信息搜索与数据挖掘中应用》，载《计算机工程与设计》2009 年第 9 期。

② 许娟：《利用爬虫技术侵犯企业数据知识产权法益的司法解释》，载《苏州大学学报（社会科学版）》2020 年第 1 期。

法国家一样等同于法律本身，但其作为法律适用的结果对公民有约束力，应当属于司法性质的文件。[①] 从另一种角度来看，如果赋予了裁判文书以著作权保护，我们在查阅和利用裁判文书时会受到极大限制，这也与最高人民法院进行司法公开的目的相违背。因此，裁判文书不能通过著作权进行保护。

（二）不正当竞争法规制

新浪微博诉脉脉案（北京微梦创科网络技术有限公司与北京淘友天下技术有限公司等不正当竞争纠纷案）被称为我国大数据引发的不正当竞争第一案。案件中脉脉也同样存在使用网络爬虫工具，对新浪微博用户数据进行抓取的行为。新浪微博以用户数据系商业秘密为由，主张脉脉对用户数据的抓取和使用侵犯了其商业秘密，可惜的是两审法院对此都未置可否。[②] 但这也为数据保护提供了一个全新的方向。

使用网络爬虫于网页上抓取信息可以从两个角度进行思考：（1）使用网络爬虫违反用户协议，恶意突破反爬虫技术层，运用技术手段妨碍、破坏其他经营者合法提供的网络产品或者服务正常运行，构成不正当竞争；（2）给予网络信息数据以商业秘密的保护，网络爬虫抓取、存储数据，侵犯商业秘密，构成不正当竞争。但从裁判文书网的创设主体来看，其不属于《反不正当竞争法》第2条规定的经营者主体，并不适用《反不正当竞争法》；从裁判文书数据的公开属性来看也不符合商业秘密的构成。因此对于裁判文书网的网络爬虫抓取，不能通过《反不正当竞争法》进行规制。

（三）刑法规制

《刑法》第285条规定：非法侵入计算机信息系统罪，是指违反国家规定，侵入国家事务、国防建设、尖端科学技术领域的计算机信息系统的行为。是否可以通过此项罪名对恶意利用网络爬虫技术的行为进行刑法规制？

上述问题的焦点在于：（1）网络爬虫技术是否属于侵入计算机信息系统；（2）裁判文书网是否属于国家事务的计算机信息系统。就第一个问题，需要对“侵入”进行解释，可以类比非法侵入住宅罪中的“侵入”进行理解：“侵入”应当是一种未经同意进入某一存在内外部区分或保护领域的行为。裁判文书网的

---

① 杜丽君、熊理思：《法律文书类作品著作权的公共政策制约》，载《江西社会科学》2016年第3期。

② 参见许可：《数据保护的三重进路——评新浪微博诉脉脉不正当竞争案》，载《上海大学学报（社会科学版）》2017年第6期。

反爬虫技术层很明显就是一种内外部的区分，网络爬虫技术突破反爬虫技术层应当认定为“侵入”。至于裁判文书网是否属于国家事务的计算机信息系统，依据《最高人民法院、最高人民检察院关于办理危害计算机信息系统安全刑事案件应用法律若干问题的解释》第 10 条规定：对于是否属于“国家事务、国防建设、尖端科学技术领域的计算机信息系统”难以确定的，应当委托省级以上负责计算机信息系统安全保护管理工作的部门检验，其本身界定也是模糊的。笔者认为，此处的国家事务应当是关乎整个国家利益的重大信息系统，因为这样才能与“国防建设”“尖端科技”并列。而裁判文书网虽也有国家事务的属性，但远远达不到上述标准。

网络爬虫抓取裁判文书网数据的行为，虽不符合非法侵入计算机信息系统罪的要件，但可能构成非法获取计算机信息系统数据罪，需要注意本罪情节严重才构成犯罪。

（四）行政法规制

行政处罚是对刑法规制的衔接，针对尚不满足“情节严重”的非法获取计算机信息系统数据的行为，我国《治安管理处罚法》第 29 条进行了如下规定：有下列行为之一的，处五日以下拘留；情节较重的，处五日以上十日以下拘留：违反国家规定，侵入计算机信息系统，造成危害的……上文已经对“侵入”进行了解释，网络爬虫技术符合《治安管理处罚法》的规定，对于那些情节轻微尚不构成犯罪的行为，可以通过行政处罚进行规制。

针对网络爬虫技术的行政法层面规制，值得注意的还有 2019 年国家互联网信息办公室就《数据安全管理办法（征求意见稿）》向社会公开征求意见，其中第 16 条就明确规定：网络运营者采取自动化手段访问收集网站数据，不得妨碍网站正常运行；此类行为严重影响网站运行，如自动化访问收集流量超过网站日均流量三分之一，网站要求停止自动化访问收集时，应当停止。上述条文可谓是对网络爬虫技术的首次针对性规制，但此法律首先还处于征求意见阶段，其次其属于部门规章，法律位阶较低，是否适用于针对公共数据爬取的网络爬虫还有待商榷。

（五）侵占公共资源

上文从民事、刑事以及行政三个层面对网络爬虫的法律规制进行了论述，但论述的角度都是基于对网站或网站数据的保护。而事实上，网络爬虫对于裁判文书网数据抓取的行为还侵犯了普通民众的权利。

裁判文书网的设立目的之一就是让普通民众能够快速、便捷地获取判决信息，以实现司法公开。公开信息暗含了普通民众的知情权，从更深层次来说，公开信息本质上是面向普通民众的一种公共资源。而网络爬虫技术对此类信息的不断爬取，对网站的不断入侵，导致这些网站不堪重负，常常出现崩溃、失联的问题，阻碍了普通民众获取信息，损害普通民众的知情权。

可惜的是此种侵占公共资源，损害普通民众权利的行为，在法律上并不能寻找到合适的救济途径，让“公地悲剧”在信息网络上重演。

四、域外对网络爬虫技术的法律规制

（一）美国

美国对于“网络爬虫”技术的态度经历了由严到宽的转变，早在1986年《计算机欺诈与滥用法案》（Computer Fraud and Abuse Act）中就为“故意未经授权或超越授权访问计算机信息系统并因此从任何受保护的计算机获取信息”的行为创设了民事和刑事责任。但在2017年的hiQ Labs Inc v. LinkedIn Corporation案中发生了转变。此案件的被告LinkedIn认为原告hiQ利用爬虫抓取其公开数据，进而设置相应反爬虫技术，hiQ认为LinkedIn违反允诺禁反言（promissory estoppel）原则，违反加州的《反不正当竞争法》，于是诉至加州北部地区法院。法院最后支持了hiQ的诉求，判决LinkedIn不得阻止其访问、抓取数据。

上述判决中法院一项很重要的依据是，LinkedIn的数据是公开的，属于公共资源，因此对于公开数据的爬取不需要网络平台或个人的授权，从判决中可以看出美国对公开数据的爬取行为呈现缓和的态度。但这并不意味着公开数据的爬取行为不受规制，LinkedIn案判决的另一项依据是hiQ的抓取行为并未给LinkedIn造成任何损失，由此可知在抓取公开数据时对网站或其他使用者造成损失或阻碍的仍应当受到法律制裁。

（二）英国

英国自2009年开展的“让公共数据公开”计划以来，出台了一系列的公共数据开放政策法规，被誉为政府数据开放的先驱和领导者。[①] 但在不断深化数据开放的同时，英国政府也注意到了对公共数据的保护，在《公共部门信息再利用

---

① 黄如花、刘龙：《英国政府数据开放的政策法规保障及对我国的启示》，载《图书与情报》2017年第1期。

条例2015》中明确规定：英国公共部门制作的信息应受版权保护，即通过版权方式保护公共数据。英国之所以能够将公共数据纳入版权保护体系，一方面是意识到公共数据的可复制性、无形性可以成为知识产权的客体；[①] 另一方面公共数据是由公共部门进行收集、整理、制作的，数量庞大且种类复杂，对其的编排与加工满足知识产权独创性要求的“额头冒汗主义”。

（三）德国

德国拥有较为完善的网络数据保护法律体系，早在1978年就出台了《联邦数据保护法》，此法中将数据行为分为数据收集、数据加工和数据使用，并对每一个阶段行为进行了严格限制。[②] 网络爬虫技术正属于数据收集行为，针对数据收集行为，《联邦数据保护法》确立了合目的性与必要性原则，要求公共机构或私主体在收集数据时要有明确的、合理的目的，并尽可能少地对目标数据进行收集。同时赋予了数据主体包括知情权、阻滞权、拒绝权在内的广泛权利，[③] 让数据主体在自身权利遭受侵害时能够获得全面有效的救济。但由于《联邦数据保护法》更多的是在限制公私主体对于个人数据的收集、加工以及使用，保障个人的私权利，缺少对于公共数据的针对性保护。

虽然《联邦数据保护法》主要保护个人数据，但在德国的司法实践中为公共数据的保护提供了新的思路。2005年一名德国艺术家起诉谷歌公司非法抓其放置在互联网上享有著作权的作品，一审、二审法院均以原告未在其网站上设立反爬虫协议来禁止抓取，实质上是默认了外部爬虫对其数据的抓取行为，进而驳回了原告的诉讼请求。从此案例中可以看出，针对设置了反爬虫协议的网络数据法律给予严密保护，这也同样适用于公共数据。

（四）对我国的借鉴与启示

上文花费较多笔墨论述了美、英、德三国对于网络爬虫的规制路径，域外的规制经验能够为我国规制体系的建立提供借鉴与启示。首先，三国都在日益加深对公共数据的开放程度，不能因为网络爬虫的不断抓取而“因噎废食”停下公共数据开放的脚步，同时三国均对网络爬虫持审慎态度，对网络爬虫的合法性不置可否。其次，三国在对是否赋予公共数据知识产权问题上存在分歧，美国、德

---

① 邝瑜婷：《政府数据开放下网络爬虫的法律规制》，载《厦门特区党校学报》2019年第6期。

② 任文倩：《德国〈联邦数据保护法〉介绍》，载《网络法律评论》2016年第1期。

③ 吕欣：《德国的数据保护政策及启示》，载《中国经贸导刊》2015年第5期。

国并未将公共数据纳入知识产权法律体系之中，而英国则将公共数据纳入其中。反观我国，在上文知识产权规制中已经对公共数据在我国的法律属性进行了详细论述，政策文件、司法判决等因其具有公共属性与知识产权在一定程度上的垄断属性并不相恰，因此并未将其纳入知识产权法律体系之中，这也意味着英国模式在我国并不具有生存土壤。最后，美国、德国虽对网络爬虫都采取了一定程度的规制，但都是依附于对个人信息数据的保护之上，其法理基础来源于个人的“隐私权”或“知情权”等，并未针对公共数据进行专门的规制。另外，美德的规制路径都采取了事后规制，只有当损害发生后，满足一定条件法律才予以调整，存在滞后性。综上所述，我国在针对网络爬虫时应对其性质的认定持审慎态度，同时引入事前规制，根据公共数据的特殊属性调整规制策略。

五、公开数据法律保护之思考

从上文论述中不难看出针对类似于裁判文书的公开数据，在应对网络爬虫爬取数据时存在两个问题：一是事前保护不足，公开数据不能通过诸如著作权、反不正当竞争等方式进行事前保护，只能依靠行政处罚和刑事处罚进行事后保护。二是普通民众救济途径缺失，对占用公共资源的行为，民众缺乏救济的制度支撑。

（一）完善公开数据的检索途径

网络爬虫带来的是快速、准确获取信息的便利，这也是它被大量甚至泛滥使用的原因。基于此原因如果公权力机构在进行信息公开时，能够满足此种需求，那么网络爬虫将失去存在的土壤。

裁判文书网正在朝此方向努力，不断完善检索方式和检索条件，满足不同用户的检索需求。但遗憾的是，更多公权力机构在公开信息时，只是对信息的罗列和堆砌，缺少快捷准确的检索途径，这也从侧面反映了我国信息公开仍停留在表面的问题。公权力机构公开信息需要建立一个统一的平台，通过设立关键词检索、分类检索、时间检索等检索方式满足使用者的差异化需求，让使用者能够方便、快捷地获取信息。

（二）引入民事主体运营

上文提及在裁判文书网注册时需对其《用户服务协议》进行同意，友好的爬虫使用者在抓取一个网站的网页前，往往会先读取 robot. txt 文件，对于禁止抓取的网页和数据不进行下载。而《用户服务协议》中明确存在禁止用户恶意使用与禁止非法牟利的条款。《用户服务协议》是网站与用户之间订立的契约，普通民事主体可以在用户违反《用户服务协议》时追究用户的违约责任。但裁判文书网在进行裁判文书公开时，显然是行使公权力，不属于民事主体，这就产生了主体错位，数据公开主体无法通过民事途径获得救济，《用户服务协议》也形同虚设。

针对主体错位的问题，可以在保证信息来源权威、准确的前提下，引入适合的民事主体，形成公权力机构提供信息数据，民事主体进行网站运营的模式。此种引入民事主体的模式，使网站遭受恶意爬虫入侵时，可以通过民事途径进行救济。

（三）开放有偿提供途径

有学者提出，公权力机构可以建立有偿提供数据模式，在一定条件下收取费用对信息进行加工，从而满足信息需求，减少网络爬虫，但此模式存在收费依据不明、收费标准不清、造成“数据贫民”的问题。① 裁判文书网的数据库其本质上属于一种公共资源，公民拥有无偿的使用权，但为商业目的，整体性地搬取裁判文书数据就超过了公共福利平等享受的界限，应当支付费用。②

针对上述分析，裁判文书网可以在坚持向普通使用者免费开放的基础上，开放向商业主体或商业使用有偿提供直接、完整数据的途径，以满足差异化需求。但需要注意数据收费门槛设置不宜过高，否则可能导致“反公地悲剧”。

（四）公益诉讼适用性探讨

上文论述了网络爬虫的大规模抓取行为导致网页瘫痪，普通使用者获取信息受阻的现象，其实际上是对公共利益的损害。而公益诉讼制度的目的正是当公共利益遭受侵害时，公益诉讼通过赋予无利害关系人或者无直接利害关系人以原告资格，启动司法程序来保护公益。那么，能否通过公益诉讼制度来保护公共信息资源？

我国公益诉讼制度的司法解释中明确指出了公益诉讼的适用范围：破坏生态环境和资源保护、食品药品安全领域侵害众多消费者合法权益等损害公共利益的行为。其中虽未明确指出对公共信息资源的保护，但“等”之一字，为侵犯公

① 参见杜丽君、熊理思：《法律文书类作品著作权的公共政策制约》，载《江西社会科学》2016 年第 3 期。

② 杨金晶、覃慧、何海波：《裁判文书上网公开的中国实践——进展、问题与完善》，载《中国法律评论》2019 年第 6 期。

共信息利益的行为纳入公益诉讼范围提供了可能。“大数据”背景下，已经有学者提出将信息公益纳入公益诉讼的范围之中。①

将侵犯公共信息利益的行为纳入公益诉讼范围后，仍有几个问题需要解决。首先，起诉主体：环境与食品药品公益诉讼中除检察院有原告资格外，法律还赋予了社会组织（环保组织、消费者协会）以原告资格，以此弥补检察院力量不足的情况。而“大数据”背景下网络技术的快速发展，使得检察院缺乏应对此类诉讼的能力，也需要引入符合条件的社会力量，赋予其原告资格。其次，管辖法院：公共数据制作者与运营者一般是公权力机构，特别是裁判文书数据是由最高人民法院发布与运营的，其本身与公益诉讼有利害关系，依据相关回避的理论，将会陷入无法院可审的尴尬境地。因此，正如上文所提及，需要引入民事主体参与网站的运营管理，尽量减少利益纠葛。最后，举证责任：由于网络信息侵权的特殊性，原告方就被告的侵权行为与损害结果存在因果关系的举证难度较大，可以借鉴食品药品公益诉讼中的举证责任缓和，即适当降低原告对因果关系证明的标准（原告完成初步证明），从高度盖然性标准降低到一般盖然性标准。

六、结语

技术本身是中立的，但技术的使用者带有主观目的，在“大数据”背景下，网络爬虫技术在带来信息获取便利的同时，需要明确法律边界，警惕技术的恶意使用，保障公共利益。特别是以裁判文书数据为代表的公共数据，这些数据本应成为民众学习、研究、生产等方面的重要助力，但由于其公开、公共的属性成为网络爬虫抓取的“重灾区”，严重侵占了公共资源。在企业数据日益受到重视的大背景下，公共数据游离于数据保护体系之外更是加剧了上述问题。因此，针对公共数据需要从立法、执法、监管等多个层面进行保护，相信随着对公共数据规制体系的建立与完善，公共数据能够回归其本质目的，真正成为助推社会经济发展，监督公权力行使的工具。

---

① 参见蒋都都、杨解君：《大数据时代的信息公益诉讼探讨——以公众的个人信息保护为聚焦》，载《广西社会科学》2019 年第 5 期。

拟 IPO 企业数据合规审查要点及应对策略

◎金林玲　杨　阳*

内容提要：近年来，我国证券监管部门就证券首发上市的有关企业数据合规问题的问询呈现出问询频率越来越高、覆盖行业越来越广的形势。为何 IPO 审核对企业数据合规越来越严格？企业数据合规审查的要点在哪里？拟 IPO 企业应当做何准备？笔者在整理了 2019 年多家发审委会议问询及科创板问询涉及企业数据合规相关问题的企业基础上，结合当前企业数据合规的相关法律法规及监管政策进行阐述，希望能给拟 IPO 企业在数据合规审查方面一些启发。

关键词：IPO　企业数据　数据合规

一、引言

2019 年 10 月，证监会未予通过北京墨迹风云科技股份有限公司的首发申请。随后，证监会披露了针对墨迹问询的四大主要问题，其中最主要的是用户数据收集及处理合规问题。这早已不是证监会就数据合规问题首次在 IPO 审核过程中进行问询了。仅 2019 年，国内就有十几家企业在申请 IPO 时（包括科创板、创业板首发）就数据合规问题被问询，笔者梳理了多家监管机构 IPO 有关数据方面的问询（见表 1），以及收到数据合规问询的企业类型（见图 1）。

* 金林玲，江南大学硕士研究生；杨阳，江南大学硕士研究生。

表1　2019年部分IPO企业数据合规问询

序号	企业	问询摘要	审核结果
1	三只松鼠	说明对天猫、京东获取的发行人相关财务与业务数据的具体方法和内容，是否存在数据受限情形以及从其他渠道验证数据的真实性、有效性，从而保证数据真实、准确和完整。①	通过
2	北京指南针科技发展	报告期内开展业务所需数据的来源是否合法合规。②	通过
3	北京墨迹风云科技	获取用户数据的过程及方法是否对用户有明示提示，用户授权在法律上是否完备，发行人获取用户数据的方式是否合法合规。③	未通过
4	杭州鸿泉物联网技术股份	说明发行人是否需要根据相关规定开展信息安全等级保护测评；是否发生过对个人信息安全的侵犯行为；是否已就信息安全风险防范建立相应内控制度。④	通过
5	北京海天瑞声科技	是否需要客户的相关处理才能进行某些数据库的运用；所采集的语音数据是否经过被采集主体的授权。⑤	终止上市

① 参见《第十八届发审委2019年第40次会议审核结果公告》，2019年5月16日第十八届发行审核委员会2019年第40次会议通过。

② 参见《第十八届发审委2019年第118次会议审核结果公告》，2019年9月5日第十八届发行审核委员会2019年第118次会议通过。

③ 参见《第十八届发审委2019年第142次会议审核结果公告》，2019年10月11日第十八届发行审核委员会2019年第142次会议通过。

④ 参见《科创板上市委2019年第22次审议会议公告》，2019年9月9日上海证券交易所科创板股票上市委员会2019年第22次会议通过。

⑤ 参见《北京海天瑞声科技股份有限公司（科创板首发）首轮问询》，2020年11月27日上海证券交易所科创板股票上市委员会第111次会议结果公告。

续表

序号	企业	问询摘要	审核结果
6	杭州安恒信息技术	就发生数据泄密及其他网络安全事件时，阐明发行人应当承担的具体责任，揭示可能存在的风险。①	注册生效
7	深圳传音控股股份	数据资源的内容是否涉及用户隐私而产生法律风险。②	注册生效

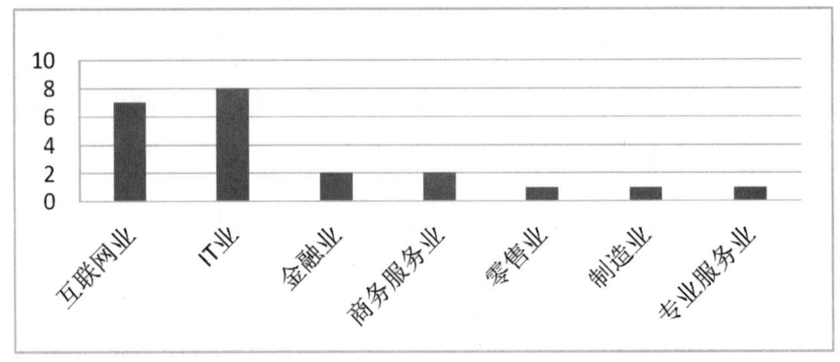

图 1　2016-2019 年收到数据合规问询的 IPO 企业类型

经过上述统计分析，笔者可以归纳出如下两个结论：

（1）从被证监会问询的企业所处的行业来看，大部分集中在计算机通信、互联网大数据等新信息技术企业，而传统商务服务业、制造业涉及企业数据问题的，则较少被问询。

（2）从被证监会问询的内容来看，以下几个方面较为突出：数据中是否含有个人信息？是否取得用户的授权、是否有可能侵犯用户的个人隐私？是否有数据安全保护的措施？数据获取、使用、处理过程是否合法合规？

---

① 参见《杭州安恒信息技术股份有限公司（科创板首发）首轮问询》，2019 年 4 月 22 日上海证券交易所科创板股票上市委员会会议结果公告。

② 参见《深圳传音控股股份有限公司（科创板首发）首轮问询》，2019 年 4 月 10 日上海证券交易所科创板股票上市委员会会议结果公告。

二、我国现行的数据立法及监管

近年来，全球数据保护立法高潮展现出各国对数据保护问题的关注，我国也从立法层面逐步完善了对数据的保护。随着我国《网络安全法》于2017年正式生效实施，网络安全和数据保护进入了新的发展阶段，数据合规相应成为立法、监管等方面备受关注的焦点。目前，我国在数据合规方面，还未有专门的法律，有关数据保护的规定散见于《民法典》《消费者权益保护法》《电信和互联网用户个人信息保护规定》等法律、法规、规章及各行业的规范性文件里，形成了多层次、多领域、分散型的个人数据法律体系。

随着欧盟《通用数据保护条例》的落地实施与影响力的全球化扩张，在不久的将来，我国未来对数据的立法也必将走向统一化、体系化的模式。目前，全国人大已将《数据安全法》纳入十三届全国人大常委会的立法规划，切合中国实际的数据法律立法体系已具雏形。①

三、拟IPO企业数据合规要点

通过对IPO数据合规问询要点的摘录分析以及证监会的监管公告，笔者认为，拟IPO企业数据合规要点应当集中在收集数据以及使用数据两个大方面。

（一）企业收集数据方面

数据收集应紧扣《网络安全法》的底线要求，聚焦用户数据收集阶段的合法性问题。我国《网络安全法》第41条提出网络运营者收集个人信息的底线要求，包括明示个人信息收集处理规则等具体的三个层面，这也是企业用户数据收集环节的核心要求。

1. 明示个人信息收集处理规则

信息化时代，企业对个人信息数据的收集较多通过手机APP进行，涉及用户个人信息收集处理的产品及服务的运营者，均应当制定并对外公开个人信息收集处理规则。企业应当注意数据收集在形式和内容上的要点。在形式上，企业提供的每项产品、服务，均应在用户打开相应产品或者服务时，以简洁、显著、易懂的方式，提示用户阅读该产品、服务的个人信息收集处理规则，这通常体现在用户协议、隐私政策中。规则内如涉及个人敏感信息的，需以显著方式强调。在

---

① 参见方兴、朱通、费嫒：《从数据流转角度看数据生产要素的安全治理——〈数据安全法（草案）〉解读》，载《信息安全与通信保密》2020年第8期。

内容上，强调必要内容包括产品、服务的基本业务功能、涉及个人信息类型及范围、使用方式、涉及的系统权限功能以及用户权利等；数据委托处理及对外共享的基本情况，包括数据共享目的、类型及范围、对方数据保护能力等；用户权利行使范围及方式，包括个人信息查看、更正、删除、获取备份和注销账户等。

2. 根据业务场景确定获取用户同意的方式

根据我国《个人信息安全规范》规定，授权同意分为明示和默示，明示同意包括主动点击、主动勾选等方式。在获取用户明示同意之前，需充分告知用户其个人信息收集使用的必要信息，包括使用目的、信息类型及范围、用户权利等。而且数据处理场景、目的等的不同也决定了获取用户授权同意的不同方式。目前，执法机关高度关注运营者通过用户同意隐私政策等方式获取用户个人信息处理及系统权限开放的一揽子授权的方式，对于通过一揽子授权获得用户个人信息用于市场营销等特殊目的的情形则予以严厉打击。因此，并非用户同意隐私政策即能满足合规要求，企业还应就不同数据收集使用场景，尤其是市场营销等敏感场景，制定不同的用户授权同意方案。

3. 获取个人数据的手段及方式合法合规

根据行业实践，用户数据获取来源可分为运营者主动收集或者用户主动提供、第三方分享、通过数据爬取等方式从公开渠道及第三方平台上获取等。无论是何种收集方式，运营者均应保证数据收集来源的合法性。合法性具体界定因素包括：主体合法、收集范围合法、安全保障合法。在规制企业数据收集的法律文件中，首先，应对收集数据的企业作出一定主体资格限制，并非所有企业都能肆意进行数据收集活动。企业在进行数据收集活动时，需有足够能力保障数据安全，因此企业应具备完善的基础设备与成熟的数据管理技术，以保护个人数据免遭泄露。其次，应对企业收集数据的范围进行限制，避免企业肆意收集与经营活动无关的数据。企业收集数据应有合理正当的理由、出于合理的商业目的，而不能无限制地进行收集活动，应及时删除与生产经营活动无关的数据。最后，应当明确企业对收集所得的数据负有安全保障义务，并在未能履行义务时承担补救和赔偿责任，增强企业对数据安全的责任感。

（二）企业使用数据方面

根据《网络安全法》，个人信息的使用应遵循合法性、最小必要、授权同意的原则。如果运营者违反上述个人信息的使用要求，将面临警告、罚款、吊销相关业务许可证等的行政处罚。因此，企业必须遵守行政的合规底线。

1. 明确个人信息用于商业开发的合规边界

企业使用个人信息用于商业开发应满足合法性、最小必要、授权同意的要求。合法性原则要求企业使用个人信息不得违反法律、行政法规的规定；最小必要原则要求企业不能获取与其所提供服务无关的个人信息；授权同意则强制要求企业收集个人信息需要获得被收集者的同意，以通过用户画像进行广告推销为例，企业若要使用间接用户画像，应在隐私政策中明确说明使用个人信息的类型、方式与目的，并获得用户明示同意。

2. 妥善处理第三方个人数据

在数据的商业合作领域，经常会发生数据委托处理、共享、数据融合等交互行为，数据保护的要求也相应传导给第三方。根据《个人信息安全规范》等规范性文件的规定，个人信息经过一定处理后可以进行共享、传输，但是应当至少满足下述合规要求：事先开展安全影响评估，依评估结果采取有效的个人信息保护措施；告知个人信息权利人共享其信息的目的并征得其的同意；准确记录和保存个人信息的使用情况。

3. 遵守共享个人信息及跨境的合规要求

个人信息共享是个人信息保护的敏感环节，很多企业因为个人信息共享而遭受处罚。以数据堂卷入侵犯个人信息事件为例，数据堂的员工向其下游卖家交付包括个人信息的数据60余万条，虽然数据堂对数据进行脱敏和处理，但由于数据来源于上游的非法窃取，因此仍无法免除其法律责任，导致数据堂的涉案员工被提起公诉，数据堂遭遇停牌危机。事实上，在数据的商业性利用中，经常发生数据共享、数据融合等的交互行为，企业因此面临行政处罚的风险很高。

此外，企业如果涉及数据的跨境传输，需要遵守我国数据传输的法律要求，同时也需要遵守有关国家和地区对于数据跨境的要求，如欧盟早前颁布的《通用数据保护条例》。目前国内按照网信部门要求，原则上允许数据因业务需要在经安全评估后可以出境。如果关于数据出境的行业规定和一般规定不一致的，应当向监管机构寻求法律咨询①。

四、拟IPO企业数据合规应对策略

结合上述企业数据合规应重点关注的要点，笔者将企业的数据合规应对策略

① 参见邓志松、戴健民：《〈网络安全法〉时代数据跨境传输的企业合规挑战》，载《汕头大学学报（人文社会科学版）》2017年第5期。

总结为：取之有道、用之有度、守之有责。

（一）取之有道

收集数据是企业利用数据的开端，若数据收集存在法律瑕疵，则可谓是企业数据合规的原罪。针对企业获取原始数据的不同途径，企业应采取不同的措施。

1. 直接从用户处收集数据

直接面向用户收集数据主要依托企业自有的 APP 或网站收集用户常用设备的信息、浏览记录等。直接面向用户收集应遵循的原则可概括为“明示告知、明确授权、必要范围”，即企业直接收集用户数据时，应公开收集、使用的规则，并且明确收集、使用相关数据和信息的目的、方式与范围，以明示的方式提示用户，并取得用户的明确同意及授权；并且，收集的数据必须限制在为实现产品或服务的目的所必需的范围内。

在直接面向用户收集信息的情形下，企业获取用户明示授权同意往往是通过用户协议与隐私政策的方式实现的，为充分规避用户授权上的瑕疵，企业在用户协议等相关的文本制定及呈现方式上注意如下几点：隐私政策必须包含个人信息收集使用规则；为使 APP 首次运行时提示用户阅读隐私政策，建议企业可在向用户展示隐私政策等收集使用规则时设置一定的阅读时间，或将同意选项与相关政策的阅读进度条挂钩；隐私政策的规定必须易于普通人的阅读与理解，不在语言、字体、颜色、专业术语等方面人为制造阅读障碍，若相关政策出现大量专业术语，建议在文本开头以简洁易懂的语言进行释义解释；隐私政策等收集使用规则必须体现用户肯定性动作，不得设置为默认同意；建议企业可在隐私政策变化时，第一时间以弹窗等方式向用户呈现，以显著方式标明变化之处，并再次取得用户对变化修改后的隐私政策的明确同意。

2. 从第三方处收集数据

从第三方获取数据亦可视为一种间接获取用户数据的方式，在实践中通常体现为企业采购供应商提供的数据，或当用户使用第三方账户登录企业运营的网页或 APP 时，读取用户在该第三方平台上登记、公布、记录的公开信息等①。获得授权的要求是最基本的，完整授权则比获得授权的要求更进一步，要求供应商不仅需要用户对其自身采集数据的授权，亦需取得用户对供应商将其个人信息提供给第三方作出明确授权，同时，亦应明确提示第三方收集该等信息的目的、方

① 参见廖明、刘硕磊：《数据公司收集使用信息的合规风险》，载《人民检察》2020 年第 4 期。

式、范围。根据有关个人信息安全规范的规定，个人信息经匿名化处理后所得的信息不属于个人信息，因此，笔者认为，在现行的规范体系下，企业采购第三方提供的用户个人信息时，完整授权与匿名化[①]处理可择一选用。

除上文所述用户授权的问题之外，企业还可从如下方面加强从第三方获取数据的合规性：制定供应商审核管理制度，加强事前审查，要求供应商就完整用户授权提供充分证明与承诺；对于特殊种类数据，应注意供应商资质审核；读取用户在第三方平台上登记、公布、记录的信息时，应提示用户使用第三方平台登录后将使该网站或 APP 获得的信息权限。

3. 从网络平台收集数据

为整合数据，许多企业从公开网络平台收集数据，如通过“爬虫”等自动化手段收集相关数据。相比于前述两种数据获取方式，网络平台采集的数据涉及的法律关系更加复杂。首先，企业数据源应是被爬取网站通过合法合规方式取得的数据；其次，对于被爬取的网站，爬取方需在遵循被爬取网站协议的前提下获得其开放或经授权的数据，不得超出开放或授权范围爬取对方明示禁止爬取的数据；最后，对于爬取数据涉及的个人信息，亦需取得该主体对于数据向第三方共享的明示同意。司法实践中目前亦已确立了从公开网络平台收集数据应遵循“三重授权”的基本原则，即“用户授权平台+平台授权采集方+用户授权采集方”。由于授权复杂，合规漏洞风险较大的数据获取渠道，笔者建议拟 IPO 企业根据自身业务需求审慎采用“爬虫”等自动化手段获取数据，若必须采用，则建议建立明确的爬取事前审核机制，避免引来侵权及不正当竞争等风险。

（二）用之有度

就数据的使用来说，拟 IPO 企业应当重点关注数据使用是否超过必要的限度、是否存在违反规则使用个人信息的情况、转授权给第三方是否经过完备授权等问题。经梳理相关法律及规范性文件，笔者对拟 IPO 企业数据使用环节的合规建议如下：

1. 使用数据不超过授权范围及必要限度

如上文所述，企业获得用户数据授权时，应明确信息使用的方式、范围与目的，用户一旦同意，即可视为企业与用户就信息的授权与使用达成了合意，若企业擅自超过授权的范围使用数据即构成违约。因此，企业使用数据必须在用户协

① 根据《信息安全技术个人信息安全规范》的规定，匿名化指的是通过对个人信息的技术处理，使得个人信息主体无法被识别，且处理后的信息不能被复原的过程。

议中以明示的方式告知用户。此外，必要限度亦是企业数据使用的重要原则，要求收集的数据需与企业实现产品和服务有直接必要的关联；收集的信息应为满足产品和服务的最小数量。

2. 向第三方提供信息应取得用户明示同意授权

如上文所述，如果企业为实现某些利益向第三方提供其所拥有的用户信息时，必须满足明示同意授权或匿名化处理之一。未做匿名化处理时，在共享、转让前应向用户明确告知转让该信息的目的、数据接收方的类型等信息。

（三）守之有责

拟上市企业，特别是拟在科创版上市的企业均为我国高科技行业的排头兵。它们的业务模式具备创新性，数据的利用具有领先性。墨迹天气 IPO 因数据合规等问题被证监会否决的事件只露出了冰山一角。信息化时代，企业数据的丢失或泄露会造成灾难性的后果。企业在采集和使用数据的同时，应当对数据的安全保密负责。一些企业在上市过程中就曾面临审核机关对于其数据安全制度及措施、数据安全泄露发行人应承担的责任以及是否存在数据安全相关纠纷等问题的关注。在总体上，企业首先应当具有数据战略。企业应当具有长期的数据指导方针，以持续的资源投入来保证数据资产聚集和应用的竞争优势。概括来讲，企业应当有一个包括最高管理层参与的数据委员会，以形成有效的企业数据战略、执行准则、资源投入和内部协同。在数据委员会中应当包括具有决策权的法律人员，并赋予其说“不”的权利。在具体执行层面上，为保护数据安全，避免引发安全事故及不必要的争议纠纷，笔者建议拟 IPO 企业按照如下要求规范其数据安全管理：

1. 建立双层次安全制度，全方位做好合规管理

企业数据的安全需要管理手段与技术手段共同努力，缺一不可。在管理措施层面，企业可制定数据操作内部规程；与接触数据的人员签订保密协议；对数据重要操作设置内部审批流程，并对安全管理人员、数据操作人员、审计人员进行角色分离及相应的权限管理；对批量导出、复制、销毁信息实行审查等。另外，实力雄厚的企业可以借鉴 GDPR 中数据保护官制度，以聘任数据保护官的方式保护企业数据的安全。① 制定个人信息保护全周期、全流程的制度，运用建立的安全保障制度将数据合规管理工作渗透在数据收集、存储、使用、传输等各项数据

① 参见刘江山：《欧盟通用数据保护条例中的数据保护官制度》，载《中国科技论坛》2019 年第 12 期。

操作行为中，以保证整体数据收集处理行为的合法合规；做好合规培训，让数据合规意识成为企业的合规文化之一；同时对数据处理记录进行有针对性的管理和留存，以应对监管机构的审查。

2. 形成健全的数据风险应对体系、定制数据合规方案

鉴于数据泄露发生时，企业应对的时间十分有限，企业应做好内部数据泄露应对计划，制定明确的政策和程序，确保能迅速应对任何数据泄露。具备条件的企业，还可以借鉴 GDPR 的经验，建立企业级安全应急响应中心，对外收集安全威胁情报，对内排查安全漏洞并及时进行修补和完善，化被动为主动，从容应对数据风险。① 另外，企业需要针对自身特有的商业模式制定特有的数据合规方案。不同的企业在不同的发展阶段，基于数据层面所面临的监管压力不同，如果进行一刀切式的合规管理，必然影响企业的阶段性发展甚至是企业经营的成败。相反，如果过分突出企业的发展效率而漠视法律风险的管控，则会带来存亡之虞。因此，只有以现有法律和监管为基础，划定企业的业务红线，契合企业的商业模式，找到最佳解决路径，才是拟上市企业数据合规的必由之路。

3. 建立个人信息安全投诉渠道、持续关注合规落实

在企业收集个人信息时，即应同时告知个人信息安全投诉、举报的方式并及时处理。鉴于用户是其个人信息的最终所有者，对其个人信息享有处分、支配的权利，因此企业应提供用户删除更改个人信息的明确途径，提供注销个人账户的功能。② 数据合规工作是一项长期工程，我国的监管环境和法律体系尚在成熟完善之中，对于已经上市的企业，应对国内个人信息保护不断变动的立法、执法环境，应紧跟合规要求及业务发展实践；对影响业务开展的个人信息处理行为、重大风险等要及时进行评估。

五、结语

墨迹天气 IPO 被否事件仅仅是拉开了资本市场关注数据合规问题的序幕。对于拟上市企业，数据合规已经是上市路上不可回避的重要问题，背靠大数据时代的海量数据，企业可以好风凭借力，送我上青云。而数据本身的特点给拟上市企

---

① 参见钟灵：《GDPR 影响下我国涉欧企业的数据合规路径》，载《经济研究导刊》2020 年第 21 期。

② 参见高运霞：《敏感数据保护与合规遵从的数据安全管理机制研究》，载《数字化用户》2019 年第 25 期。

业的 IPO 之路带来了前所未有的困难和阻碍。取之有道，用之有度，守之有责，拟 IPO 企业宜以合规的尺度丈量和数据接触的每一步，重视数据合规中的法律风险，步步谨慎，避免因构成侵权或不正当竞争陷入争议纠纷，或因违反相关规定受到行政处罚，给企业 IPO 之路带来负面影响。